天下文化

BELIEVE IN READING

潛意識正在控制你的行為

曼羅迪諾 著　鄭方逸 譯

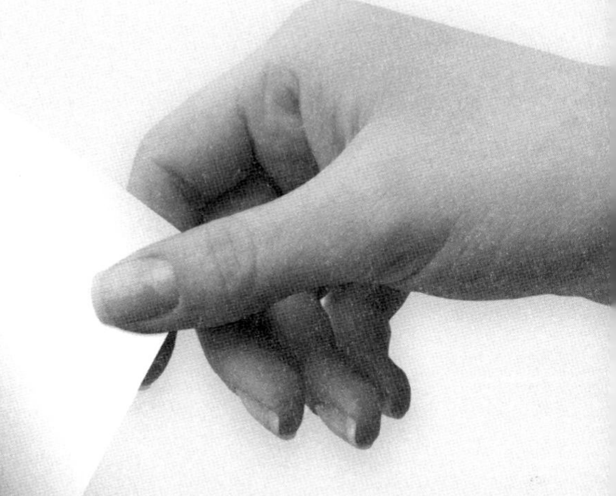

科學文化 157B

Subliminal:

How Your Unconscious Mind Rules Your Behavior

by Leonard Mlodinow

獻給柯霍（Christof Koch）與K實驗室，
以及把事業貢獻在理解人類心智的所有人

目錄

Subliminal: How Your Unconscious Mind Rules Your Behavior

Subliminal: How Your Unconscious Mind Rules Your Behavior

序言

解開潛意識的驚人力量

在我們日常生活的際遇中，
潛意識的作用似乎無足輕重。
然而它卻是意識思考近乎無形的根。
——心理學家榮格（Carl Jung）

一八七九年六月，美國哲學家兼科學家皮爾斯（Charles Sanders Peirce）乘坐蒸氣船由波士頓前往紐約。旅途中他的金錶在艙房裡被偷了[1]，他舉報了這起竊案，堅持要船員在甲板上一字排開，讓他一一盤問，但還是找不到任何線索。他散了一會兒步，然後做了一件很不尋常的事。即使沒有任何根據，他還是決定猜出罪犯，就好像持一手壞牌的賭徒，仍然押下所有賭注一樣。皮爾斯做完猜測後，確信自己找到了真正的竊賊。「我繞了幾圈，」他事後寫道：「不到一分鐘，我轉頭面向他們，心中疑團盡釋。」[2]

皮爾斯充滿自信的走近嫌犯，但嫌犯看穿他只是虛張聲勢，矢口否認指控。皮爾斯沒有任何證據或合乎邏輯的理由來支撐，在靠岸前根本束手無策。船一靠岸，他馬上跳上計程車，到當地的平克頓偵探社雇了一名偵探調查此事。隔天偵探在一家當舖找到了皮爾斯的錶。皮爾斯請當舖老闆形容那個拿錶去典當的人，而根據他的說法，老闆的描述「活靈活現，嫌犯無疑就是我當初猜到的那人。」皮爾斯很納悶自己怎麼猜得到竊賊究竟是誰。他的結論是，一定有某種直覺在引導他，而且這種直覺是在潛意識下運作的。

潛意識知道的事情比你想像的多

如果這個故事僅止於單純的臆測，那麼對科學家而言，皮爾斯的解釋就跟所謂：「我耳聞一些風聲……」的講法一樣缺乏說服力。然而五年後，皮爾斯修改了由生理學家韋伯（E. H. Weber, 1795-1878）於一八三四年首創的一項實驗，藉此解釋他對潛意識覺知的概念。韋伯把不同重量的小砝碼放在受試者皮膚的定點上，一次放一個，觀察受試者能察覺到的最小重量差[3]。而在皮爾斯及其優秀弟子查斯特羅（Joseph Jastrow）進行的實驗中，放在受試者身上的不同砝碼之間，重量差則略低於可偵測重量差的最小值（其實受試者就是皮爾斯和查斯特羅兩人，查斯特羅在皮爾斯身上做實驗，皮爾斯也在查斯特羅身上做實驗）。

儘管無法有意識的區分不同重量的砝碼，他們還是互相要求對方試著確認哪個砝碼比較重，而且每猜一次，就要用零到三的分數，評量對猜對多有信心。很自然的，整個實驗過程中，兩人的信心指數幾乎都是零。但即使這麼沒信心，實驗中他們猜對的比例還是超過百分之六十，明顯高於原本預期的隨機機率。當皮爾斯和查斯特羅用其他方式重複這個實驗，例如判斷不同表面在亮度上的細微差異，仍然得到類似的結果——他們雖然意識上缺少做結論需要的線索，還是常可以猜到正確答案。這是第一個科學證明，顯示我們的潛意識擁有一些意識無法察覺的知識。

對於人類可以相當準確的擷取潛意識信號，皮爾斯後來如此比喻：「這種能力就好比鳥兒歌唱和翱翔的本領……對鳥兒和人類來說，這些都是最崇高的本能。」他在別處也曾如此形容：「那就好像內在的光……少了它，人類老早以前就會因無法通過生存試煉而滅絕。」換句話說，在人類的演化中，潛意識的運作是生存機制的關鍵[4]。一個多世紀以來，科學家和臨床心理學家逐漸了解，每個人都有豐富而活躍的潛意識世界，它與意識思考和感覺平行運作。潛意識對意識影響深遠，直到現在，我們才開始能以比較精確的方式，測量潛意識的運作。

榮格曾寫道：「我們的意識會忽視一些特定事件，可以說這些事件埋藏在意識之下，它們的確發生過，但被吞入潛意識中。[5]」英文「潛意識」（subliminal）一詞的拉丁字源意思是「界線之下」。心理學家用這個詞彙形容意識之下發生的事。本書討論的是廣義的潛意識作用——潛意識如何作用，對我們又有何影響。若想真正了解人類經驗，就必須先了解人類的意識自我和潛意識自我，以及兩者間的交互作用。潛意識大腦是無形的，但深深影響了我們在這個世界上的意識體驗，包括看待自己和他人的方式、為日常瑣事賦予的意義、臨機應變的能力（有時甚至攸關生死），以及這些直覺經驗共同造就出的行為。

過去一個世紀以來，榮格、佛洛伊德和其他許多人，都努力想詮釋人類的潛意識行為。他們運用的方法包括內省法、觀察外顯行為、研究腦部缺陷的病患，或把電極植入動物的大腦中。然而這些技術卻只能提供模糊且間接的知識，無法清楚解釋人類行為的真正根源。如今情勢已變。精密的新技術讓我們對意識以下的大腦運作（即本書中所謂的潛意識世界）全然改觀。多虧了這些技術，有史以來，我們首度能以真正科學的角度研究潛意識。本書探討的主題，正是潛意識這門新科學。

這世界不只是你以為的那樣

在二十世紀以前，物理學成功詮釋了人類感知的日常世界。人們發現上升的物體通常會再度下墜，後來也計算出物體轉向墜落的時間。一六八七年，牛頓發表《自然哲學和宇宙體系的數學原理》一書，書中把人類實際體驗的日常現實，以數學公式表達。牛頓推算的公式非常強大，甚至可以精確推演出月亮和遠方行星的軌道。但到了大約一九〇〇年，這個舒適美妙的世界觀動搖了。科學家發現在牛頓定律刻劃的日常世界裡，原來還蘊含了另一個全然不同的現實世界，即今日所謂的量子理論和相對論。

科學家針對物質世界推導出許多理論；身為社交動物，人類也會為自身的社交世界建立許多個人的「理論」。我們在人類社會闖蕩時，這些理論便成了社交冒險的一部分，幫助我們解讀他人的舉止、預測他人的行動、揣摩該如何從他們身上得到我們想要的，最後決定我們對他們的看法。我們是否能把自己的金錢、健康、車子、職業生涯、孩子，甚至真心，交託給對方？社交世界就跟物質世界一樣，在我們粗淺經歷的現實背後，蘊藏著另一個全然不同的現實。

十九世紀和二十世紀初，科學家利用新科技發現了原子和次原子粒子（例如光子和電子）的奇特活動，並帶來物理學的新變革；同樣的，現今神經科學的新技術，也讓科學家得以向人心更深處探索，了解人類自有史以來一直毫無所覺的真實世界。

以科學證據探索腦內世界

其中一種新科技尤其顛覆了心智科學，那就是於一九九〇年代問世的功能性核磁共振造影（functional magnetic resonance imaging，簡稱 fMRI）。fMRI 跟醫生所用的一般 MRI（核磁共振造影）很相似，但 fMRI 是藉由偵測血流增減，觀察大腦不同部位的活動情形，因為大腦活動會些微改變血流量。如此一來，大腦運作時，我們就能藉由 fMRI 得到大腦裡外的三維圖像，定位這個器官的活動情況，解析度高達一公釐。有個說法也許可以幫助你了解 fMRI 的功能：如今科學家可以蒐集你大腦運作的數據，重建你所見的影像[6]。

看看次頁的圖片。左圖是你所見物體的實際影像，右圖則是電腦重建的影像。科學家利用 fMRI 取得受試者大腦活動的電磁讀數，進而重建影像，完全不需要參考實際的影像資料。大腦有些區塊會對視線的特定區域產生反應，有些則會回應不同主題。只要合併這些大腦區塊的數據，再用電腦從資料庫六百萬筆資料中，找出最符合數據的圖案，就能重建視覺影像。

此類技術帶來的震撼，就跟量子革命同樣強烈：我們藉此重新認識了大腦的運作方式，以及我們人究竟為何物。這項改革（或至少由改革發展出的新領域）有個名稱，即「社會神經科學」。二〇〇一年四月，科學家舉辦了這個領域的第一次正式研討會[7]。

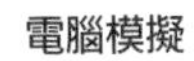

圖片來源：Jack Gallant

榮格相信，研究夢和神話，是了解人類經驗的關鍵。歷史是人類文明中所發生事件的故事，而夢和神話則是人心的示現。榮格指出，夢和神話中的主題和原型，超越時間與文化，始於潛意識的直覺。在受到文明掩蓋、蒙蔽以前，這些直覺掌控了史前時期的人類行為，因此可以幫助我們了解人類最深處的特質。如今我們得以直接研究人類的直覺，檢視大腦中直覺的生理源頭，逐步拼湊出大腦運作的原理。想真正了解人類與其他物種間的關係，以及人類為何如此獨特，我們必須先了解潛意識如何運作。

以下章節中，我們將探索人類的演化傳承，研究在意識之下運作的那份驚人又奇特的力量。許多我們原以為有意志、理性的行為，其實都受控於潛意識直覺。潛意識的力量，絕對超乎預期。倘若你真心想了解這個社交世界，想克服重重障礙，活出最豐富的人生，就必須了解隱藏在我們內心深處的潛意識，究竟如何影響我們的生活。

第一部

大腦的兩個層面

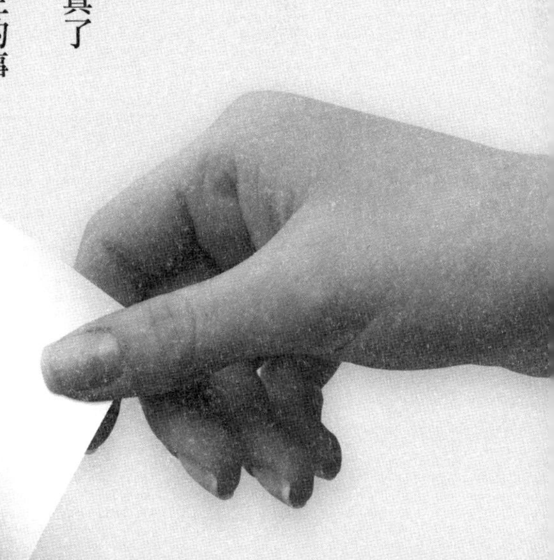

第一章

潛意識，悄悄操控了意識

我們的心，有理性無法理解的動機。

——數學家**巴斯卡**（Blaise Pascal）

我的母親八十五歲那年，從我兒子那兒接手了一隻名叫丁寧嫚小姐的俄國陸龜。牠住在庭院裡由鐵絲網當柵欄圍起的灌木及草地區。母親的膝蓋開始退化，不得不放棄在附近散步兩小時的慣例，正好在尋找新朋友，一個容易接近的朋友。這隻陸龜於是負起朋友的這項任務。母親用石頭和木條裝飾柵欄，每天都去探望這隻小動物，就好像過去她每天都會拜訪銀行行員和賣場店員一樣。有一次她甚至為丁寧嫚小姐帶來了花兒，覺得可以把柵欄裝飾得更美麗，結果陸龜卻把花當成必勝客外送的比薩。

母親倒不介意花束被陸龜吃掉，還覺得挺可愛的。「瞧她多喜歡哪！」她說。然而儘管有舒適的環境、免費的食宿以及現摘的花朵，丁寧嫚小姐似乎仍把逃跑視為畢生志願。丁寧嫚小姐只要不是在忙著吃、睡，就會沿柵欄而行，四處搜尋鐵絲網的縫隙。牠甚至會嘗試攀爬，姿勢古怪，彷彿嘗試在螺旋梯上滑行的滑板選手。母親也把這個舉止視為相當人性的行為。對她來說，這就好像是電影「第三集中營」（*The Great Escape*）中，戰俘史提夫．麥昆（Steve McQueen）策劃逃離納粹集中營的英勇嘗試一般。

「生物都渴望自由，」母親告訴我：「即使在這兒不愁吃穿，她還是不喜歡受軟禁。」母親深信丁寧嫚小姐認得她的聲音，還會回應。她也相信丁寧嫚小姐聽得懂她說的話。

「妳過度解讀牠的行為了，」我告訴母親：「陸龜只是原始生物。」為了證明我的觀點，我還揮舞雙手，像瘋子一樣大叫，並指出那隻陸龜果然對我毫不理睬。「那又如何？」她會說：「你的小孩也懶得理你，但你也沒說他們是原始生物啊！」

我的貓咪愛撒嬌，這是真的嗎？

有時候我們很難分辨哪些行為是故意的、有意識的，哪些又是不加思索、不自覺的。的確，身為人類，我們總覺得行為多由意識驅動，這種觀念強烈到我們不但把人類行為都解讀為有意識的，也會如此解讀動物行為。理所當然，我們也以此對待寵物。這就是所謂的擬人化。於是陸龜就如戰俘般英勇，貓咪會在行李箱上撒尿是因為不高興我們要出門了，而狗兒討厭郵差一定有充分的理由。更簡單的生物，也可能出現「看似」人類的行為，擁有類似的思想和意圖。

舉例來說，低等的果蠅有一套複雜的交配儀式，公蠅會起頭，用前腳輕拍母蠅，並振動翅膀為她吟唱情歌[1]。倘若母蠅接受了對方獻的殷勤，就會不動聲色，讓公蠅主導大局。倘若母蠅還沒發情，她不是用翅膀或腳攻擊公蠅，就是直接飛走。儘管我在人類女性身上，也看過這類相似得嚇人的反應，但果蠅的交配儀式完全是編序好的本能行為。果蠅不會煩惱一些像「這段關係會如何發展」的問題，只是單純照著內訂的模式行動。事實上，牠們的行為直接受生理體質影響，科學家甚至發現，有一種化學物質，可以在幾個小時內將原本是異性戀的公蠅，轉變為同性戀[2]。

就連稱為線蟲（*C. elegans*）的蠕蟲，都能做出看似有意識的行為，而這種生物全身也只有一千個左右的細胞。舉例來說，在培養皿中滑行的線蟲，可能會與一堆極好消化的細菌擦身而過，爬向他處的一丁點兒細菌。有人可能會因此認為這蠕蟲是在行使自由意志，就好像我們會拒吃外表讓人提不起胃口的蔬菜，或熱量很高的甜點。但其實蠕蟲壓根不會對自己說「我最好注意一下腰圍」；牠單純依據編序好的本能，獵食所需的營養[3]。

事實上，我們每每不假思索的行動

果蠅和陸龜這類動物，都屬於智力較低的物種，然而這種「自動化歷程」絕非原始生物獨有。人類也有許多無意識的自動行為，但我們往往沒有察覺，因為意識與無意識間的交互作用實在太複雜了。這種複雜性源自大腦的生理結構。身為哺乳類，我們雖以較簡單的爬蟲類大腦為基礎，但在其上覆蓋了許多新皮層；而身為人類，我們的大腦又比一般哺乳動物的大腦多了幾層皮層。我們有潛意識大腦，在那之上，也有意識大腦。我們很難知道自己的感覺、判斷和行為，有哪些該歸功於哪個大腦，因為兩者總在輪替作用。

舉例來說，某天早上我們想在上班途中先去趟郵局，但在關鍵的十字路口卻可能右轉朝辦公室前進，因為當時我們正處於自動導航模式——也就是依照潛意識行動。接著，當我們試著向警察解釋，為何自己後來會來個違規大迴轉，我們的意識就會開始盤算什麼是最好的藉口，自動導航的潛意識則負責找出最好的動名詞、主詞、動詞和不定冠詞，好讓我們的請求能以正確的文法表達出來。倘若被警察請下車，我們會有意識的聽命行事，並且本能的站離警察約一．二公尺之遠，雖然我們平常跟朋友聊天時，通常會自動將彼此的距離調整成大約〇．八公尺。（我們大部分人都會不假思索的遵循這套不成文的規則，保持與人的距離，這規則若打破了，我們就會不由自主的覺得彆扭。）

只要仔細想，我們很容易就能理解自己許多簡單的動作（例如前述的右轉），其實是自動導航的結果。真正的問題在於，我們那些更複雜、會深深影響生活的實質行為，究竟有多少是自動完成的——就算我們可能自以為那些都是深思熟慮後，完全理性的行動。面對以下問題時，潛意識會如何影響我們的態度？例如「我到底該買哪間房子？」「我該賣哪支股票？」「我該雇用那個人當孩子的保母嗎？」或又如「眼前這雙寶藍色的眼睛，讓我移不開目光，但它們可以讓愛情長長久久嗎？」

種種難以理解的行為，都其來有自

倘若我們很難判斷動物哪些行為是自動模式，那要在人類身上認出習慣性動作就更困難了。我還在讀研究所的時候（那是在我母親養陸龜的好久以前），我通常會每週四晚上八點打電話給母親。結果有個週四我沒打電話。大部分家長都會覺得是我忘記了，或我終於「有事可做」，晚上跟人約會去了。但我母親卻用不同的方式解讀。九點左右她開始打電話到我的公寓找我。我室友顯然不介意接一開頭的那四、五通電話，但隔天早上我才知道，後來她剩下的耐心也耗盡了，尤其我母親開始指控她知情不報，說我明明就受了重傷在醫院裡昏迷不醒，才沒辦法打電話。到了半夜，我母親的想像力又向上推進了好幾級——她開始指責我室友是在掩蓋我已經死亡的事實。「為什麼要說謊？」她說：「我遲早要知道的。」

大部分孩子如果知道親近了一輩子的母親，竟然寧可相信自己死了，也不願相信自己只是出門約會，可能都會覺得很難為情。但我以前也看過母親出現這種行為。對外人來說，她看起來完全正常，可能有點怪癖，例如相信邪靈啦、喜歡手風琴音樂等等。她畢竟在波蘭鄉下長大，受到當地文化影響也在所難免。但我母親大腦運作的方式，跟我認識的人都不太一樣。如今我了解原因了，儘管她本人沒有意識到：幾十年前她的心靈就被扭轉了，開始以與一般人全然不同的方式看待各種情境。

一切始於一九三九年，當年我母親十六歲。她的母親罹患了腹腔癌，在痛不欲生一年後於家中過世。沒多久，有一天她從學校回家，發現自己的父親遭納粹帶走。接著我母親和她姊姊莎賓娜，就被押到勞動營，她的姊姊最後在營中喪命。母親的世界幾乎一夜變天，從富裕家庭中原本備受寵愛呵護的青少年，變成孤苦無依、受人仇視、三餐不繼的奴工。解放後我母親移民、結婚，在芝加哥一個安靜的巷弄安頓下來，過著平穩安全的中低產階級生活。理智上她知道，自己再也不用擔心瞬間失去所愛的一切，但在她的餘生，恐懼卻仍影響了她解讀生活瑣事的方式。

我母親用來解讀他人行為的字典，跟大部分人的都不太一樣，她有獨特的文法，而且這一切解讀都是自然發生的，她根本毫無所覺。我們理解別人的言語時，完全無需刻意應用任何語言規則；同樣的，我的母親解讀外界訊息時也完全沒發現，自己早年的經歷已永遠改造了她對未來的期望。她其實總在害怕正義、可能性和邏輯會隨時失效或失去意義，但她從不承認這種恐懼已經讓她的感知變偏頗了。每次我建議她去看心理醫師，她都嗤之以鼻。她也否認，過去發生的事對她現在看事情的角度有任何負面影響。「喔，是嗎？」我會這樣回她：「那為什麼我朋友的家長，都不會指控孩子的室友密謀隱匿他們的死亡？」

我們都有一套固有的參考框架（幸運的話，不會像我母親的那麼極端），並藉此塑造出某些習慣性的思考和行為模式。表面看來，我們的經驗和行動似乎總是出於意識思考，然而我們也跟我的母親一樣，很難接受這些表象之下，其實有隱藏的力量在運作。這些力量儘管無形，卻仍深深影響我們。過去人們對潛意識有諸多臆測，但大腦就像黑盒子，讓人無法理解其運作原理。然而今日對潛意識的了解有了重大突破，因為我們可以利用先進儀器，巨細靡遺的觀察大腦如何產生感覺和情緒。我們可以測出每個神經細胞的放電程度，了解神經活動如何形成思維。今天的科學家不只能與我的母親對談，臆測她的經驗如何影響她；他們甚至可以明確指出，早年創傷如何影響她的大腦，並了解這些經驗如何實際改變對壓力敏感的大腦區塊[4]。

新潛意識，是科學不是哲學

科學家藉由這類研究和測量，發展出關於潛意識的新興觀念。這些觀念通稱為「新潛意識」，以與由佛洛伊德推廣的潛意識概念區隔。其實佛洛伊德原本是神經學家，後來才轉變為臨床學家。他早期對神經學、神經病理學和麻醉學頗有建樹[5]。舉例來說，他發明用氯化金為神經組織染色，藉此研究延腦、腦幹和小腦間神經元的連結。佛洛伊德在這個領域大幅超越了當代的科學，因為數十年後，科學家才終於了解大腦連結的重要性，也才研發出深入研究大腦連結所需的工具。然而他本人卻沒有繼續鑽研這個領域，反而開始對臨床診療產生興趣。

在治療病患的過程中，佛洛伊德發現病患大部分的行為，都受控於本人不自覺的心理歷程。確實如此。然而他缺乏適當的技術，無法以科學方式驗證這個想法，因此只能與病患談話，讓病患吐露出埋藏在內心深處的思緒，再加以觀察，然後試著做出他覺得最合理的推論。然而在以下章節我們會討論到，這種方式很不可靠，許多潛意識程序，根本無法直接藉由這類自我反映的治療顯露出來，因為這些程序發生在意識心靈無法探及的大腦區塊裡。因此，佛洛伊德其實錯得離譜。

★ ★ ★

人類行為是無數感知、感覺和思想的產物，有些發生在意識層次、有些在潛意識層次。你可能很難接受，自己對大部分的行為其實都毫無所覺。雖然佛洛伊德和其追隨者都相信，潛意識對人類行為影響甚巨，大部分心理學家（也就是這個領域中的科學家）卻很排斥這個概念，認為那只是通俗心理學。誠如一位學者所道：「很多心理學家都不願提到『潛意識』這個字眼，深怕被同行視為異端[6]。」

耶魯大學的心理學家巴夫（John Bargh）曾提到，一九七〇年代他在密西根大學剛開始念研究所時，幾乎所有人都認為我們的社會知覺、判斷力，乃至行為本身，都是經過深思熟慮後的意識產物[7]，任何有違這個假設的說法都會淪為笑柄。巴夫曾向他的親戚（一位成功的專業人士）提到，早期研究顯示，人會做出一些行為，連自己都不知理由。結果他馬上受到訕笑。他的親戚以自身的經歷證明這個論點是錯的，堅持自己完全不曾出於不自覺的理由，做過任何事[8]。巴夫說：「我們都深信自己是靈魂的主人，深信一切操之在我，一旦發現實情並非如此，就會非常害怕。事實上，精神病患便是如此——他們覺得與現實脫離，一切失去控制。任誰都會害怕這種感覺。」

如今心理學家開始了解潛意識的重要性，然而新潛意識的內在力量卻與佛洛伊德描述的先天驅力無關，例如男孩弒父娶母的欲望，或女性的陽具嫉妒[9]。佛洛伊德了解潛意識的龐大力量，對此我們當然應該予以讚賞，這畢竟是相當重要的成就。然而我們也必須了解，儘管他認為潛意識中的許多特定情緒和動機，都會影響意識[10]，這些論調卻嚴重違背了現代科學的研究結果。就像社會心理學家吉柏特（Daniel Gilbert）所說：「佛洛伊德理論中的超自然口味，讓這個概念對大部分人來說都很難接受[11]。」

按照一群神經科學家的說法，佛洛伊德眼中的潛意識是「又濕又熱，充滿滾燙的欲望和憤怒，虛幻、原始且毫不理性」；而新潛意識則「比較溫和而平易近人，也更貼近現實」[12]。從新興科學的角度來看，有些心智程序之所以發生在潛意識層次，是因為大腦結構讓意識無法探及某些區塊，而不是因為這些程序受制於某些動機力，例如壓抑。新潛意識之所以無法探及，不是出於自衛機制，也絕非不健康，而是完全正常的。

我討論的現象，有時候可能聽起來有點類似佛洛伊德的理論，但現代科學對這些現象及其起因的解釋，則完全與佛洛伊德無關。新潛意識的功用，絕非只是在保護我們不受（對母親或父親的）不適當性慾或痛苦回憶影響；它是演化的贈禮，是人類物種生存的關鍵。意識可以幫助我們設計車子、解釋自然的數學定律，但若要避開蛇咬、突然轉到你面前的車子，或想傷害你的人，只有迅速、有效的潛意識能拯救你。接下來我們將討論到，為了讓我們能順利在物質和社交世界中生存，大自然把許多活動都交給大腦意識以外的部分來負責，其中包括了感官、記憶、注意、學習和判斷力。

★ ★ ★

假設你們全家去年夏天到迪士尼樂園渡假。為了讓小女兒在大茶杯裡旋轉，你頂著攝氏三十五度的高溫，與擁擠的人群奮戰，現在回想起來，你可能會懷疑此舉是否有違常理。但你可能也會想起當初計劃出遊時，已經評估過所有可能情況，並覺得孩子燦爛的笑容就是最好的報償了。我們通常都自信滿滿，自認知道自己行為背後的理由。有些情況的確如此。然而倘若意識以外的力量其實深深影響人的判斷和行為，那麼我們對自己的了解，想必沒有原本以為的那麼透澈。「我接受這份工作，因為我想面對新的挑戰。」「我喜歡那傢伙，是因為他很好笑。」「我相信我的腸胃科醫生，因為她這輩子都與腸子為伍。」每天我們都會針對我們的感覺和選擇，自問自答，得出的答案通常看似合理，但仍往往錯得離譜。

「我是如何愛你的？」勃朗寧夫人（Elizabeth Barrett Browning, 1806-1861）覺得自己可以找出答案，但她很可能無法明確的列出理由（〈我是如何愛你的〉，是勃朗寧夫人著名的詩作）。如今我們開始可以做到這點，看了次頁的表你就會了解。這個表格列出美國東南三州的婚姻配對[13]。你也許會覺得人們是因兩情相悅而結合，他們當然是。但愛的源頭又是什麼？可能是愛人的微笑、大方、優雅、魅力、敏感，或對方二頭肌的大小。長久以來，情人、詩人和哲學家，都在思量愛的源頭究竟為何，但肯定從未有人自信滿滿的說出這個理由：對方的姓氏。然而這張表卻顯示，一個人的姓氏會悄悄動搖你的心——倘若對方和你同姓氏的話。

表中橫排和直排都列出了五個美國最常見的姓氏。數字代表結為連理的新娘和新郎為相對應姓氏的有多少。你會發現，有些數字遠大於其他，而且都出現在對角線。也就是說，史密斯與史密斯結婚的比例，比他們與強森、威廉士、瓊斯、布朗結婚的比例，還高了3至5倍。事實上，史密斯與史密斯結婚的比例，相當於他們與其他姓氏結婚的比例總和。強森、威廉士、瓊斯、布朗等姓氏的情況亦然。這個效應更驚人的一點是，這些都是原始數據。換句話說，既然姓史密斯的人數，比姓布朗的人還多了兩倍，倘若其他因子都一樣，理論上姓布朗的，應該更常與史密斯這種菜市場姓氏的人結合，而不是與較少見的布朗結合——然而即便如此，布朗與布朗結婚的比例，還是遠勝於其他。

這告訴我們什麼？人的心底都有自我感覺良好的欲望，因此會無意識的偏好與自己相似的特性，即使是姓氏這種看似無意義的特性。科學家甚至找到大腦專事調節這類偏差的一個分離區塊，稱為背側紋狀體（dorsal

		新郎姓氏					
		史密斯	強森	威廉士	瓊斯	布朗	總數
新娘姓氏	史密斯	**198**	55	43	62	44	402
	強森	55	**91**	49	49	31	275
	威廉士	64	54	**99**	63	43	323
	瓊斯	48	40	57	**125**	25	295
	布朗	55	24	29	29	**82**	219
	總數	420	264	277	328	225	**1514**

striatiatum）[14]。

你真的明白，為什麼做這個決定嗎？

研究顯示，人類試圖了解自己的感覺時，往往奇特的混雜極度的自信和無能。你也許非常確定，自己會接手某份工作，是因為那份工作充滿挑戰，但你其實對贏得聲望更有興趣。你可能會發誓，自己喜歡某人是因為他很幽默，但你喜歡的可能是他的笑容，因為那讓你想起母親。你可能認為自己相信你的腸胃科醫生，是因為她很專業，但真正的原因也許只是因為她很擅長聆聽。大部分人都滿意且充滿自信的接受關於自己的一套理論，甚少加以驗證。然而現今的科學家已經可以在實驗室驗證這些理論，而且他們發現，這些理論其實都大錯特錯。

舉個例子：想像你正要走進一家戲院，有個看起來像員工的人上前，問你是否願意回答一些關於戲院和營運狀況的問題，以免費交換一桶爆米花和飲料。那人沒告訴你的是，附贈的爆米花桶其實有兩種大小，一大一小，但兩者都大到你不可能全部吃完。此外爆米花也有兩種「口味」，後來受試者會形容其中一種「很棒」、「品質很好」，另一種則「不新鮮」、「潮掉了」、「難吃死了」。你也不會知道自己其實正參與一項科學試驗，旨在研究你會吃多少爆米花、原因為何。

科學家想研究的問題是這樣的：你吃多少爆米花，究竟較受什麼因子影響？是味道還是份量？為了解答這個問題，他們發送了四種爆米花和盒子的組合。看電影的觀眾收到的有小盒的好吃爆米花、大盒的好吃爆米花、小盒的難吃爆米花，以及大盒的難吃爆米花。結果呢？盒子大小影響人們「決定」要吃多少的程度，幾乎就跟爆米花的味道差不多。其他研究的結果也很類似，如果把盛裝點心的容器變成兩倍大，受試者食用的量也會增加30％至45％[15]。

我在「決定」這兩個字上加了引號，因為這個字眼通常意謂有意識的行動。然而這不太符合前述決定的情況。受試者不會對自己說：「這些免費爆米花真難吃，不過既然有這麼多，我就盡量吃吧。」相反的，這類研究的結果，正好印證了廣告商長久以來的理論——也就是我們會無意識的受到包裝設計、包裝或產品大小，以及菜單內文等「環境因子」影響。最讓人驚訝的，是這些效應的強度，以及人們對自己已經被操控了的事實，拒絕接受的程度。我們有時承認這類因子會影響其他人，但通常深信自己不可能受到影響。但這樣想就錯了[16]。

你以為不重要的環境因子，卻影響甚巨

事實上，環境因子對人的影響甚巨，只是我們往往毫無所覺。這些因子不但會決定我們吃多少，也會影響食物的味道。舉例來說，你不會只在戲院裡進食，有時也會上餐館，偶爾甚至去高級餐館，裡頭供應的不只是一般餐館菜單板上寫的各式漢堡。那些高

級餐館提供的菜單，往往充滿了如「清脆的小黃瓜」、「滑順的馬鈴薯泥」和「鋪在一床芝麻菜上的慢燉甜菜」，說得好像其他餐廳都提供些口感鬆垮的小黃瓜、質地粗糙的馬鈴薯泥、甜菜都隨便炸一下，然後強擺在不舒服的椅子上似的。清脆的小黃瓜換了名字後，就會比較不清脆嗎？培根起司漢堡若換了個西班牙名，就會變成墨西哥食物嗎？充滿詩意的描述，會讓起司通心麵從英式五行詩，變成日式三行俳句嗎？

研究結果顯示，華麗的修飾詞藻會讓人傾向選擇那些描述得很詩意的食物；跟平凡的敘述比較起來，這些修辭也會增加人對同樣食物的評價[17]。如果有人問你，在高級餐廳裡喜歡吃些什麼，而你回道：「我喜歡吃那些附有生動描述的餐點」，對方聽了可能會露出古怪的表情。然而餐點描述的確深深影響了食物的味道。因此，下次邀請朋友來家裡用晚餐時，不要招待他們路邊買來的沙拉；不妨利用一下這個潛意識的效應，招待他們「本地出產的法式綜合蔬菜」。

讓我們更進一步。你會比較享受哪一種餐點？是滑順的馬鈴薯泥還是*滑順的馬鈴薯泥*？目前還沒有人研究過字體會如何影響馬鈴薯泥的味道，但有一項研究的確探討了，字體如何影響我們烹調時的態度。研究人員要求受試者看著食譜煮一道日式午餐，然後評比這份食譜需要的心力和技巧，以及往後他們自己在家做這道菜的意願。結果，受試者若拿到字體難以辨識的菜單，會覺得這道食譜比較困難，往後也比較不會想做這道菜。研究人員重複實驗，把食譜換成一頁關於某項運動練習的說明，得到的結果也很類似：若說明本身是用難以辨認的字體列印，受試者會覺得這個練習比較困難，往後也較不願嘗試。心理學家稱此為「流暢性效應」。倘若資訊呈現的形式讓人難以理解，就會影響我們對這些資訊本質的判斷[18]。

新潛意識的科學充滿了這類現象的研究，顯示我們在看待和判斷人事物時，往往有奇怪的癖好。研究也顯示，由於大腦自動以對我們有利的方式處理資訊，才會造成這些人為效應。重點是，我們不像電腦那樣，會用相對直接的方式嘎吱嘎吱的吃進數據，算出結果。相反的，大腦充滿許多平行運作的模組，以複雜的方式交互作用，而且大部分都在意識之外進行。因此我們的判斷、感覺和行為，背後的真正原因往往出人意表。

☆ ☆ ☆

在不久之前，學術界裡的心理學家仍不願承認潛意識的力量，社會學科的學者亦然。舉例來說，經濟學家在教科書裡提出的理論，都假設人類會基於自己的最佳利益做決定，也都會有意識的衡量相關因子。然而倘若新潛意識真如現代心理學家和神經科學家相信的，是如此強大，那麼經濟學家恐怕就得重新審視他們的假設了。的確，近年來有少數科學家開始持不同意見，且人數有增加之勢，他們成功挑戰了同行較傳統的理論。如今，許多行為經濟學家，包括加州理工學院的藍格爾（Antonio Rangel）教授等人，都逐漸改變經濟學家的思維。他們提出了強而有力的證據，證明教科書裡的那些理論頗有瑕疵。

誰說人是理性的

藍格爾跟一般人印象中的經濟學家完全不同。大部分人都覺得經濟學家是一群理論家，成天鑽研數據，建立描述市場動態的複雜電腦模型。這位大個頭的西班牙人卻很懂得享受，他和活生生的人一起工作，通常是志願的學生。他把這些學生拖進實驗室品酒，或餓他們一個早上，然後要他們盯著糖果棒瞧。最近他和同事做了一個實驗，顯示實際看到垃圾食物的受試者，比起只看到文字或影像的受試者，更願意多花40％至61％的金錢購買這些食物[19]。

研究也顯示，如果物品放在壓克力板後方，而不是在隨手可得之處，你付錢的意願會降到文字或影像的等級。聽起來很奇怪嗎？那倘若我告訴你，人們會因為清潔劑裝在藍色和黃色的盒子裡，就覺得這些清潔劑比較好，你會做何感想？或者你選擇買德國葡萄酒而非法國葡萄酒，是因為當你走到賣酒的走道時，店裡正放著德國啤酒屋的音樂？你會因為喜歡絲襪的香味，就評定它是品質較好的產品嗎？

在這所有的研究中，受試者都深受許多無關的因子影響，這些因子影響了我們潛意識的欲望和動機，卻往往遭傳統經濟學家忽略。研究者詢問受試者，為何做這些決定，受試者竟完全沒發現自己受這些因子左右。舉例來說，在清潔劑的研究裡，受試者拿到三盒清潔劑，研究人員要求他們在幾個星期內試用所有的產品，然後評比自己最喜歡哪一種，原因為何。其中兩盒一黃一藍，第三個則藍黃相間。結果受試者明顯偏好裝在混色盒子裡的清潔劑。他們的評語多著重在清潔劑的優點，沒人提到盒子。為什麼要提到盒子？盒子漂亮也不會讓清潔劑變得更有效啊。但是事實上，不同的只有盒子，裡頭的清潔劑其實一模一樣[20]。

我們會以包裝評判產品、以書封評判書籍；我們研究企業年度財報時，甚至會受財報書光滑的封面影響。這就是為什麼醫生會憑直覺，用稱頭的襯衫和領帶「包裝」自己，而律師若穿著百威啤酒的T恤迎接客戶，會是不智之舉。

在葡萄酒研究中，研究人員把四種法國葡萄酒，以及同等價格和甜度的四種德國葡萄酒，放在英國超市的架上，然後在最高的架上放一台錄放音機，每天交替播放法國和德國音樂。播放法國音樂的那幾天，顧客買的葡萄酒有77%都是法國酒；播放德國音樂的那幾天，賣出的酒有73%都是德國酒。音樂顯然是影響客人選酒的關鍵因子，但當研究人員詢問客人，他們的抉擇是否受到音樂的影響時，只有1/7的客人說是[21]。

至於絲襪研究，受試者試用了四雙絲襪，但他們並不知道這四雙絲襪其實一模一樣，只是每雙都噴了淡淡的不同種香氣。受試者「輕而易舉的指出，某雙絲襪為何比較好」，並且指出他們覺得這些絲襪在材質、編織、觸感、光澤和重量上的差異。除了氣味，什麼都提了。比起其他絲襪，加了某種香氣的絲襪，得到最多的最高評價，但受試者否認他們是以氣味為指標，在二五〇位受試者中，甚至只有六位注意到絲襪上噴了香水[22]。

「人們認為他們喜歡某樣產品，是因為產品的品質，但其實他們使用產品的經驗，卻深受行銷手段影響。」藍格爾說：「舉例來說，同樣的啤酒若用不同方式描述、標上不同品牌或價錢，嚐起來就會非常不同。葡萄酒也是，雖然大家都情願相信，是葡萄品質以及製酒商的技術造成了差別。」研究結果確實顯示，受試者在盲品葡萄酒時，酒本身的味道和價格並無相關；然而若受試者不是盲品，兩者的相關就變得很強了[23]。

藍格爾讓他請來的自願者試喝幾瓶上頭只有標價的酒，他們都覺得標價九十元的酒比標價十元的更好喝[24]。既然人通常會預期酒愈貴愈好喝，藍格爾對這個結果毫不意外。但他其實作弊了：這兩種酒看似不同，骨子裡其實完全一樣——兩種都是九十元的酒。更重要的是，這項實驗還有另一個花樣：受試者一邊品酒，大腦一邊接受ｆＭＲＩ的掃瞄。研究人員得到的影像顯示，葡萄酒的標價會增加大腦某個區塊的活動，就位於眼睛後方，稱作額葉眼眶面皮質（orbitofrontal cortex），而研究顯示，這個區塊與愉悅感有關[25]。因此儘管兩種酒別無二異，嚐起來的味道卻真的不一樣，或至少該說，受試者享受到的味道確實不同。

大腦不僅保留記憶，還會創造感覺

大腦為何會認為某種飲料優於另一種，但明明兩者其實完全相同？有人天真的以為，感官訊號（例如味道）會從感官器官傳送到某個大腦區塊，而該區塊就以相對直接的方式，讓人體驗感覺。但我們接下來會談到，大腦結構絕非如此單純。雖然你毫無所覺，但冰涼的葡萄酒流過舌尖時，你嚐到的不只是酒的化學組成，你也嚐到了它的價格。同樣的效應也出現在可口可樂和百事可樂之間的爭戰，只是價格換成了品牌。很久以前，這種效應就命名為「百事可樂的矛盾」（Pepsi paradox），指的是儘管百事可樂總是在盲品測試中打敗可口可樂，人們一旦知道自己喝的是什麼，就會偏好可口可樂。

多年來科學家提出了各種理論，想解釋這個現象。一個明顯的理由就是品牌效應。但如果你問人們，他們在啜飲可口可樂時，會不會嚐到的其實是之前看到的那些令人振奮的廣告，他們幾乎都矢口否認。然而在二〇〇〇年代初期，新興的大腦影像研究證明，那些模糊、溫暖的感覺（例如我們凝視熟悉廠牌的產品時會有的感覺），是起源於某個鄰近額葉眼眶面皮質的大腦區塊，稱為腹內側前額葉皮質（ventromedial prefrontal cortex，簡稱VMPC）[26]。二〇〇七年，研究人員找了兩組受試者，大腦的掃瞄顯示，其中一組成員的VMPC明顯受損，另一組受試者的VMPC則很正常。正如預期的，腦部正常和腦部受損的志願者若不知道自己在喝什麼，都會比較喜歡百事可樂，而非可口可樂。一旦知道了自己喝的是什麼，腦部正常的受試者便改變了偏好，這也符合預期。然而那些VMPC（也就是大腦中鑑別品牌的模組）受損的受試者卻沒有改變喜好。無論是否知道自己在喝什麼，他們都偏好百事可樂。面對品牌時，我們若沒有能力在潛意識下體驗那種模糊、溫暖的感覺，就不會出現所謂「百事可樂的矛盾」。

這些結果的重點，其實與葡萄酒或百事可樂無關。飲料和品牌的例子，也可以應用在我們日常生活中的其他體驗。在我們的生活中，無論直接、詳盡（也就是此例中的飲料），或間接、隱晦（即價格或品牌），這些因子都共同創造了我們的心理體驗（味道）。

此處的關鍵字是「創造」。我們的大腦不會只單純記錄味道，或其他體驗。大腦會「創造」體驗。接下來我們會一而再、再而三回到這個主題。選擇酪梨醬時，我們會捨一牌，取另一牌，並自認那是考慮過種種因子後，有意識做出的決定。這些因子包括了味道、熱量、價格、我們的心情、酪梨醬不該摻雜美乃滋的原則，或其他數百種我們能掌控的因子。我們選擇筆記型電腦或清潔劑、計劃假期、選擇股票、接受工作、評估球星、交朋友、評判陌生人，甚至陷入愛河時，都自認了解自己受什麼因子影響、明白什麼是影響我們的主要因子。但我們往往錯得離譜。也就是說，我們對自己和社會的基本假設，其實錯誤百出。

☆　☆　☆

倘若潛意識的影響如此大，它影響的不會只是個人生活的獨立事件，而是整體社會。舉例來說，在財經世界的確如此。既然金錢對我們如此重要，每個人在做財務決定時，應該都經過有意識且理性的考慮。這就是為什麼傳統經濟學理論都建立在這個概念上——也就是人的行為都是理性、符合利己原則的。經濟學家還不知道該如何設計出一套經濟通論，可以把人類行為絕非理性的這個事實列入考慮。然而許多經濟學研究都透過許多社會現象，發現人類的整體行為，其實與意識冷靜計算的結果大相逕庭。

回想一下我先前提及的「流暢性效應」。倘若你正考慮究竟該不該投資某支股票，你一定會先觀察業界發展、財經走勢，以及該公司的詳細財務狀況，再決定是否出資。我們應該可以同意，對理性的人而言，能正確發出公司名稱的音，不會是什麼重要條件。如果你真的讓這個理由影響你的決定，某個親戚可能會以你精神失能為由，趁機策謀控制你的財產。然而正如前文中字體的例子，處理資訊（例如股票的名稱）的難易度，的確會影響一個人消化資訊的能力，儘管當事人可能毫不「自覺」。你也許會承認，資訊的流暢度難免會影響我們對某道日本料理食譜的評價。但難道像選擇投資對象這麼重大的決定，也會被左右嗎？名字簡單的公司，真的會比名字饒舌的公司好嗎？

就拿首度公開上市（ＩＰＯ）的公司為例。公司領導者會大肆吹擂該公司的光明前景，並以數據背書。然而未來投資人對私人公司的熟悉度，通常遠不及已上市公司，再加上新上市公司的公開紀錄也不多，這類投資需要的臆測可能比其他的投資多。科學家想知道，華爾街那些真正在搞投資的精明交易員，是否會不自覺的對名字不好發音的公司懷有偏見，於是便仔細研究IPO的實際數據，如下表所示。

研究者發現，投資者的確傾向投資那些名字（或簡稱）較容易發音的公司，而不是那些名字（或簡稱）複雜的公司。你會注意到，這個效應會隨時間減弱，而這也是可預期的，因為這些公司會慢慢建立他們的紀錄和名聲。（這類效應也可以應用在書籍和作者上。想想看，我的名字其實很好發音噢：曼——羅——迪——諾。）

天氣好，啥都好說

研究者發現，與財金無關（但與人的心理有關）的其他因子，也會影響股市表現。拿陽光為例。心理學家長久以來都知道，陽

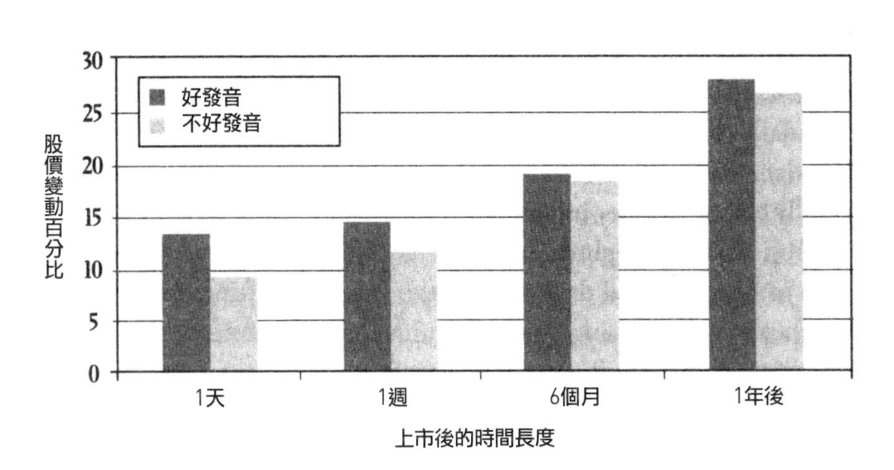

1990年至2004年間，紐約股票交易中，名稱好發音或不好發音的公司在上市1天、1週、6個月和1年後的表現。類似的效應也發生在美國交易市場中的初上市公司。

光會對人類行為產生些微的正面影響。舉例來說，科學家隨機選了春天裡的十三天，請六位在芝加哥一家購物中心的餐廳女侍幫忙，記錄她們收到的小費，以及當天的天氣。客人也許沒察覺自己受到天氣的影響，然而當外頭天氣晴朗時，他們也會明顯變得大方[27]。另一項實驗以大西洋城賭場侍者為研究對象，調查他們在客房送餐服務上收到的小費，結果也很類似[28]。這種效應讓客人願意在侍者送上波浪薯條時，多給點小費。

但世故的交易員評估通用汽車未來的營收時，是否也會受同樣的效應左右？科學家也著手測試這個理論。想當然耳，華爾街的許多交易，是代替居住在紐約市以外的投資人操作的，這些投資人遍布全國。然而在紐約市裡的操作員的交易模式，的確會顯著影響紐約股票交易的整體表現。舉例來說，至少在二〇〇七年至二〇〇八年發生全球經濟危機以前，華爾街的許多活動都是自營交易——也就是大企業自資進行的交易。因此許多金錢交易，都由那些有機會知道紐約是否出太陽的人決定，因為他們就住在那兒。

美國麻州大學的一位財經教授，於是決定研究紐約市天氣與華爾街每日交易股票指數之間的關聯[29]。他分析了一九二七年至一九九〇年的數據，發現極晴朗和極陰霾的天氣，都會影響股票價格。

你可能對此心存懷疑，那也是應該的。這種研究稱為資料探勘（data mining），也就是詳細審視大批數據，期盼能找到過去未曾發現的模式。然而這類研究方法卻有潛藏的危險。根據機率法則，你只要一直找，終能找到一些有趣的現象。這些「有趣的現象」

可能是隨機的人為效應，也可能是真正的趨勢，你必須非常專精才能辨認兩者的不同。有些統計上的相關看似驚人、強大，實際上卻毫無意義，這些都是資料探勘中會出現的愚人金。

在陽光研究中，倘若股票價格和天氣間的相關純屬巧合，這種相關也許就不會出現在其他城市的股市中。因此有另一批學者便重複了先前的研究，觀察一九八二年至一九九七年間，二十六個國家的股市指數[30]，結果再度印證了這種相關。根據他們的統計數據，倘若一年到頭都是晴天，那麼紐約股票交易的市場報酬平均會是24.8%；倘若一整年全是陰天，市場報酬則只有8.7%。（可惜的是，他們也發現若依照這個原則進行買賣交易，不會有什麼賺頭，因為多變天氣造成的頻繁交易次數，會讓手續費侵蝕掉利潤。）

每個人在做個人的、財務上和生意上的決定時，都相信自己詳盡考慮了所有重要因子，並依此決定而行動——我們自認知道自己為何做這些決定。然而我們只能察覺意識的影響，因此也只掌握了部分的資訊。於是人們對自己、對內心動機和整個社會的看法，就像仍有大部分殘缺的拼圖。我們會自行填上空白，或做諸多臆測，但真實的我們，卻遠比經由意識和理性計算的結果還更複雜、微妙。

★ ★ ★

人會感知、會記得自身體驗、會評判、會行動，這一切努力都受到許多我們毫不自覺的因子影響。接下來探討潛意識大腦的不同層面時，將看到更多這類案例。我們將討論到大腦如何利用兩層平行系統（意識與潛意識）處理資訊，也會探索潛意識的力量。事實上，我們的潛意識很活躍、獨立，而且目標明確。潛意識也許隱藏不見，卻決定了意識體驗世界、回應世界的方式，影響深遠。

接下來我們將展開一段心靈祕境的探索之旅。我們會先探討人如何接受感官刺激，以及如何透過意識和潛意識的途徑，吸收真實世界的資訊。

第二章

你看到的跟你聽到的，都已經失真了

負責視覺的眼睛不只是肉體器官，
同時也是感知工具，且受主人舊習的調控。
——人類學家**潘乃德**（Ruth Benedict）

早在希臘帝國年代，人們就以各種方式區分意識和潛意識的不同[1]。有許多思想家致力於意識的心理學研究，包括十八世紀的德國哲學家康德（Immanuel Kant, 1724-1804）。在康德的年代，心理學還不是獨立的學科，而僅泛指哲學家和生理學家對心靈的探討[2]。他們探究人類的思想程序時，推演出的不是科學法則，而是哲學宣言。這些思想家既然無須以實證為基礎，於是按照自己的偏好做全然的臆測，不用顧及其他思想家的臆測。

康德的理論是，我們會主動建構對外面世界的想像，而不只是原封不動記錄客觀事件。他也認為，感知不只取決於實際的存在，還是大腦以某些通則創造出來的。他這個信念竟然如此類似現代的觀點，著實讓人意外。然而現代學者一般提出的心智觀點，比康德的大腦通則更廣泛，尤其當議題涉及欲望、需要、信念和經驗造成的偏差時。如今我們相信，你看著你的岳母時，看到的不只是她的樣貌，也包括了你腦中出現的念頭——例如她奇怪的育兒方式，或同意住在她隔壁究竟是不是好主意。

康德認為實證心理學無法成為一門科學，因為你無法考慮或測量發生在腦袋裡的事。然而十九世紀的科學家仍努力嘗試。韋伯（見第10頁）就是其中一位付諸實行的先驅者，他在一八三四年做了一個簡單的觸覺實驗，把一個小砝碼放在受試者皮膚上的一點，然後要求受試者判斷第二個砝碼比第一個更輕或更重[3]。韋伯發現一個有趣的現象，那就是一個人可以察覺到的最小重量差，跟砝碼本身的重量成正比。舉例來說，倘若你可以勉強感覺到一個6公克的物體，比一個5公克的物體還重，那你可以察覺的最小重量差就是1公克。但倘若砝碼重量增加了10倍，你能察覺的最小重量差也會增加10倍——以前述例子來說，也就是10公克。這個結果也許算不上驚世駭俗，卻深深影響了心理學的發展，因為它證明了一件事：我們可以透過實驗，找出心智程序的數學和科學法則。

以科學方法研究潛意識

一八七九年，另一位德國心理學家馮特（Wilhelm Wundt, 1832-1920）向皇家撒克遜教育部（Royal Saxon Ministry of Education）申請經費，想創設全球第一間心理學實驗室[4]。雖然他的請求遭否決，他還是於一八七五年私下在自己的小教室設立了實驗室。同年，哈佛的一位醫生兼教授詹姆斯（William James, 1842-1910）開了一門新課程，名為「生理與心理學的關係」。他原本教授的課程是「比較解剖學和生理學」。他也在羅倫斯館（Lawrence Hall）地下室的兩個房間裡設了非正式的心理學實驗室。一八九一年，這間實驗室得到官方認可，成為哈佛心理學實驗室。

柏林當地一家報紙讚揚了他們開創性的嘗試，稱馮特為「舊世界的心理學主教」，並稱詹姆斯為「新世界的心理學主教」[5]。韋伯啟發了馮特和詹姆斯，以及其他許多科學家。多虧了他們的實驗成果，心理學終於躋身科學殿堂。這門新興的領域就稱為「新心理學」，好一段時間都是熱門的學科[6]。

研究新心理學的每個先驅者，對於潛意識的功能和重要性，都各有一套見解，而英國生理兼心理學家卡本特（William Carpenter, 1813-1885）是其中最有先見之明的一員。他在一八七四年發表的《心理學原理》一書中寫道：「我們的心智，就好比同時運行的兩列火車。一列代表意識，另一列代表潛意識。」他也認為，我們愈仔細檢視心智活動的機制，就愈能了解「所有的心智運作，都包含了許多自動且無意識的部分[7]。」他的見解十分精闢，至今仍是心理學的基礎。

卡本特的著作在歐洲學界醞釀出了許多發人省思的概念。儘管如此，繼卡本特雙線心智的概念後，朝解構大腦邁進一大步的，卻是大西洋彼岸的美國哲學家兼科學家皮爾斯——就是他發現，理應無法辨識的重量差和亮度差，心智卻可以察覺。皮爾斯是詹姆斯在哈佛的朋友，也是哲學實用主義的始祖（後來才由詹姆斯發揚光大）。所以稱為實用主義，是因為這個學派主張，我們應該把哲學思想或理論視為手段，而非真理，並透過現實生活中的結果來印證。

皮爾斯從小就是天才兒童[8]，他在十一歲時編寫化學史，十二歲擁有了自己的實驗室。十三歲時，他從哥哥的教科書中學到了形式邏輯學。他兩手都能寫字，喜歡發明紙牌魔術，晚年開始固定服用鴉片，這是醫生開的處方，以紓解他的神經病痛。然而，他仍撰寫了總頁數多達一萬兩千頁的著作，主題從物理科學橫跨社會科學。

皮爾斯發現潛意識擁有意識沒有的知識（這就是為什麼他會有不可思議的預感，知道誰偷了他的金錶），並率先發明了許多實驗來印證這點。有時儘管我們不覺得自己知道答案，卻仍能正確解答，似乎純靠運氣；所謂「強迫選擇」的實驗，運用的就是大腦這類處理程序，而這些實驗也成了探索潛意識時的標準工具。雖然佛洛伊德是公認把潛意識概念普及的人，但現代研究潛意識的科學方法，卻啟蒙於馮特、卡本特、皮爾斯、查斯特羅和詹姆斯這些先驅。

☆ ☆ ☆

如今我們知道，卡本特所謂的「心智活動的兩列火車」，其實比較像是兩組獨立的鐵道系統。修正一下卡本特的比喻，意識和潛意識這兩組鐵道，分別含括了無數密集的互聯網絡，這兩組系統間也用各種方式連結。人類的心智系統遠比卡本特原本的構想來得複雜，但我們已經逐漸勾畫出它的路線和停靠站。

潛意識是大腦中最勤勞不輟且精明的一員

如今我們知道這兩組系統中，比較重要的其實是潛意識。潛意識在演化早期就開始發展了，讓物種能應付必要的基本功能和生存、幫助偵查環境、安全的回應外界的刺激。潛意識是脊椎動物大腦中的基本配備，而意識則是選擇性的功能。事實上，儘管人類以外的動物，大部分都不太能（或完全無法）掌握意識的象徵性思考，但若少了潛意識，沒有任何動物可以存活。

根據一本主題為人類生理學的教科書的說法，人類感官系統每秒發送大約一千一百萬筆資料到大腦[9]。然而任何人只要曾經同時應付好幾個對著你滔滔不絕的小孩，應該都能作證——人類意識根本無法處理這麼多資訊，事實上差得可遠了。我們可以應付的資訊量，大約是每秒十六至五十筆左右。因此如果你的意識必須處理所有傳來的訊息，大腦就會像負載過多的電腦一樣當機。此外，儘管毫不自覺，我們每一秒其實都在做各種決定。我覺得嘴裡的食物有個怪味，該吐出來嗎？我該如何調整肌肉，才能保持站著不摔倒？那個人隔著桌子在對我滔滔不絕些什麼？他又是什麼樣的人？

演化提供了潛意識，多虧了它，我們才能在這個世界存活，吸收、處理生存所需的大量資訊。我們的感知、記憶、日常決定、判斷力和動作看似輕鬆寫意，其實是因為其中多由大腦中意識以外的部分負責。

就拿說話能力為例。大部分人讀到「烹飪老師說，小孩做的餅乾很好吃」這句話，馬上都能理解「小孩做的」這幾個字的意義。但如果你讀到「那個食人魔說，小孩做的餅乾很好吃」，你馬上就會用比較驚悚的角度，解讀「小孩做的」這幾個字。這些區別看似容易，電腦科學家卻能了解這種推理有多困難，因為他們發現要研發可以回應自然語言的機器，簡直障礙重重。有一則軼事可以說明這些科學家的困境。他們試著讓一台早期的電腦把「心有餘而力不足」（The spirit is willing but the flesh is weak.）這句格言先翻成俄文，再翻回英文。結果照這個故事的說法，這句話翻回英文就變成了：「伏特加很烈，但肉壞掉了。」

幸運的是，我們的潛意識能幹多了，它可以快速、精準的處理語言、感官和其他各式各樣的任務，讓我們深思熟慮的意識得以專心處理更重要的事情，例如抱怨翻譯軟體的研發者。有些科學家估計，我們只對百分之五的認知功能有所覺知，其他的百分之九十五則超出意識的範圍，但仍深深影響我們——它的首要之務，就是讓我們能正常生活。

大腦的許多活動我們並無所覺，只要分析能量消耗的情況，就能證實這點[10]。想像你正癱在沙發上看電視，身體沒什麼動作。接著想像自己在激烈運動——例如在街上跑。你快跑時肌肉消耗的能量，比你在沙發上看電視時還高了一百倍。因為無論你是怎麼跟另一半說的，身體在跑步時所費的氣力，的確遠比癱在沙發上時還多。讓我們比較心智活動時，能量消耗的相對情況：就拿你無所事事、意識根本就是閒置的時候，跟玩象棋時的情況比較。假設你是弈棋高手，深知所有可能的手段和策略，玩得非常專注，那麼這些思考對意識造成的負擔，是否相當於跑步時肌肉的負擔？答案是否定的，根本差遠了。當你全神貫注，大腦消耗的能量只會提升百分之一。無論你的意識在做些什麼，潛意識仍占了大部分的心智活動，也因此消耗了大腦大部分的能量。無論你的意識在發呆或在工作，潛意識都努力做著腦力版的伏地挺身、交互蹲跳以及衝刺賽跑。

★ ★ ★

潛意識最重要的功能之一，就是處理眼睛傳來的資訊。動物若能看得清楚，無論在獵食或群聚時，都能吃得較好，能更有效的避開危險，活得也更久。因此演化就將三分之一的大腦，設計成專門處理視覺，包括解讀顏色、偵測物體的輪廓和移動、感覺深度和距離、辨識物體、辨認臉龐，以及其他任務。想想看，你的大腦有三分之一的部分，都忙著做這些事，但你幾乎對這些過程毫無所知，也無從控制。這所有的工作都不經由意識進行，資料經過消化、詮釋後，再以簡單明瞭的方式傳給意識。

你從來無須費心解讀視網膜上的這些視柱神經、那些視錐神經，吸收了這麼多或那麼多的光子，究竟代表什麼。你也無須把視覺神經的資料，翻譯成光度和光頻的空間分布，再解讀成形狀、位置和意義。相反的，當潛意識辛勤的執行這些任務時，你可以放鬆的躺在床上，看似毫不費力的觀察天花板上的燈，或閱讀本書的文字。我們的視覺系統不但是大腦最重要的部分，也是神經科學中研究最深入的領域。探究視覺運作的方式，可以讓我們更了解人類心智的兩套系統如何合作，又如何各自發揮作用。

神經科學家曾做過一項非常有趣的視覺實驗，對象是一位五十二歲的非洲男士，他在文獻中的化名是TN。TN是身高體強的醫生，卻注定要以病患的身分出名。他在二〇〇四年開始踏上通往疼痛與名聲之路。當時他住在瑞士，突然中風發作，損傷了左腦稱為視皮質的區塊。

人類大腦分為兩大半腦，幾乎完全對稱。每個半腦又分為四葉，當初這種分隔是由於覆蓋其上的頭骨造成的。這些腦葉上盤繞著如正式餐巾那麼厚的外層結構。人類的這些外層結構稱為新皮質（neocortex），是大腦的大部分組成。它包含了六層內襯，其中五層內含神經細胞，以及不同層間互相連結的突起物。新皮質也有通往大腦其他區塊及神經系統的輸入點和輸出點。新皮質雖然很薄，但它以層層摺疊的方式把〇．三平方公尺（相當於一份大比薩）的神經細胞裝進頭顱裡[11]。新皮質的不同區塊也有不同功能。枕葉位於頭部最後端，其皮質屬於視皮質，是大腦處理

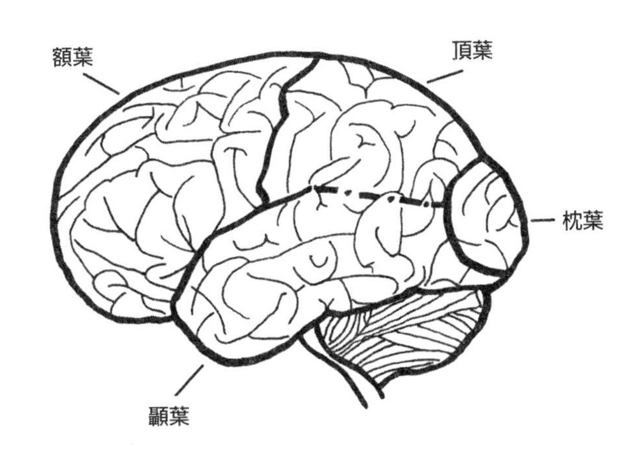

視覺的中樞。

我們對枕葉功能的認識，多來自那些枕葉受損的動物。當然如果有人駕駛沒有煞車的車子，想藉此研究煞車功能，你可能會相當不以為然。但科學家卻會選擇性的破壞動物的大腦區塊，因為只要觀察那些大腦部分失靈的動物，就能了解這些區塊的功能。既然大學的倫理委員不會允許科學家破壞人類受試者的部分大腦功能，科學家便搜遍各醫院，看有沒有哪個倒楣鬼因為天生或後天意外，成了適合的研究對象。這種搜尋工作十分困難，因為造物主根本不在意祂創造的那些缺陷，對科學家是否有用處。TN的中風案例很有價值，因為損傷的部位只限於大腦的視覺中樞。從研究的角度來說，唯一的缺點是，那次中風只影響了TN的左半腦，他仍擁有一半的視線。但很不幸，這樣的情況只維持了三十六天，後來TN又發生一次悲慘的出血，恰巧毀壞了另一半腦裡幾乎完全一樣的部位。

TN第二次中風後，醫生做了測驗，想知道他是否完全失明，因為有些盲人仍能看到些微的餘光。舉例來說，有些盲人可以感覺明與暗，或看到文字——倘若那個字有穀倉那麼大的話。然而TN連穀倉也看不到。他第二次中風後，經過檢查後醫生發現，TN無法辨識形狀，也無法察覺物體的活動、顏色，甚至看不到強光。檢查結果顯示，他的枕葉失去了功能。TN視覺系統中的感光功能仍很完善，也就是他的眼睛可以聚集、記錄光線，但他的視皮質卻無法處理視網膜傳來的資料。他的感光系統很完整，視皮質卻完全毀壞了，這樣的情況讓TN成為科學研究爭相爭取的對象。想當然耳，住院的那段時間，他就被一群醫生和科學家圍繞著。

你應該可以想像出很多實驗，適合在TN這樣的盲人身上測試。舉例來說，我們可以研究他的聽力是否進步了，也可以測試他過往的視覺記憶。有這麼多問題可問，你也許不會想到要研究盲人是否能盯著別人的臉，藉此判斷出對方的情緒。然而這正是科學家選擇的實驗[12]。

我們天生會注意表情

他們一開始先在離TN幾公尺處，放一台筆記型電腦，讓他看一堆白色背景下的黑色形狀，有圓形也有方形。接著他們延續皮爾斯提出的概念，做了一個強迫選擇的實驗：他們要TN辨識每一個形狀。隨便猜都可以，他們如此請求，於是TN就照做了。他猜對了一半。既然他真的對自己的所見毫無頭緒，這結果當然與預期相符合。接下來的部分可有趣了。科學家又向他展示了一系列新的影像，這次是許多張生氣的臉和開心的臉。遊戲規則基本上一樣：當影像出現，TN要猜測螢幕上的臉究竟是生氣還是開心。辨識臉部表情與觀察幾何圖形，是全然不同的兩種作業，因為對人類來說，臉孔遠比黑色形狀來得重要。

人類行為中，臉孔扮演了很特別的角色[13]。這就是為何我們會說，特洛伊的海倫擁有「驅使千艘戰艦長征的臉蛋」，而不是「驅使千艘戰艦長征的胸脯」，儘管男性平常專注的是女性的身材。這也是為什麼當你告訴來晚餐的客人，他們正在品嚐牛的胰臟時，你會經由觀察他們的臉孔而非手肘（或他們說的話），快速而精準的判斷他們對內臟的看法。我們藉由觀察別人的表情，迅速觀察對方是悲是喜、滿足或不滿足、友善或危險。我們對事物的看法，都誠實反應在臉部表情上，而這些表情多受控於潛意識。

在第五章裡我會提到，表情是溝通的主要工具，很難壓抑或喬裝，所以好演員才這麼稀有。有個事實反映了表情的重要性，那就是無論男性多受女性身材的吸引，女性又多在意男性的體格，沒有任何已知的大腦區塊，專門分析二頭肌的差別，或比較緊實的臀部、胸部的曲線。然而大腦卻有一區專事分析表情，這個區域稱為梭狀臉孔區（fusiform face area）。我們可以利用次頁美國總統歐巴馬的照片，說明大腦針對臉孔所做的特殊待遇[14]。

左下角正面的照片，看起來扭曲得厲害，但是左上角上下顛倒的照片，看起來卻沒有異樣感。事實上，上下兩圖一模一樣，只是上圖倒了過來。我知道，因為我曾把圖轉過來看過。如果你不相信，你可以直接把這本書轉一八〇度，就會看到上方圖變成扭曲照，下方圖看起來則很正常。跟其他視覺現象相較之下，你的大腦貢獻了很多注意力（和神經資源）在臉孔上，因為臉孔非常重要——上下顛倒的臉除外，畢竟我們很少會碰到這樣的臉，除了在瑜伽課倒立時以外。這就是為什麼照片正面朝上時，我們察覺扭曲表情的能力，會遠勝於上下顛倒的照片。

潛意識讓你眼盲心不盲

研究TN的科學家選擇臉孔的照片，做為第二批實驗用影像，因為他們相信，也許可以藉由大腦潛意識對臉孔的特殊關注，改善TN的病情，即使他可能看到了東西仍不自覺。既然他已經全盲了，無論研究人員向他展示的是臉孔、幾何形狀或熟桃，應該都沒有太大的差別。然而在這個實驗裡，TN卻能辨識出一些開心或生氣的臉孔，成功率幾乎高達三分之二。雖然TN大腦裡負責視覺意識覺知的部分明顯受損，梭狀臉孔區仍能接收影像，也影響了他在選擇臉孔實驗中有意識做出的決定。但TN並不自覺。

真實是感官加上心智作用造成的

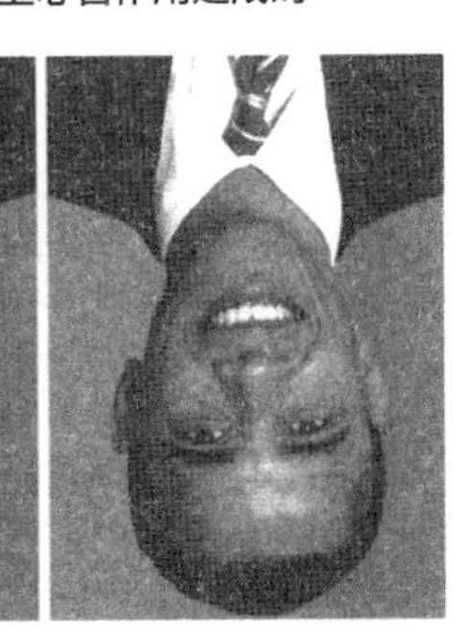

圖片來源：www.millusions.com

另一組研究人員聽說了TN第一次實驗的結果，在幾個月後，詢問他是否願意參加另一項測試。辨認臉孔或許是人類的特殊才能，但不跌得狗吃屎更屬難得。倘若你猛然發現自己快被一隻正在睡覺的貓絆倒了，你不會在心中盤算該如何閃開，而會直接行動[15]。避開障礙的動作是由潛意識掌控的，研究人員很想在TN身上測試這個技能。他們提議要觀看他在不用枴杖的情況下，如何走過一道凌亂的走廊[16]。

所有人都對這項提議興奮不已，除了那位不保證能保持直立的仁兄以外——TN拒絕參與[17]。他也許能成功辨識一些臉孔，但有哪個盲人會願意通過障礙重重的走道？但研究人員還是努力說服他放手一試，還很好心的承諾會一路護送他，不讓他跌倒。經過慫恿後，他終於改變心意。然而出乎眾人、包括他自己的意料之外，他竟然安然通過長廊，雖然過程曲折：繞過一個垃圾桶、一疊紙和許多盒子。他根本沒有跌倒，甚至沒撞到任何物體。研究人員問他怎麼辦到的，他完全說不出來。而且想當然耳，他馬上要求取回拐杖。

TN示範的這個現象稱為盲視（blindsight），也就是眼睛正常，卻不自覺看得到東西的人，能用某種方式回應眼前的景象。這個重要的發現第一次發表時，「受到眾人的懷疑、譏笑」，近年來才為學界接受[18]。但從某個角度來說，這結果其實不讓人意外：一個人的意識視覺系統失靈，但眼睛和潛意識系統仍完好如初時，會出現盲視的現象也很合理。盲視是一種奇怪的症狀，也最能說明大腦的兩個系統如何獨立運作。

☆ ☆ ☆

一九一七年，英國軍醫里多克（George Riddoch）提出第一個「視力由多重途徑形成」的實際證據[19]。十九世紀末，科學家藉由破壞狗和猴子的枕葉，著手研究這個大腦區塊對視覺的重要性。接著第一次世界大戰爆發了。德國人以讓人憂心的速度，把英國士兵當成有潛力的實驗對象。部分原因是英國軍盔常在士兵的頭上晃動，這個設計看起來也許時尚，卻無法安全護住士兵的頭，特別是後腦杓。這個缺陷在溝渠戰時最明顯。士兵照著演練時的做法，盡力用堅硬的大地護住頭部以外的身體，並依照指示把頭部伸進火線。因此英國士兵有百分之二十五的穿刺傷案例，都是頭部受傷，尤其是枕葉下方以及鄰近的小腦。

換成今天，子彈若這樣穿過腦袋，多半會把一大塊大腦變成一堆絞肉，而且幾乎肯定會要了受害者的命。但那個年代的子彈，速度較慢，傷害的區域也較局限，往往在灰質穿出一條隧道，不會過度破壞周圍的組織。因此儘管士兵的腦袋變得跟甜甜圈一樣有個洞，卻仍能倖存，而且狀況可能也沒想像的糟糕。一位日本醫生也曾在日俄戰爭中，看到許多類似情況的傷患，他甚至因此設計出一套方法，可以測定大腦受損的確切位置，以及可以預期的傷害——他依據彈孔與頭骨外部的不同特徵來定位（他的正式工作，是要決定腦部受傷的士兵可以領多少撫恤金）[20]。

里多克醫生最有意思的病患，是T上校。T上校在領軍交戰時遭子彈射穿右枕葉，中彈後他勇敢、奮不顧身的繼續帶領士兵。被問到感覺如何時，他回說有點暈眩，但其他都很正常。然而他錯了。他在十五分鐘後倒地，十一天後才醒來，此時已經身處在印度的一家醫院裡了。

T上校雖然恢復了意識，卻在晚餐時出現了第一個徵兆，顯示他的確有些地方不太對勁。他注意到自己看不見盤裡左側的肉。依照人類眼睛與大腦的連結方式，無論訊息從哪一隻眼睛傳來，左邊視線的視覺訊息會傳到右腦，右邊的視線則傳到左腦。換句話說，如果你直盯著前方，你左方的景象會傳到右腦。T上校中彈的部位就是右腦。T上校轉送往英國的醫院後，診斷出完全失去了左邊視線的視力，但有個古怪的例外，就是他仍可以察覺左邊物體的移動。換句話說，他無法用正常的方式看，因為那些「移動中的物體」沒有形狀或顏色，但他確實知道有東西正在移動。他得到的資訊很有限，也不太實用。事實上，這還挺讓他困擾的，尤其坐火車的時候，因為他會覺得左邊有東西經過，卻什麼也看不到。

既然T上校對自己觀察到的物體移動有意識，他就不像TN，不是真的盲視。但他的案例仍很讓人震撼，顯示視覺是資訊通過多重途徑累積的效應，其中包含了意識和潛意識的途徑。里多克醫生發表了關於T上校及其他類似病患的論文，但很不幸的，他的研究受到另一位更有名望的英國軍醫的奚落。於是他的研究就在文獻中消失匿跡，幾十年後才又受到矚目。

直到最近，潛意識視覺還是很難研究的課題，因為患有盲視的病患十分罕見[21]。然而在二〇〇五年，藍格爾（見第36頁）在加州理工學院的同事柯霍（Christof Koch）與合作者，發明了一種非常有效的新方法，可以研究健康受試者的潛意識視覺。柯霍當初會開始探索潛意識，是因為他對潛意識的相反面，即意識的意義，深感興趣。照柯霍的說法，就在幾年前，研究潛意識對學術生涯可不太有好處；至少在一九九〇年代以前，若有人想研究潛意識，會被認為是「失智的前兆」。但如今這兩者的研究往往共同進行，而從某個角度而言，以視覺系統為研究方向的好處是，這比其他感知，例如記憶或社交感知，更容易研究。

☆
☆
☆

意識無法察覺的，潛意識注意到了

柯霍的研究團隊用來研究視覺現象的技術，稱為雙眼競爭。只要條件正確，你若讓左眼觀看某張圖，右眼觀看另一張圖，你不會同時看到兩個影像重疊。相反的，你會先看到其中一張圖，過一會兒再看到另一張圖，然後再回到第一張。兩張圖就這樣無止盡的交替下去。然而柯霍的團隊卻發現，如果讓一隻眼睛看到不斷變化的影像，另一隻眼看靜止的圖像，那麼你只會看到變換多端的影像，而看不到靜止的那張圖[22]。換句話說，倘若你的右眼看的是兩隻玩桌球的猴子，左眼看的是一張百元鈔票，你會對那張鈔票視而不見，即使你的左眼記錄了視覺資訊，而資訊也傳到了大腦。從某個角度來說，這是很有力的技術，可以創造出人造視盲——我們於是可以利用這個新技術，來研究潛意識視覺，但又不用傷害大腦的任何區塊。

另一組研究人員利用這個新技術，在正常人身上進行另一項實驗，很像TN所做的表情試驗[23]。他們讓每位受試者的右眼觀看不斷改變的彩色馬賽克圖形，左眼則觀看某個靜物圖，圖中的物體可能靠右或靠左。受試者的任務，是要猜測圖中靜物的位置，儘管他們不覺得自己有看到那張靜物圖。研究人員推測，只有當受試者看到大腦真正有興趣的物體時，潛意識才會發揮作用，就像TN的實驗結果一樣。於是他們決定用一種不會出錯的圖案。在執行測驗時，他們選用了色情圖片做為其中一張靜物圖——或以科學術語來說，一張「很容易激起生理反應的情色照片」。你可以輕易在書報攤找到清涼照，但要打哪兒去找「科學控制的清涼照」?原來心理學家還真有一個相關的資料庫，稱為國際情緒圖庫系統（International Affective Picture System），其中收藏了四百八十張圖片，內容含括性慾照、遭肢解的身體，乃至兒童和野生動物的可愛圖片，每張圖都按照它可以激起的情感強度歸類。

正如研究人員預期的，受試者在觀看他們無感的靜物照，並被詢問圖中物體是在左側或右側時，有一半的機會能說出正確答案。這正是完全隨機、憑空臆測時會有的結果，相當於TN當初猜測圖形是方或圓的情況。然而當研究人員向異性戀男性展示裸女圖，這些受試者突然變得能夠判斷裸女的位置，而異性戀女性也可以猜到裸男的位置。但倘若讓男性看裸男照、女性看裸女照，就不會出現這種結果——當然，也是有例外。倘若在同性戀受試者身上重複這個實驗，你也許也可以預期實驗的結果。結果會因受試者的性向而改變。

雖然受試者猜到了正確答案，倘若事後詢問他們究竟看到了什麼，他們只說得出右眼所見的，那些快速變換的無聊馬賽克照。受試者根本不知道，當他們的意識在觀看一堆乏味照片時，潛意識其實正享受著裸女（或裸男）圖的饗宴。這就表示，儘管處理清涼照的過程不曾送往意識，這些照片的影響仍強烈到讓受試者的潛意識有所知覺。這又回應了當初皮爾斯學到的教訓：我們無法對所有進入大腦的訊息有所知覺，因此潛意識往往會注意到意識無法察覺的事物。這種情況下，我們可能會對生意伙伴產生一種異樣的感覺，或對陌生人有莫名的直覺，而且也跟皮爾斯一樣，不了解這些感覺究竟從何而來。

很久以前我就學到，我們最好多順從這些預感。我二十歲那年人在以色列，當時贖罪日戰爭剛結束，而我正好到北邊的戈蘭高地（Golan Heights）旅行，那塊敘利亞領土當時被以色列占據。我在沙漠道路上健行時，看到一塊農地上有一隻有趣的小鳥。身為愛鳥人士，我決意要上前一窺究竟。那塊地圍著柵欄，但柵欄通常擋不住觀鳥人。柵欄上有個奇怪的標示。我思考著標示究竟寫些什麼，那是用希伯來文寫的，而我的希伯來文還不夠好，無法理解。通常這種告示上寫的都是「禁止穿越」，但這個標示看起來不太一樣。

我應該留在外頭嗎？我心裡有個聲音，說我該這麼做。如今回想，很像是當初讓皮爾斯知道誰是手錶竊賊的那種預感。但我的理智，我那深思熟慮的意識卻說：「繼續走。動作快點兒就行了。」因此我爬過柵欄，進入農地，走向小鳥。結果我馬上聽到有人用希伯來語大喊，回頭就看到路的另一頭，有個人開著牽引機，很激動的對我打手勢。我於是回到路上。我難以理解那人含糊不清的大聲嚷嚷，但靠著破爛的希伯來文和他的手勢，終於搞清楚問題為何了。我回頭再看那張告示，突然發現自己其實看得懂那些希伯來文，上頭寫著：「危險！地雷！」我的潛意識收到訊息，但我卻任由意識支配。

過去我的直覺若缺乏具體、合邏輯的理由，我通常不太信任它。但那次經歷改變了我。我們其實都有點像TN，對某些事物茫然不覺，但仍靠潛意識左躲右閃。只要我們願意傾聽，潛意識的忠告往往可以拯救我們。

★ ★ ★

好幾個世紀以來，哲學家都在爭論「現實」的本質，以及我們經驗的世界，究竟是實相或幻影。然而從某個角度來說，現代神經科學告訴我們，所有的感知都可說是假象。因為我們只能藉由處理、詮釋感官傳來的訊息，間接感知這個世界。這就是潛意識作業的意義——它會創造出世界的模型。或就如康德所說，有所謂 **Das Ding an sich**，即物體本身，也有所謂 **Das Ding für uns**，即我們所知的物體。舉例來說，你環視周遭，可能會覺得自己看到的是一個立體空間。但你不會直接感知這個立體世界。相反的，你的大腦會先取讀來自視網膜的扁平二維陣列數據，然後再創造出立體的感覺。潛意識非常擅長處理影像。你如果戴上特殊眼鏡，把視線內的物體上下顛倒，不久之後，就又能看到正面朝上的景象。把眼鏡摘下來後，你又會看到顛倒的世界，但一會兒又會修正過來[24]。因此當我們說「我看到一張椅子」，言下之意其實是，大腦為我們創造了一個椅子的模型。

你的視覺有盲點，聽覺有漏洞

潛意識不只詮釋感官資訊，還會加強資訊。這是很必要的，因為感官傳來的訊息很粗糙，要經過修改後才有用處。舉例來說，眼睛傳來的資訊有個疏漏處，源自所謂的盲點，那是眼球後方的一點，是視網膜和大腦的接線處。盲點會讓你兩眼的視線出現一塊「死區」。通常你不會注意到，因為大腦會根據周遭提供的資訊來填滿畫面。但我們可以用人為方式，讓你看見這個空洞。舉例來說，你可以閉上右眼，看著次頁圖右側的數字

1，然後把書拿近（或拿遠），直到哭臉消失為止——那就是你的盲點。保持頭部靜止，再用左眼繼續看著2、3等數字。你看到4那一帶時，哭臉可能又會出現。

眼睛為了彌補自身的不足，每秒鐘都會改變位置好幾次。這種微微振動的現象，稱為微顫動（microsaccade），與平常的「掃視」有所區隔，後者是你研究某個景象時，眼睛會不斷快速注視較大圖案的動作。這些正是身體所能做出最快的動作，快到非用特殊儀器才能觀察到。舉例來說，閱讀這段話時，你的眼睛會隨著文字行列不停掃視。當我對著你說話，你的視線會在我臉上游移，目光則多集中在我的眼睛附近。總而言之，控制眼球的六條肌肉每天都要移動10萬次左右，次數跟心跳差不多。

倘若眼睛是一台攝影機，這所有的動作會讓錄製的影片無法觀看。但你的大腦能彌補這個缺陷，編輯視線轉換時的景象，並填補感知，儘管你對此毫無知覺。有一種方式可以有效助你理解這種編輯過程，但你可能要請你的朋友或某個多喝了幾杯的泛泛之交，來助你一臂之力。你可以這樣做：與你的夥伴面對面，兩人的鼻尖保持大約十公分左右的距離，然後請對方盯著你兩眼中間的位置。接著，要求他看一下你的左耳，然後再收回視線。重複做幾次。此時你要仔細觀察對方的眼睛。你會注意到自己可以輕易看到對方眼球的動作。

9 8 7 6 5 4 3 2 1

P Z L E F A ✲ A F E Q C A

G C D E F A ✲ A F E Z P O

P G L E F A ✲ A F E D C R

現在問題來了，如果你有機會跟自己面對面，重複前述實驗，你能看到自己眼球的運動嗎？如果大腦真的會在眼睛轉動之際，剪輯傳送來的視覺資訊，你應該就看不到自己眼球的動作。怎麼測試？面對鏡子站著，鼻子離鏡子表面5公分（相對於兩人之間10公分的距離）。先盯著你的兩眼中央，然後看著你的左耳，再把視線收回來。反覆幾次。很神奇的，你會看到兩個景象，但無法看到景象轉換時眼球的運動。

至於另一個傳送到大腦的瑕疵數據，則是邊緣視野（peripheral vision）。我們的邊緣視野非常模糊，事實上，倘若你把手伸直，盯著大拇指的指甲，視線中唯一看得清楚的，只剩指甲，頂多包括指甲的周圍。就算你的視力有二・〇，在焦距以外，你的視覺差不多相當是四眼田雞掉了眼鏡後，看到的景象。你可以從幾公尺遠處試著看看這一頁，然後盯著上圖第一行中央的星號（我知道你很想，但不要作弊！）。第一行裡的F字母，離星號有一個小指寬的距離。你也許可以順利認出A和F，但幾乎無法辨認其他字母。接著看看第二行。更大的字體也許有些幫助，但如果你跟我一樣，你也會無法清楚讀出所有字母，除非其他字母變得像第三行裡的那麼大。為了看到周遭的字母，字體必須放多大，就表示你的邊緣視野有多差。

盲點、掃視和差勁的邊緣視野，這些特性應該都會帶來一些問題。舉例來說，你盯著你的上司時，真正的視網膜影像其實是一個模糊、顫抖的人影，他（或她）的臉中央則有團黑洞。然而就算你心裡覺得老闆挺適合這種形象，你看到的不會是這番光景，因為大腦會自動處理視覺訊息，整合雙眼輸入的資料，移除顫抖的影響，並且假設鄰近影像的視覺特性應該很類似，然後依樣填滿缺漏。次頁圖可以說明部分大腦作業的情況。左圖是照相機拍下的照片，右圖則是人類視網膜拍下，且未經額外處理的相同影像。不過你很幸運，潛意識會自動加工處理，讓你看到如同攝影照片般完美精緻的影像。

聽覺作用的方式也很類似。事實上，我們也會無意識的填補聽覺資訊裡的空缺。舉例來說，有個實驗錄下了「州長與聚集在華府的州議員會面」（The state governors met with their respective legislatures convening in the capital city）這句話，然後消除掉州議員（legislatures）這個字中第一個「s」的那一百二十毫秒，補上咳嗽聲。研究人員告訴20名受試者，說他們會聽到一段包含咳嗽聲的錄影，然後要在一段文字中圈選出咳嗽聲出現的位置。研究人員也問他們，咳嗽聲是否蓋過了任何被圈起來的字。結果所有自願者都說聽到了咳嗽聲，但20人中有19人不覺得有任何字被蓋過，而唯一聲稱咳嗽聲蓋過某

左圖是攝影機拍下的原始圖片，右圖是視網膜拍下的照片，此為右眼所見，焦點在「X」上。
圖片來源：Laurent Itti

個音的受試者，卻又選錯了字[25]。研究人員在後續實驗也發現，受試者就算經過練習，還是無法指出有哪個音不見了。受試者非但無法指出咳嗽出現的位置，還錯得離譜。咳嗽聲似乎沒有出現在句子中明確的地方，反而與語言共存，毫不妨礙受試者理解文字內容。

就連將「legislatures」中「gis」的整個音節，用咳嗽聲消除，受試者仍然無法辨識消失的音素[26]。這種效應稱為音素復位（phonemic restoration），原理類似於，大腦填補視網膜盲點的空白、補強周遭視覺的清晰度，也讓你憑著他人的外觀、膚色，或他使你聯想到傑瑞叔叔，補全你對對方的認識（下文對此將著墨更多）。

音素復位有個驚人特性：因為這個效應取決於文章脈絡，你認為自己在句尾聽到的字，可能會影響句首的字。舉例來說，在另一個很著名的實驗中，受試者在「It was found that the *eel was on the axle」 （*eel擺在車軸上）這句話裡（星字號代表咳嗽聲），會聽到「wheel」（車輪）這個字。但倘若句子是：「It was found that the *eel was on the shoe」（*eel擺在鞋上），他們會聽到「heel」（腳跟）這個字。同樣的，當句尾出現「柳丁」，受試者就會聽到「peel」（削皮）；句尾出現「桌子」，受試者則會聽到「meal」（餐點）[27]。但傳送到受試者大腦的，其實都是*eel的聲音。我們的大腦會耐心的把資料擱置，等待更多線索出現。因此受試者一旦聽到「車軸」、「鞋」、「柳丁」或「桌子」，大腦就會自動填入適當的子音。此時這些文字才會送往意識，受試者則完全沒察覺文字被修改了，還認為自己很清楚被咳嗽聲稍微蓋過的是什麼字。

☆　☆　☆

在物理學中，科學家發明了各種模式或理論，來形容我們觀察到的世界，並藉此預測未知。牛頓的重力論是一例，愛因斯坦的重力論也是一例。這些理論描述的雖然是同樣的現象，卻用全然不同的角度詮釋現實。舉例來說，牛頓認為物質會產生重力，影響彼此；愛因斯坦則認為世上沒有重力這回事，物質間的互動是透過扭曲的空間和時間來產生。愛因斯坦的理論或許可以精準的描述蘋果的墜落，但牛頓的理論卻較容易理解。從另一方面來說，全球衛星定位系統可以幫助駕駛認路，而這種系統的運作若靠牛頓的理論來計算，就會出錯，因此一定要應用愛因斯坦的理論。如今我們知道，這兩個理論其實都可說是錯的，皆只能概略描述發生在真實世界的情況。但他們的理論也都是對的，兩者都能在特定範圍內，準確描述自然界的現象。

如前文所述，每個人的心智都是一位科學家，會創造模型來詮釋周遭世界，那也就是大腦透過感官觀察到的日常世界。感官世界的模型就像重力理論一樣，只能算貼近現實，並且以心智發明的概念為基礎。而且就像重力論一樣，我們為環境建立的心理模型絕非完美，但也夠用了。

你所感受的世界並不真實

我們感受的世界其實都是人造的，所有的人事物，都是潛意識把真實數據加工後的結果。大自然幫助我們填補資訊中的空缺，讓大腦可以在潛意識中彌補缺憾，對此我們甚至毫無所覺。無論是兒時坐在兒童椅上享用豆泥，或長大後躺在沙發上喝啤酒，這些動作都不假思索。我們全然接受潛意識捏造出的視覺，毫不起疑，殊不知這一切都是潛意識的詮釋。這些建構出的視覺雖然可以讓我們最有機會生存，卻不是最精確的圖像。

這又令我們聯想到另一個問題，無論是討論到視覺、記憶，或對他人的評價，這個問題都會一再出現：倘若潛意識的主要功能，是要填補資料的空缺，建構出有用的實相，那麼這些印象究竟有多準確？舉例來說，倘若你剛認識某個人，經過簡短交談後，你會依照對方的外表、衣著、膚色、口音、手勢，或你一廂情願的想法，來評判對方。但你對於這個印象的真實度，能多有自信？

本章中我著重在視覺與聽覺，說明大腦如何以雙重系統處理資訊，又如何彌補原始資訊的缺失。許多心理作業都在潛意識下運作，特定大腦區塊會以特殊伎倆彌補缺失的資料。感官只是這類作業中的一種。記憶則又是另一種，因為潛意識會主動修改記憶。對事件的記憶其實也是想像力的傑作。接下來我們會討論到，就如潛意識修改來自眼睛和耳朵的原始資料，它也會徹底修改記憶。這些把戲深深影響我們——儘管那不一定都是好的影響。

第三章

我們為什麼「記得」那些從未發生的事

有個人決定要描繪這個世界。
多年來，他的圖畫裡充滿了城鎮、王國、高山、海灣、船隻、
島嶼、魚隻、房間、樂器、星辰、馬匹和人們。
然而他臨死前，卻發現那如迷宮般錯綜複雜的線條，
勾畫的竟是自己的臉龐。
—— 阿根廷作家**波赫士**（Jorge Luis Borges）

在美國北卡羅萊納州中部山楂河的南邊，有個古老的磨坊小鎮，叫柏林頓。此處是蒼鷺和菸草的故鄉，夏夜裡非常溼熱。布魯伍德花園公寓是柏林頓的典型住宅，它是可愛的單層灰磚平房，離伊隆學院（現今的伊隆大學）數公里遠。伊隆學院是私立學校。由於磨坊業逐漸衰退，這學校便成了鎮上的重心。一九八四年七月某個特別炎熱的晚上，年方二十二歲、就讀伊隆學院的學生珍妮佛・湯姆森（**Jennifer Thompson**），正在床上安睡。此時一個男子躡手躡腳走近她家後門[1]。當時是凌晨三點。屋內空調嗡嗡作響，那男子剪斷珍妮佛的電話線，破壞門外的電燈，闖入她家。這些噪音不足以驚醒她，但他在屋內的腳步聲讓她醒了過來。珍妮佛睜開眼睛，在黑暗中隱約看到有人屈身接近。不一會兒那男子就跳到她身上，把刀子架在她脖子上，威脅她不要反抗，否則就殺了她。接著入侵者開始強暴她。她始終端詳對方的臉孔，決意倘若事後倖存下來的話，要指認出他。

後來珍妮佛哄騙這個強暴犯，說服他讓她開燈倒飲料，然後趁機逃跑，赤裸裸的衝出後門。她狂敲隔鄰的門，隔壁的房客睡著了沒聽見，但強暴犯聽到了，於是追了上來。珍妮佛跑過草地，奔向一間亮著燈的磚房。強暴犯於是作罷，接著又到附近的房子去，再度闖入住宅，強暴了另一個女性。珍妮佛則被送往醫院，警察在那兒採樣她的毛髮和陰部體液。事後他們帶她到警局，讓她向警方的素描專家描述強暴犯的長相。

隔天民眾紛紛提供線索。其中一條線索指向一個二十二歲的男子，卡登（**Ronald**

Cotton），他在珍妮佛家附近的餐廳工作。他有案在身，年輕時曾因闖入民宅和性侵認罪。案發後三天，高丁探員請珍妮佛到警局，要她辨認桌上擺的六張照片。根據警方報告，珍妮佛花了五分鐘研究那些照片。「我還記得當時覺得自己好像在做 SAT 測驗。」她說。其中一張是卡登的照片。珍妮佛選了他。幾天後，高丁探員讓五個男子列隊，請珍妮佛指證。每個男子都要向前站一步，講一句話，再退回原位。珍妮佛一開始無法確定，強暴犯究竟是第四或第五名男子，最後就決定是第五名。又是卡登。珍妮佛後來說，當她知道自己指證的男子，與她在照片指證中認出的是同一人時，她對自己說：「太好了，我認對人了。」珍妮佛在法庭上指著卡登，再次指認他為強暴犯。陪審團在四十分鐘內達成裁決，法官於是判卡登終身監禁外加五十年有期徒刑。珍妮佛說，那是她人生中最快樂的一天，她還開了香檳慶祝。

卡登自始否認犯行。此外，他在監獄廚房工作時，碰到了一個名叫普爾（Bobby Poole）的男子，容貌與他神似，因此也長得很像警方依照珍妮佛描述而畫的肖像。普爾同樣因強暴罪入獄。卡登於是找普爾對質，詢問關於珍妮佛的案子，但普爾矢口否認。然而卡登很幸運，因為普爾曾向另一個囚犯透露，說他確實強暴了珍妮佛和另一名女子。卡登就這麼碰巧遇到了真正的強暴犯，於是在獄中爭取到了另一次審判的機會。

第二次審判中，珍妮佛又被詢問是否可以認出強暴犯。她站在離普爾和卡登四公尺半之遠看著他們，接著指著卡登，再次確認他就是犯人。普爾看起來的確很像卡登，但由於她在被強暴「後」的經驗（也就是在照片中、列隊中和法庭上指認犯人的經驗），卡登的臉孔深深烙印在那晚的記憶中。於是卡登不但沒有獲得自由，在第二次審判裡甚至受到更重的判決——他被判兩個終身監禁。

七年過去了。這起犯罪已經發生了十年，相關證據（包括強暴犯的精子片段）塵封在柏林頓警局的架上。同時，一種DNA檢測的新技術，突然因辛普森雙謀殺案而聲名大噪。卡登不斷要求律師申請檢驗那精子片段。最後，他的律師終於促使檢驗完成，並證實當初強暴珍妮佛的，是普爾而非卡登。

這起案件中，我們只知受害者記錯了犯人。至於珍妮佛對犯罪現場其他細節的記憶究竟多準確（或多不準確），因為缺少了客觀的紀錄，我們永遠無從得知。然而很難想像有哪個目擊證人，會比珍妮佛更可靠。她很聰明，事發時也很冷靜，還仔細研究了加害者的臉孔，努力牢記在心，而且她對卡登也沒有任何偏見。然而她依然指認錯人了。這點讓人十分不安，因為倘若連珍妮佛都會認錯人，我們也許根本無法相信任何目擊證人對罪犯的指證。許多證據也顯示，情況確實如此。證據甚至來自那些安排列隊指認的人，而當初卡登就是因為這種指證而被捕的。

眼見不能為憑

每年美國警局共有大約七萬五千次列隊指證，統計顯示，在其中百分之二十至二十五的案例中，目擊證人做出了警方明知不正確的選擇。警方如此肯定，是因為目擊證人選擇了「已知的無辜者」或「陪襯者」，這些都是警方為了充人數而安置的[2]，通常包括警探本身，或從地方監獄找來的囚犯。儘管這類誤認不會讓任何人惹上麻煩，我們仍必須思考背後的意涵：明明目擊證人有1/4至1/5的機率，會把肯定無辜的人指證為罪犯。但警方或法庭一發現目擊證人的選擇符合懷疑，還是會假設指證值得信賴。然而前述統計數據顯示，實情絕非如此。事實上，研究人員讓受試者目睹模擬犯罪，發現即使真正的罪犯不在指證列隊中，受試者還是有一半以上的機率做出跟珍妮佛一樣的事：無論如何仍會指證一人，選出最神似他們記憶中的罪犯[3]。正因如此，誤認似乎成了冤案的主因。舉例來說，一個稱為「美國冤案平反計畫」（Innocence Project）的組織以判決後的DNA檢測，幫助上百人無罪確定，其中有百分之七十五都是因為錯誤的目擊指證而鋃鐺入獄[4]。

你可能會認為，這個發現應該會促使全面檢討目擊指證的過程和運用。很不幸，司法界不願改變，尤其當改革必須從根著手，而且非常不方便時。因此直至今日，人們仍然不願正視記憶出錯的程度和機率。執法人員也只在嘴巴上承認目擊證人可能出錯，大部分警局仍深深倚賴列隊指證，法庭也還是會光靠目擊證人對陌生被告所做的證詞，把被告定罪。事實上，法官往往禁止被告方提出證據指出，科學研究顯示目擊指證有許多瑕疵。《冤案》（*Convicting the Innocen*）一書的作者葛瑞特（Brandon Garrett）說道：「法官說這些過程對陪審團而言，太複雜、太抽象了，也與案情無關。有時法官則說這太簡化了[5]。」

法院甚至會勸阻商議中的陪審團成員觀看法庭紀錄，不讓他們藉此回憶法庭上的證詞。舉例來說，加州法規會建議法官告訴陪審團：他們的記憶應該優於法庭紀錄[6]」。律師會告訴你，這麼做比較實際。舉例來說，倘若讓陪審團一一鑽研審判紀錄，他們會花太多時間商議。然而對我來說，這個理由實在荒唐至極，就好像在說我們應該相信某人對事件所做的證詞，而非事件本身的錄影紀錄。我們從不會在生活中的其他領域如此隨便。想像一下，如果美國醫療協會要求醫生不要仰賴病患的醫療紀錄：「心雜音？我不記得你有什麼心雜音啊？這個藥你就不用吃囉！」

☆ ☆ ☆

我們鮮少有證據可以了解實際發生的情況，因此也通常無從得知自己的記憶究竟多準確。但這也有例外。事實上，有個案例就為研究記憶扭曲的專家提供了類似紀錄，而且優於專家能自行安排的任何實驗。那就是一九七〇年代的水門案。在這起醜聞中，共和黨黨工闖入了民主黨全國委員會總部，事後尼克森總統的行政團隊更企圖遮掩。迪恩（**John Dean**）是當時涉案甚深的白宮法律顧問，最後也是他，導致了尼克森辭職。大家都說迪恩記憶力驚人。當時全世界數百萬人守在電視前，即時觀看他在美國參議院的公聽會上作證。迪恩還記得與尼克森和其他幕僚間的對談，而且回憶巨細靡遺，人們於是稱他為「人體錄音機」。迪恩之所以成為科學上的重要案例，是因為參議員委員會後來發現，當時有一台「真正的」錄音機，悄悄錄下這段對話：這是尼克森防患未然之舉。於是我們得以用事實來核對「人體錄音機」的紀錄。

心理學家奈瑟（Ulric Neisser）核對了內容，煞費苦心的比對迪恩的證詞與錄音紀錄，並記下他的發現[7]。結果顯示，迪恩與其說是人體錄音機，不如說是歷史小說家。他對整個對話的記憶幾乎完全失真，大部分都錯得離譜。

舉例來說，一九七二年九月十五日，也就是白宮尚未涉入醜聞時，大陪審團做出結論，決定起訴七人，包括五名竊犯，以及唯一涉案的兩名策劃者——杭特（Howard Hunt）和里迪（Gordon Liddy），他們被比喻為兩條「小魚」。當時司法部宣布，沒有其他證據顯示他們應該起訴高層人員。對尼克森總統來說，這似乎是場勝仗。迪恩在作證時如此形容總統的反應：

當天下午我就接到電話，要我到總統辦公室。我一進辦公室，就看到總統和哈德曼（H. R. Haldeman，尼克森的幕僚長）。他們要我坐下來，兩人看起來興高采烈，也很熱誠的歡迎我。總統接著告訴我，說包博（也就是哈德曼）持續向他報告我處理水門案的進度。他說我做得不錯，也知道這件事不好處理，他很慶幸整件事到里迪那兒就止住了。我回答說，這不全是我的功勞，因為其他人的任務比我困難得多。我對他說，我只能盡量控制局面，避免牽扯到白宮。我也告訴他要再過好些日子，這陣風波才會平息，而我也無法保證未來不會東窗事發。

奈瑟把這段詳細的描述，與會議現場錄音相比較後，發現幾乎沒有一句話吻合。尼克森沒講任何迪恩指證他說過的話；他沒說哈德曼有隨時向他報告進展；沒說迪恩做得不錯；也沒提到任何關於里迪或起訴的事。迪恩自己也沒有講任何他說自己曾說過的話。事實上，迪恩不但沒說他「無法保證」不會東窗事發，他甚至向尼克森保證「不會出任何紕漏」。當然，迪恩的證詞聽起來似乎很自私，他或許是在刻意說謊，掩飾他在事件中扮演的角色。但倘若他真的說謊，那也是很差勁的謊言，因為他在參議會中的證詞雖然與對話的錄音迥異，卻同樣是在自承其過。無論如何，最有趣的重點，不在於迪恩究竟是認罪或諉過，而是他對細節的記憶會如此確信，卻又錯得離譜。

你不是故意的，但記憶就是會扭曲

你也許會認為，這類記憶扭曲的情況與你的日常生活無關，只發生在重案受害者身上，或像迪恩那樣企圖掩飾罪行的人。你或許覺得自己不會受到影響，自認記得人際互動的所有細節。但其實每個人在生活中都會出現記憶扭曲的情況。就拿生意協商來說好了。協商過程中，各方花幾天的時間來回拉鋸，而你很確信你牢記別人和自己說的話。然而你的記憶其實包括了你說的話、你表達出來的訊息、與會者詮釋的方式，以及他們如何憶起自己的詮釋。這是一連串的過程，因此人們對同樣事件的記憶往往大相逕庭。這也就是為什麼我們會在重要會談中，請律師進行筆錄，這麼做雖然無法完全摒除記憶失真的可能性，但至少可以減少錯誤。不幸的是，倘若你一直忙著為人際互動的情況做筆記，到頭來你很可能一點兒人際關係都沒了。

迪恩和珍妮佛的案例引發了一些疑問，數年來同樣的問題也出現在成千起法庭案件中：人類記憶的運作，究竟為什麼會製造出這麼多扭曲的現象？我們對自己日常生活的記憶，又能信任多少？

☆ ☆ ☆

直至今日，仍有許多人對記憶抱持著傳統的看法，也就是覺得記憶就像存放在電腦硬碟裡的影片庫。這種記憶的概念，就好比我在上一章描述的視覺攝影模型一樣，也是錯的。過去人們認為大腦會精確錄下完整事件，你若想不起來，是因為你不能（或不願）找到正確的電影檔案，或因為硬碟本身不知怎的毀損了。就連在一九九一年，心理學家羅芙特斯（Elizabeth Loftus）做的調查中，也顯示大部分人（包括大部分心理學家）仍對記憶抱持這種傳統的看法：我們的記憶會忠實記錄下所有的事件，無論那記憶是可取得的，或被壓抑著；是清晰或模糊[8]。然而倘若記憶真有如攝影紀錄，這些紀錄也許會被遺忘，也會因褪色而不再清楚、逼真，卻無法解釋為什麼人們（例如珍妮佛和迪恩）的記憶會既清晰生動，同時卻又錯得離譜。

於是許多科學家開始了解，這些傳統概念無法確切描述記憶的運作方式，其中有一位科學家，對這種錯誤證詞的案例有親身的經驗。繆斯特貝格（Hugo Münsterberg, 1863-1916）是德國心理學家[9]，他一開始志不在研究人類心智，但他就讀於萊比錫大學時，曾聽過幾場馮特的演講。當時是一八八三年，也是馮特設立他那有名的心理學研究室後幾年。馮特的演講不但讓繆氏深受感動，甚至改變了他的一生。兩年後他在馮特的指導下，成為生理醫學博士，並在一八九一年成為弗萊堡大學的助理教授。同年他參加了在巴黎舉辦的心理學國際研討會，並在會場上遇到了詹姆斯。詹姆斯對他的研究印象非常深刻。當時詹姆斯正式成為哈佛心理學實驗室的主任，但很想辭職，好專注在他有興趣的哲學上。於是他便鼓吹繆氏橫越大西洋接替他的職位，儘管對方只能閱讀英文，無法以英文對話。

過了十五年，就在一九〇七年，發生了一件事，讓繆氏從此對記憶產生了特別的興趣[10]。當時他跟家人在海邊渡假，他在城裡的房子遭竊了。繆氏一收到警方通知，就馬上趕回家，檢查家裡的情況。後來他被傳喚，要宣誓作證他的發現。他在法庭上巨細靡遺報告了他的調查結果，包括他在二樓看到的蠟燭痕跡、包在紙裡的壁爐鐘（竊賊原本要帶走，但後來留在餐桌上），以及竊賊從天窗進屋的證據。繆氏作證時自信滿滿，因為他身為科學家兼心理學家，已訓練出精細的觀察力，而且大家都知道他記性好，至少很擅長記憶客觀的知識。「過去十八年來，」他曾說：「我在大學裡給了大約三千堂課，每次都講得條理分明，而且在台上從不需要手寫的或列印出來的、或任何形式的小抄……我的記憶一向很好。」但這個案例畢竟不是大學演說。事後證明，他所有的陳述都是錯的。他自信滿滿做出的證詞，就跟迪恩的證詞一樣錯誤百出。

我們只記得重點，細節全靠想像填補

這些錯誤讓繆氏警覺了起來。倘若他會受自己的記憶誤導，其他人應該也有一樣的問題。也許他的錯誤不是特例，而是正常現象。於是他開始研究大量的證人報告，以及早期科學家針對記憶做的研究，希望能藉此研究大腦記憶的通則。他研究的其中一個案例是這樣的：在一場辦在柏林的犯罪學演講後，有學生站了起來，大聲挑戰那位著名的講者。那位演講者是馮・李斯特（Franz von Liszt）教授，他是作曲家李斯特的堂弟。另一位學生跳起來為馮・李斯特辯護，雙方於是爭辯起來，馮・李斯特也加入了戰局。槍聲在一團混亂中響起。整個房間秩序大亂。最後馮・李斯特大聲要所有人靜下來，並且告訴大家一切都是他們串通好的。那兩個怒氣沖沖的聽眾根本不是學生，而是照著劇本演的演員。這場口舌之戰也是大實驗中的一部分。實驗目的為何？是為了要測試每個人的觀察力和記憶力。沒什麼比心理課中的假槍戰還更讓人振奮的了。

事後馮·李斯特把聽眾分組。其中一組的成員要馬上寫下他們的所見所聞，另一組要接受當面詢問，第三組則過一會兒再寫報告。為了能以數量衡量報告的準確性，馮·李斯特把受試者的表現細分成十四種要素，有些評估行為、有些評估言語，最後則計算當中疏漏、竄改和添加的部分。這些學生出錯的比例從26％至80％不等，有些人的描述中多加了一些演員根本沒做的事，有些人遺漏了重要的動作。他們不但為參與爭執的學生多加了些台詞，就連保持緘默的學生也無法倖免。

可以預見，這個實驗引起極大的迴響。這類事先串通好的火爆場面，在德國心理學界蔚為風潮。跟馮·李斯特最初的實驗一樣，這類場景往往涉及一把左輪槍。在其中一個類似的實驗中，有個小丑衝進擁擠的科學研討會會場，後頭還跟著一個手上揮舞槍枝的男子。男子和小丑爭執不休、打了起來，然後在槍枝走火後跑出房間——一切在二十秒內結束。當然在科學研討會上總不乏小丑出席，但他們通常不太會穿小丑服。因此我們應該可以假設，觀眾知道整齣戲是套好的，也知道為什麼有這種安排。但即使明知接下來會有隨機小考，觀眾的回答還是錯誤百出。在報告中，他們憑空想像了許多細節，包括各種小丑服，以及描述持槍者頭上那頂帽子的種種細節。在那個年代，帽子的確很常見，但這齣劇裡的槍手其實根本沒戴帽子。

繆氏研究了這個案例，以及其他研究中的錯誤記憶，並從這些錯誤的特性中推演出一套有關記憶的理論。他認為生活中的每個片刻都充滿了各種細節，我們的記憶不可能照單全收，因此其中的錯誤其實都來自同樣的源頭：大腦會用特定技術填補無可避免的空缺，於是產生錯誤記憶。大腦會憑藉我們的預期，或依循我們的信念和既有的知識，填補缺漏。因此當預期、信仰或知識與真實事件發生歧異，我們的大腦可能就會受騙上當。

就拿繆氏自身的經驗為例。他無意間聽到警察的對話，說竊賊從天窗闖進屋裡，於是他不自覺的把這些資訊融入他對犯罪現場的記憶。但警方沒有找到相關證據，他們當初根本就猜錯了。竊賊其實是拆掉前門門鎖後闖入的。而繆氏的記憶中，竊賊用紙包住準備帶走的時鐘，原來是包在桌巾裡，但誠如繆氏寫的：「想像力逐步把常用包裝方式改成了用包裝紙來包。」至於他清晰回想起、出現在二樓的蠟燭痕跡，其實是出現在閣樓裡。他一開始看到時，並沒想到那會是重要的線索。但這個話題被提起時，他正好注意到二樓散落一地的紙張和凌亂的物品，很明顯的，這就是為何他會記得蠟痕出現在二樓的地板上。

繆氏把他對記憶的看法發表在《證人席上：心理學與犯罪》（*On the witness stand: essays on psychology and crime*）一書中，這本書非常暢銷[11]。他在書中闡述了許多重要概念，而現今許多科學家都相信，這些概念可以解釋記憶的運作方式。首先，我們可以正確記得事件的概要，但記不得細節。第二，我們倘若被迫說出遺忘了的內容，不管我們再怎麼好意、再怎麼努力想答出正確答案，還是會不小心杜撰出一些細節，以填補記憶的缺口。第三，我們會相信自己杜撰出的回憶。

繆氏於一九一六年十二月十九日過世。他在拉德克利夫學院講課時發生腦溢血，當場倒下，享年五十三歲[12]。他對記憶提出了精闢的見解，也創新將心理學應用在法律、教育和商學上，這些成就都讓他聲名大噪。他也是許多名人的朋友，包括羅斯福總統和哲學家羅素。然而他在晚年卻屏棄了過去的恩師兼保證人，也就是詹姆斯[13]。詹姆斯後來對通靈、與死者溝通和其他神祕現象十分著迷，但繆氏和其他人視這些為騙術。此外，詹姆斯即使不算是轉而研究精神分析，也十分支持、肯定佛洛伊德的看法。相反的，繆氏曾撰文，直言批評佛洛伊德對潛意識的看法：「所謂的潛意識，可以用三個字來總結：不存在。」[14]事實上，當佛洛伊德於一九〇九年造訪波士頓，在哈佛大學以德文演講，繆氏就刻意不出席，表達他的不認同。

佛洛伊德和繆氏都針對心智和記憶提出了重要的見解。可惜的是，這兩人對彼此卻幾乎沒有影響：佛洛伊德比繆氏更了解潛意識的無窮潛力，但他以為我們記憶中的缺漏和錯誤，是源於壓抑，而非由潛意識自由創造出來的；而繆氏比佛洛伊德更了解造成記憶扭曲和喪失的機制和理由——但他卻不了解這些缺失是潛意識創造出來的。

☆
☆
☆

記憶系統屏棄了這麼多生活裡的細節，為何仍能通過演化嚴格的試煉呢？儘管人類記憶的重建會如此扭曲，倘若這些潛意識的扭曲現象真會威脅人類祖先的生存，那麼人類的記憶系統，甚至整個人類種族，應該會無法存活。然而雖然我們的記憶絕非完美，在大部分情況下，它完全符合演化的需要：夠用就好。事實上，整體來說，人類記憶其實很精確、很有效率——足以讓我們的祖先分辨哪些動物該避開、哪些動物該獵殺、最多鱒魚出沒的地點，以及如何安然抵達營地。

以現代的角度來說，我們對記憶的了解始於繆氏的發現，即心智不斷接受極大量的資訊（也就是上一章所提的，每秒一千一百萬筆左右），根本無法照單全收。因此大腦放棄了完美的記憶力，以換取處理龐大資訊的能力。

當我們在公園裡為寶寶舉辦生日派對，我們在兩個小時內接收了各種聲音和影像。倘若要把這一切全數塞入記憶裡，我們的腦海很快就會存放一倉庫的微笑、沾在臉上的糖霜和臭尿布。派對的重點會淹沒在不相干的細節裡，這些細節包括每個媽媽上衣的色彩和樣式、爸爸間的閒磕牙、現場所有小孩的尖叫和哭聲，以及野餐桌上愈爬愈多的螞蟻。但你根本不在意那些螞蟻或閒聊，也不想全數記得。心智和潛意識最大的挑戰，就是要篩檢如此大量的資訊，只留下你覺得重要的部分。少了這篩檢的過程，你將迷失在充滿資訊的垃圾堆裡，見樹不見林。

照相機般精準的記憶，只會使人生困難重重

事實上，有個著名研究就說明了記憶若不經篩檢，會有什麼缺點。該個案研究的對象就擁有這種記憶。俄國心理學家盧瑞亞（A. R. Luria）在一九二〇年代開始這項長達三十年的研究[15]。有名的記憶專家史洛歐夫斯基（Solomon Shereshevsky）就是無法遺忘任何事。史洛歐夫斯基可以巨細靡遺的記得所有發生在他身上的事。有一回，盧瑞亞要他回想他們初次見面的情況。史洛歐夫斯基不但記得他們在盧瑞亞的公寓，還能精準描述家具的樣子，以及盧瑞亞當時的穿著。接著他引用了盧瑞亞十五年前大聲唸出來，要他複述的那七十個字，一字不差。

史洛歐夫斯基的完美記憶有個缺點，那就是太多細節反而妨礙他的理解力。舉例來說，史洛歐夫斯基很不會認人。平常人會記得他人臉孔的概括。我們遇到認識的人時，會把對方的臉孔與記憶庫裡有限的臉孔相互比較。然而史洛歐夫斯基的記憶庫中卻存放了他所見的面孔的所有版本。對他來說，每張臉孔只要換個表情，或在不同光線中出現，就會變成一張新的臉孔，而且他都一一記著。於是對他來說，每個人都有不只一張，而是數十張臉孔。史洛歐夫斯基每次遇到認識的人，要把對方的臉與存在記憶庫裡

的臉比較時，他就得在數量龐大的影像庫中搜尋，試圖找到完全符合眼前所見的臉孔。

史洛歐夫斯基掌握語言時，也遇到同樣的困難。有人對他說話，他總可以一字不漏的複述，卻無法理解對方的意思。拿史洛歐夫斯基的語言能力來和記憶力做比較，也是很適切的做法，因為那同樣是見樹不見林的問題。語言學家把語言結構分為兩種：表層結構和深層結構。表層結構意指表達概念的特定方式，例如文字的用法和順序。深層結構指的是概念的精要[16]。大部分的人都會保留對話的主旨，捨棄細節，這樣就不用處理雜亂的資訊了。因此我們雖然可以長期牢記語言的深層結構（也就是對話的要旨），精確的表面結構（即用字遣詞）卻只能在記憶中停留八至十秒[17]。很明顯的，史洛歐夫斯基可以長時間牢記所有表面結構的細節，但這些細節卻令他無法抓住對話的重點。他甚至因為無法忘卻不相干的訊息，沮喪到有時會把細節寫下來，再放火燒掉，希望可以把記憶付諸火炬。但一切只是徒然。

親自見識大腦的記憶方式

請用心閱讀下列字串：糖果、酸、糖、苦、好吃、味道、牙齒、很好、蜂蜜、汽水、巧克力、心臟、蛋糕、吃、派餅。倘若你只專心閱讀頭幾個字，後來就因為不耐煩，或覺得受書本的指使很愚蠢，而只一眼掃過後面的字彙；請你重新考慮，這很重要，務必照著我說的做。請細讀前述字串，花半分鐘好好盯著看。現在，蓋住那幾個字不要看，閱讀下一段的時候也要繼續蓋起來。

倘若你是史洛歐夫斯基，你就可以輕鬆回想起字串中的每一個字。但你記憶的運作方式應該跟他的不太一樣。事實上，過去幾年來，我已經讓幾十組受試者做了你現在正要做的這個測驗，每次的結果都一樣。請容我先說明，再告訴你其中的重點。

測驗很簡單：看看下列三個詞彙中，有哪些出現在前述字串中？味道、點、甜。你的回答不一定是單選。你也可以全選，或選擇「以上皆非」。好好想一想，並且仔細考慮每個詞彙。你可以想像這些詞彙出現在字串中嗎？確定嗎？你要很肯定，也要能想像這些詞彙曾出現過，再做決定。好，現在請作答。然後再回頭看看自己有沒有答對。

大部分人都很確定「點」這個字不在字串中。大部分人也都記得有看到「味道」這個詞彙。這個測驗的關鍵在於第三個字：「甜」。你可能會記得自己有看到這個字。這顯示你的記憶仰賴的果然是字串的主旨，而非詞彙本身。「甜」這個字其實沒有出現，但其他詞彙都跟「甜」的主題有關。研究記憶的專家薛克特（Daniel Schacter）寫道，他曾讓許多觀眾做這個測驗，大部分人都聲稱有看到「甜」這個字，但其實並沒有[18]。

我也曾多次讓群眾嘗試這個測驗，儘管並非大部分人都記得看過「甜」這個字，總有一半的觀眾聲稱這個字出現在字串裡——正確回答說「味道」有出現過的人數，也約莫如此。無論在哪個國家、哪個城市，這個測驗的結果都很一致。我得到的結果會與薛克特的結果稍有出入，也許是因為我問問題的方式——我總是強調觀眾一定要十分「確定」，要能在腦海中清楚想像那些詞彙，然後再回答問題。

記憶的程序，就很像電腦儲存影像的方式，但我們的記憶更複雜，也會隨著時間改變——這點稍後再來討論。電腦為了節省儲存空間，會先把影像大幅「壓縮」，也就是只保留原始影像的主要特質。如此一來，檔案大小就可以從百萬位元組（megabyte），縮減至千位元組（kilobyte）。我們檢視影像時，電腦會從壓縮檔中的有限資訊，預測原始影像的模樣。倘若我們檢視經過大幅壓縮的「縮圖」，那看起來會很像原始圖案。但如果把圖放大，仔細檢查，就會發現當中有許多錯誤——會有一些單色的區塊和條帶，這些都是軟體猜錯，或錯置了遺失資料的部分。

珍妮佛和迪恩當初就是這樣上當的，而這也很符合繆氏推導出的記憶程序：記住重點、補充細節、相信結果。珍妮佛還記得強暴犯臉孔的「重點」，而當她在圖片指證中看到記憶中的特徵，她就用眼前男子的臉孔，填補記憶中的臉部細節。她會這麼做，是因為她認為警察一定有充分理由，相信嫌犯就在其中，才會讓她看這些照片（其實不然）。同樣的，迪恩其實不太記得私下對話中的細節，但受質問時，他的大腦先想像尼克森應該會說的話，然後自動填補空缺。這兩人都不自覺的捏造了事實，兩人一再被要求重新回想事件經過，於是他們捏造出的記憶就愈來愈根深蒂固，因為每當我們被要求重新創造一次記憶，記憶本身就會更加強化。因此我們記得的其實是回憶，而非事件本身。

你很容易在自己的生活中，找到這類案例。舉例來說，你小時候有一次把心愛的泰迪熊帶到學校，結果遭四年級的一個男生嘲笑。你大腦裡的神經元可能記下了當時尷尬的感覺。但你可能不記得那隻泰迪熊的模樣、那個男生的長相、或你對他丟花生醬三明治（還是火腿起司三明治？）的時候，他的表情。但假設多年後，你有機會重新憶起這件事，你的潛意識可能就會補上這些細節。倘若你因為某種原因（也許是因為大家都喜歡聽你複述這個有趣的童年往事），一再回想起這件事，你很有可能會創造出整件事的畫面，而這些畫面實在太清楚、太生動了，你於是相信回憶中的所有細節都非常精確。

倘若情況的確如此，你可能會懷疑，為什麼你從未注意到記憶中的這些錯誤？問題就在於：我們鮮少有機會跟迪恩一樣，宣稱自己記得某件事，然後也正好也有事件本身的精確紀錄。因此我們根本沒有理由懷疑自己的記憶。然而，那些認真鑽研記憶的專家，卻可以提供充分的理由，說明你應該對自己的記性抱持懷疑。

舉例來說，心理學家賽門斯（Dan Simons）對回憶中的錯誤深感好奇，於是選了自己人生經驗中的某個事件，也就是二〇〇一年的九一一攻擊事件，然後做了一般人不太會費心去做的實驗[19]。事發十年後，他調查了當時真正發生的狀況。他可以清楚回想起當天發生的事。聽到消息時，他人在哈佛的實驗室裡，在場的還有三位研究生，都叫史蒂芬。那天後來他們都在一起看新聞報導。然而賽門斯的調查結果，卻顯示當時只有一個史蒂芬在場——另一個出城找朋友了，第三位則在學校他處演講。就像繆氏說的，賽門斯記得的場景，其實是他照過去經驗所做的料想，因為這三個學生通常都待在實驗室裡。然而這些記憶卻不符合實際發生的狀況。

☆☆☆

繆氏熱中個案研究及現實生活中的經驗，進而開創了一片新天地，讓我們更加了解記憶存取的方式。但他的研究也引發了另一個重要的問題：記憶究竟如何隨時間改變？其實就在繆氏撰寫著作的時候，另一位先驅者也同時在研究記憶的演變。這位科學家就跟繆氏一樣，逆行於佛洛伊德的潮流中。他就是巴特萊特（Frederic Bartlett, 1886-1969）。他是英國高地史杜小鎮上，一個皮鞋匠的兒子。他年輕時，鎮上等同於高中的教育機構關門了，他只好在家自學[20]。那是一九〇〇年的事。但他奮發努力，後來進了劍橋大學的大學部，然後又直升研究所，最後成為該校第一位在實驗心理學新領域的教授，當時實驗心理學是新興的學科。他就跟繆氏一樣，一開始進入學術界時，志不在研究記憶，而是對人類學有興趣。

巴特萊特很想知道文化如何在人與人，以及世代與世代的傳遞中改變。他認為這個過程，一定很類似個人記憶的演化。舉例來說，你可能記得，自己曾在一場重要的高中籃球賽中得了四分，但多年後這個數字可能就變成了十四分。同時你的姊姊也許信誓旦旦的說，那次球賽你明明從頭到尾穿著海狸裝，扮成球隊的吉祥物。

巴特萊特研究時間和人際互動，究竟如何改變我們對事件的記憶，尤其當我們跟這些人的記憶有所差異的時候。他希望能藉此了解「團體記憶」，或稱文化，是如何演進的。

巴特萊特認為，文化和個人記憶的演化，很類似所謂的「傳話遊戲」（或稱傳聲筒遊戲）。你可能還記得這遊戲怎麼玩：隊伍中的第一人，對著下一個人輕聲說一、兩句話，第二個人再接著對下一個人傳話，以此類推。話傳到最後，會變得跟開頭的那句全然不同。

巴特萊特於是用這個遊戲為例，研究故事從某一人的記憶傳給下一人時，會如何演進。然而他真正的突破，卻是運用這個過程，研究故事如何隨時間在個人的記憶中演化。基本上，他會讓受試者跟自己玩傳話遊戲。在他最有名的實驗中，他對受試者敘說一個美國原住民的傳說，稱為「鬼魂的戰爭」。這個故事描述兩個男孩離開村莊，到河邊獵補海豹。有五名男子划著獨木舟經過，並要求男孩加入，一起攻擊上游某個小鎮的人。其中一個男孩加入了，並且在攻擊時聽到有戰士說他（男孩）中彈了。然而男孩一點兒感覺也沒有，他因此認為那些戰士其實是鬼魂。男孩後來回到村莊，告訴村民他的歷險故事。隔天太陽升起時，他倒地死去。

我們常創造出我們想相信的記憶

巴特萊特唸了這個故事給受試者聽，要求他們十五分鐘後在心中複習劇情，然後隔了不規則的不同時間後（有時是幾週，有時則幾個月），再複習一次。巴特萊特研究受試者於不同時間點講述出來的故事，並在記憶的演化中發現一個重要的趨勢：記憶不只會遺漏，還會增加。換句話說，當故事的原貌隨時間褪色，新的記憶會逐漸浮現，並依循特定通則產生。受試者心中的故事大綱不變，但會刪減、改變一些細節。故事會愈變愈短、愈變愈簡單。超自然元素慢慢消失，其他元素則逐漸增加，或經過重新詮釋，添增的內容可以「省略或解釋任何看似不合理之處」[21]。我們似乎會不自覺的試圖把奇怪的故事，改編成熟悉、易懂的形式。受試者用自己的方式組織故事，以他們的角度讓故事變得更有條理。這種不精確成了普遍的現象，而非例外。巴特萊特寫道：「故事所有驚人、古怪或不合理的部分都遭奪去。」

這種讓記憶在概念上更「順暢」的現象，非常接近一九二〇年代完形心理學家在研究人對幾何形狀的記憶時，記錄下的發現：如果你讓某人看一個不規則、有缺口的形狀，事後再問他當時看到了什麼，他記憶中的形狀會比實際形狀更規律、對稱[22]。經過十九年的研究後，巴特萊特於一九三二年發表了研究結果。他寫道，人們會把記憶改造成更合理的形式，而這是「主動的程序」。此外，受試者原有的知識和世界觀會深深影響這個過程，他們會把「個人傾向和成見」帶進記憶裡[23]。

巴特萊特針對記憶所做的研究被遺忘了好幾年，但他接下來的事業仍然很成功，他也同時在英國訓練新生代的實驗心理學家。如今人們又重新挖掘出巴特萊特對記憶的研究，科學家並且以現代的背景重現他的實驗。舉例來說，挑戰號太空梭爆炸的隔天早上，奈瑟（也就是研究水門案中迪恩案例的那位心理學家）詢問一群艾默理大學（Emory University）的學生，初聞這事件時的情形。這些學生全都能清楚寫下他們的經驗。大約過了三年後，他要求四十四位仍就讀該校的學生再次回想他們的經驗[24]。結果他們的報告不但沒有一個完全正確，其中有四分之一甚至錯得離譜。他們聽聞消息時的情景更不隨機、更戲劇化也更老套，很像一般人預期聽到的故事。倘若要巴特萊特來預測，他應該也會猜出這樣的結果。

舉例來說，有一個受試者是在咖啡廳跟朋友聊天時，聽到這個新聞。但後來他卻說：「當時有個女孩跑過長廊，尖叫道：『太空梭爆炸了！』」另一個受試者在宗教課堂上，從幾位同學口中得知這件事，但她後來回想起來，卻變成了：「我當時跟室友一起坐在新生宿舍的交誼廳裡看電視。結果新聞突然開始播報這個消息，我們非常震驚。」比這個記憶扭曲的現象還要更驚人的，是他們知道自己初始報告內容時的反應。很多人堅持後來的記憶更準確，他們不願意接受自己之前對場景的描述，儘管那份報告明明就是他們的字跡。有一個人說：「沒錯，這看起來的確是我的字，但我還是記得情況絕非如此！」除非這些案例和研究，在統計上都是奇怪的例外，否則這些例子應該要讓我們對自己的記憶，抱持遲疑的態度，尤其在我們的記憶與他人的記憶相悖時。我們是否「常常搞錯了，但總是深信不疑」？就算記憶看似清楚、生動，我們或許不該再堅持自己不會出錯。

⋆ ⋆ ⋆

你是多好的目擊證人？心理學家尼可森（Raymond Nickerson）和亞當斯（Marilyn Adams）發明了一項有趣的測試[25]。想像一枚美國一分硬幣，但不要拿出來看。這個硬幣你可能看過上千次了，但你記得多仔細？畫得出來嗎？畫畫看，或至少試著想像一下。硬幣兩面各有什麼圖案？就算你說不出硬幣的細節，也不表示你記性很差。你對事物大概的特徵可能記得很牢。事實上，大部分人都能回想起很久以前看過的照片，記性好得讓人意外，但他們其實只記得概要，而無法回想起精確的細節[26]。對一般人而言，不記得一分硬幣的細節，其實是種優勢。除非我們必須在綜藝節目裡回答問題爭取獎金，否則我們沒必要記住一分硬幣上的圖案。記得太多細節，反而會讓我們無法記住更重要的事。

我們記不住眼前影像的細節，部分原因是我們必須對它先有意識，才記得牢。然而儘管眼睛傳送了大量資訊到大腦，意識卻不會全盤接受。我們見到的影像，與我們意識到、記得住的影像，往往相差甚巨。

研究這些差異時，重點是要了解一點：當你看著內含許多物體的圖片，你的眼睛會在圖中的不同物件上遊走。舉例來說，倘若圖中有兩個人坐在桌邊，桌上有個花瓶，你會先看看其中一人的臉，然後看看花瓶，然後看看另一人的臉，然後也許再看一眼花瓶，接著看看桌面，以此類推。這一切動作都飛快的進行。但你還記得上一章的實驗嗎？你面對鏡子站著，會注意到眼睛移動時，視線出現了空白。科學家很聰明的想到，如果趁著受試者眼睛移動的剎那，稍微改變眼前的景象，受試者可能根本不會發現。於是他們做了這個實驗：每一位受試者一開始都盯著電腦螢幕上的某個圖片。他們的視線會在物體間移動，把焦距放在圖片裡的不同部分。過了一會兒，研究人員趁著受試者眼睛移動的某個剎那，用一張跟原圖稍微不同的照片取而代之。新的照片上其實有些細節改變了，例如圖中兩位男性的帽子互換了。大部分受試者根本沒注意到任何改變。事實上，只有一半的受試者發現兩個人的帽子換了[27]！

有個很有趣的問題，值得推敲——細節究竟要多重要，我們才會察覺？

賽門斯和他的同事，也就是心理學家里汶（Daniel Levin）錄製了一段內容很單純的影片，片中一個扮演特定角色的演員，在不同場景時換了人扮演[28]。他們的研究目的，是想知道我們若正好盯著鏡頭上瞬間改變的物體，前述的記憶空隙是否仍會發生。接著他們找來六十位康乃爾大學的學生，以糖果為誘因，請他們觀看影片。次頁圖的鏡頭是

圖片來源：Daniel Simons

很典型的例子。有個坐在桌邊的人聽到電話鈴響，站起來走向門口（上方左圖）。鏡頭接著剪接到走廊上去（上方右圖），畫面中另一個演員走向電話，拿起來接聽。兩位演員間的差異，不像用梅莉史翠普取代布萊德彼特那麼誇張，但至少也不會分辨不出。受試學生是否會注意到其中的改變？

這些學生看完影片後，就被要求要寫下簡短的描述。倘若他們沒注意到演員換人了，研究人員就會直接問道：「你有沒有發現坐在桌子旁邊的，跟後來接聽電話的，其實是不同人？」三分之二左右的人都說沒發現。當然他們都知道演員在每個鏡頭裡做了些什麼，卻不記得演員本身的細節。這個驚人的結果讓研究人員大為鼓舞，他們於是決定更進一步實驗，看在真實世界裡，是否也會出現這種所謂改變視盲（change blindness）的現象。

這次他們把實驗場景移到戶外，也就是康乃爾大學的校園[29]。一位研究人員拿著校園地圖，走近不疑有

圖片來源：Daniel Simons

他的路人，詢問附近的一棟建築該怎麼走。他們談了十至十五秒後，有兩個人各抬著一扇大門的兩端，很粗魯的穿過他們中間。通過的時候，路人的視線會被那扇門擋住，有一秒鐘的時間看不到研究人員。另一個手上拿著同一張地圖的研究人員，趁這空檔趕緊加入這段問路的對話，而原先的研究人員則藏身門後離開。新的研究人員比先前那個矮了五公分，穿著不同，聲調也明顯不一樣。路人講話的對象突然換人了。儘管如此，大部分路人還是毫無所覺，被告知後也非常訝異。

☆ ☆ ☆

我們也許不太會注意或記得一些情境中的細節，然而更嚴重的是，我們會想起一些從未發生的事情。你應該還記得，在前文提及的一個實驗中，我讓觀眾看一連串的字彙，而他們事後自認腦海中清晰浮現「甜」這個字。這些人擁有似是而非的「假記憶」。假記憶與真實記憶似乎毫無所別。舉例來說，研究人員多年來曾做了字串實驗的各種版本，而那些「回想起」幻想字彙的受試者，鮮少會覺得自己是在胡亂猜測。他們都很有把握，認為自己清楚記得那些字。

在其中一個頗具啟發的實驗中，兩名研究人員，一男一女，各對自願者朗讀一串字彙[30]。接著讓受試者看另一個字串，要他們指出上頭的詞彙哪些看過、哪些沒看過。此外，他們也要回答每個看過的字彙，當初是由男性或女性說出的。遇到那些的確看過的字，受試者通常可以準確回想起，當初是由女生或男生讀出來。然而對於那些他們誤以為自己聽到了的字，他們卻也可以答出這些字是男生或女生說的，還自信滿滿。這個結果讓研究人員十分意外。換句話說，即使受試者記得的是一個其實不存在的字，他們對於聽到這個字的印象還是很生動、明確。事實上，研究人員若在實驗過後告知受試者，說他們其實根本沒聽到那些字，受試者常常不願意相信。有時研究人員甚至得重新播放實驗過程的影片，來說服他們。就算這樣，有些受試者仍無法接受自己犯錯的證據（就如珍妮佛在卡登的第二次審判中的反應）——他們甚至會指控研究人員把錄影帶調包了。

要植入假記憶易如反掌

我們會記得從未發生的事件，這個概念就是迪克（Philip K. Dick）的短篇小說〈虛擬記憶公司〉（We Can Remember It For You Wholesale，譯注：這篇小說後來拍成電影，分別為一九九〇年的「魔鬼總動員」，以及二〇一二的「攔截記憶碼」）中的主要元素。故事中有個男子到一家公司，希望能把火星之旅的刺激記憶植入腦中。但後來科學家發現，要植入簡單的假記憶其實並不困難，也不需運用迪克想像的先進技術。植入很久以前的記憶更是簡單。你也許無法說服別人，說他們曾去過火星。但研究顯示，倘若你從小就夢想著有一天要坐上熱氣球，你的確可以不花一毛、毫不費力的製造出這種記憶[31]。

在一項研究中，科學家找來二十個從未坐過熱氣球的受試者，並請他們的一個家人隨行。每個家人都偷偷提供了三張照片，照片中的受試者年紀在四歲至八歲之間，正從事某件頗具意義的活動。這些家人也提供了其他照片，讓研究人員用以合成受試者正在坐熱氣球的假照。研究人員接著讓不疑有他的受試者看這些真假參雜的照片，要求他們盡力回想每張照片裡的場景。需要的話，可以多想幾分鐘。倘若他們什麼都想不起來，就要閉上眼睛，想像自己出現在照片裡的模樣。過了三至七天後，再重複前述步驟，一共重複兩次。實驗結束後，有一半的受試者記得自己坐過熱氣球，有些人甚至可以想起乘坐時的感覺。被告知自己受騙後，有一位受試者說：「可是我明明記得我坐過，我甚至可以隱約在腦海中看到那個景象……」

要植入假記憶和假資訊十分容易，就連對三個月大的嬰兒、黑猩猩，甚至鴿子、老鼠都可行[32]。人類太容易接受假記憶了，有時甚至只需要隨意告訴某人一件從未發生過的事，一段時間後，他（或她）就會「記得」這件事，但忘了這個記憶是怎麼來的。於是他（或她）就會誤以為那是自己過去的親身經歷。心理學家用這個方法做實驗，通常有百分之十五至百分之五十的受試者會上當。

舉例來說，在近來一項研究中，研究人員要求幾位曾去過迪士尼樂園的受試者，反覆讀、想一份假的樂園宣傳單[33]，宣傳單上的文字要讀者「想像你第一次近距離與兔寶寶會面的經過……你的母親把你推向他，要你跟他握手，她好用相機捕捉那個片刻。你原本無須催促，但不知怎你愈走近，他就變得更巨大……你心想，他在電視螢幕上明明就沒這麼大隻呀……你非常震驚。這個你在電視螢幕上的偶像，如今近在咫尺……你的心跳快停了，但雙手汗流不止。你擦擦手心的汗，伸出手握住他的手……。」後來受試者被問及對迪士尼樂園的印象時，四分之一以上的受試者都說，他們在那兒見過兔寶寶，其中百分之六十二的人記得曾跟兔寶寶握手，百分之四十六的人抱過他，還有一人記得他手上抓著根紅蘿蔔。然而他們不可能在那兒見過兔寶寶，因為他是華納兄弟旗下的卡通人物。邀請兔寶寶到迪士尼樂園閒逛，就好比邀請沙烏地阿拉伯的國王主持猶太人的逾越節晚餐一樣。

其他研究中，受試者在誘導下，相信自己曾在購物中心走失、被救生員救起、逃出兇惡動物的魔掌，或很彆扭的被布魯托舔過耳朵[34]。科學家也讓受試者相信自己曾被老鼠夾夾到手指[35]、在婚禮晚宴中打翻水果酒盆[36]，或因高燒住院[37]。然而這些記憶就算都是假造的，通常還是根植於某種事實。孩童也許會被誘導，相信自己當真坐過熱氣球——但他們解釋那張熱氣球假照時自行填入的細節，則源自儲存在潛意識中的感官和心理體驗，以及這些體驗造就的期待和信念。

☆ ☆ ☆

回想你的人生。你還記得什麼？每當我試著回想，我都覺得自己的記憶似乎很貧乏。舉例來說，家父已經過世超過二十年了。我對他仍有記憶，但只剩下一些模糊的片段。我記得他中風後第一次拄著枴杖走路，我隨侍在側。記得他眼神發亮、滿面笑容在家迎接我，當時我已經很少返家了。我早年的記憶更少。我還記得他更年輕時，對著新買的雪佛蘭眉開眼笑，也記得我丟掉他的香菸時，他如何勃然大怒。倘若我再向前回溯，試著回想童年時光，我的記憶更少、更模糊：我記得父親有時會抱抱我，也記得母親一邊為我吟唱，一邊擁著我，輕撫我的頭髮。

如今我一股腦兒對孩子予以過剩的擁抱和親吻時，我知道這大部分的場景不會留在他們的記憶裡。他們會遺忘，但那是好事。我不希望他們像史洛歐夫斯基一樣，過著無法遺忘的一生。但我的擁抱、親吻，不會如船過水無痕。這些體驗將形成感覺和情緒的聯繫，留在他們心裡。我知道殘存於意識的具體記憶，絕對無法承載我對父母滿溢而出的回憶。我希望我的孩子也是如此。生命的片刻也許就這樣被永遠遺忘了，或只留下模糊、扭曲的片段，但有些事物仍長存心中，沉入潛意識裡。於是每當我們回想起那些親愛的人，豐富的情感便從此油然升起——就好像我們想起相遇不久的人，想起曾停駐的奇異或平凡的地點，或想起影響我們一生的種種事件時，也會喚起各種感情。我們的大腦儘管不完美，它仍努力讓我們用有條理的方式，回想起過往的人生經驗。

在上一個章節中，我們討論到潛意識如何讀取感官提供的殘缺資訊，彌補空缺，再把感知傳送給意識。我們以為自己看到了像照片那樣鮮明而清晰的畫面，但其實我們只看清楚了圖片的極少部分，其他都是潛意識刻劃出來的。我們的大腦也用同樣的方式處理回憶。倘若你有機會設計一套人類記憶系統，你也許不會設計出這樣會捨棄大筆資訊、回溯時才又自行捏造細節的程序。然而對一般人而言，這個方法大部分的時候都很有用，否則人類也不會存活至今了。

演化的過程也許會捨棄完美，但留下的一定就足夠了。我由此得到的教訓是，我們應該學會謙遜和感恩。應該謙遜，因為就算我對某些記憶很有把握，那些記憶仍可能是錯的；我也應該感恩自己能保留一些，但不是全部的記憶。意識和感知所以能行使這些奇蹟，多半仰賴潛意識。接下來的章節會討論到這一套雙軌系統，如何影響對我們來說最重要的領域——我們在複雜人類社會中的活動。

第四章

沒有人能是孤島

我們在地球上的處境十分奇特。
每個人都不知為何短暫造訪，但有時彷彿又擁有神聖的目的。
然而若著眼在日常生活，有件事是可以確定的：
我們是為他人而活。
—— 愛因斯坦（Albert Einstein）

有天晚上我下班遲了些，又餓又沮喪的推開門，走進隔壁母親的家。她正在吃冷凍食物，啜著馬克杯裡的熱水，電視上CNN新聞的吵雜聲環繞其中。她問我那天過得如何。我說：「噢，很好啊。」她把視線從黑色餐盤上移開，抬頭看著我，過一會兒說道：「很好才怪。發生了什麼事？來吃點燉肉吧。」我的母親已經八十八歲了，她耳背、右眼半盲（而且她的右眼還比左眼好），但對兒子情緒的敏銳度，就如X光掃瞄機一般，絲毫未損。

正當她一眼看穿我的情緒時，我正想著當天讓我沮喪的同事兼夥伴——物理學家史蒂芬．霍金。他四十五年來都在跟一種運動神經相關疾病搏鬥，幾乎完全無法移動肌肉。當時病情惡化到他跟人溝通的方式，只能吃力的以抽動右眼下方肌肉來進行。他的眼鏡上有感應器，會偵測到肌肉的抖動，然後把訊息傳送到輪椅上的電腦裡。他再藉由某種特殊的軟體，從螢幕上選擇字母和詞彙，打出他想表達的話。狀況「好」的時候，他就彷彿在玩電動玩具，贏得的獎賞是得以順利傳達想法。然而狀況「不好」的時候，他就像是在用眼睛打摩斯密碼，而且每個字母間還得查看代碼表。狀況不好時（當天就是這種情況），我們兩方工作起來都備感挫折。

然而有時就算他無法用文字表達對宇宙波函數的想法，我卻仍能輕而易舉的察覺他分心了，知道他不再專心思考宇宙，只想趕快結束工作，去吃頓好吃的咖哩晚餐。我只要觀察他的眼神，就看得出他究竟是滿意、疲累、興奮或生氣。他的個人助理也有一樣的本領。我問及此事，她便列舉了一串她多年來學會辨識的表情。我最喜歡的一個，是當他遇到極不認同的觀點，會一邊組織出有力的反駁，一邊「鐵著一張臉，但眼神閃爍著歡欣」。語言當然很好用，但人類在社交和情緒上的流動，往往超越文字，可以靠著潛意識來溝通、了解。

尋求感情支持是本能

我們似乎在幼年時期，就開始能與他人產生情感的聯繫。科學家針對嬰兒進行研究，發現就連六個月大的寶寶，也會評判他們觀察到的社交行為[1]。在一項這類型的研究中，嬰兒看著一個「攀登者」從坡道下反覆嘗試往上爬（這個「攀登者」其實也只是一個木製圓盤，圓形的「臉」上貼著一雙大眼睛），但它總是無法攀上坡頂。過了一會兒，臉上也貼了類似眼睛的一隻三角形「幫手」，會偶爾從下坡遠處接近「攀登者」，向上推它一把。其他時候，則有一隻方形的「破壞者」，從上坡接近圓形「攀登者」，把它推下坡。

這個實驗的主旨，是要研究這些不受影響、只在旁觀看的嬰兒，是否會對「破壞者」產生好惡。可是六個月大的嬰兒會如何對木頭臉表示不滿呢？他們的反應，就跟六歲小孩（或六十歲的人）與人鬧彆扭時的反應如出一轍：拒絕跟對方玩耍。換句話說，研究人員讓嬰兒有機會伸手抓住前述角色時，嬰兒明白表示不願伸手抓那個方形的「破壞者」，而比較喜歡三角形的「幫手」。此外，研究人員也用「幫手」加「中立的積木」，以及「中立積木」加「討厭的方形」重複實驗，結果跟「中立積木」相較之下，嬰兒比較喜歡「友善的三角形」；但若跟「討厭的方形」比較起來，他們更喜歡「中立積木」。

松鼠不會組織救治狂犬病的基金會，蛇也不會幫助陌生的蛇過馬路，但人類卻很重視仁慈的美德。科學家甚至發現，人類大腦有些區塊，會在人類與他人合作的時候，產生回饋反應。也就是說，對他人友善，對自己也很有好處[2]。孩童在有能力用語言表達好惡之前，就很自然的會受仁慈吸引，並且排斥不友善。

身處團結的社會可以帶來優勢，因為互相幫助的人群，比彼此疏離的個人，更能對抗外侮。人類憑直覺了解到，團結就是力量。人也喜歡與他人為伴，特別是焦慮或需要幫助的時候。就如美國政治家派屈克．亨利（Patrick Henry）說的：「團結就穩固，分裂則倒下。」（諷刺的是，亨利說完這句話不久，就當場昏倒，被幾名旁觀者接住。）

在一九五〇年代的一項研究中，科學家找來明尼蘇達大學裡，三十位原本互不相識的女學生，帶她們進入一間房間，並要求她們不要彼此交談[3]。房間裡「有一位表情嚴肅的男性，他戴著角質邊框眼鏡，身穿白色實驗服，口袋邊垂著聽診器。他的後方則擺了一堆冷冰冰的電子儀器。」為了讓受試者覺得焦慮，他用嚇人的聲音自我介紹，說他是「醫學院神經與心理科學系的席爾斯坦博士。」但他其實是沙克特（Stanley Schachter），是無惡意的社會心理學教授。沙克特告訴學生，說找她們來是為了讓她們接受一項電擊實驗。他說，他會給她們電擊，然後觀察她們的反應。他花了七、八分鐘解釋這個實驗的重要性後，下了結論：

「電擊會痛，很痛……我們必須使用強烈電擊……（我們）會把妳們固定在這個裝置上（指著他後方的那堆可怕儀器），傳送一連串的電擊，然後測量妳們的脈搏、血壓等等。」

沙克特接著要學生離開房間十分鐘，他要搬更多儀器進來組裝。他提到外頭有很多房間，因此她們可以選擇自己待一間，或跟其他受試者一起。後來沙克特又針對不同的三十位學生，重複一樣的實驗。但這次他刻意讓學生放鬆心情。他沒有提到可怕的電擊，只說：

「我們對各位的請求很簡單。我們會給每個人一連串很輕微的電擊。我保證，這些電擊絕對不會痛，不會不舒服，只會覺得癢癢的，或微微刺痛。」

他接著給學生同樣的選項，看他們是要自己等待，還是跟別人一起。事實上，受試者如何抉擇，才是實驗真正的重點。兩組受試者都不會接受電擊。

要這些花招的目的，是要探討那些以為會接受疼痛電擊的人，比沒有預期會接受疼痛電擊的人，是否更容易因焦慮而尋求他人陪伴。結果是：很擔心電擊的那些學生，有63%想跟其他人一起等，而認為電擊只會有點刺痛、麻癢的人，只有33%這麼做。學生憑直覺組成了自己的支援團體。這是人的本能。只要在網路上查查洛杉磯的支援團體清單，你就會看到各式主題：暴力、粉刺、Adderall（一種治療過動症的安非他命緩釋劑）藥物上癮、成癮症、過動症、領養、陌生環境恐慌症、酗酒、白化症、阿茲海默症、服用Ambien（一種安眠藥）者、截肢者、貧血症、憤怒管理、厭食症、焦慮症、關節炎、亞斯柏格症候群、氣喘、安定文錠（抗憂鬱藥）成癮症、自閉症等等，這還只是英文名字以字母A開頭的支援團體。人們會參加支援團體，正反映了我們想與他人聯繫的需要，顯示人類有希望得到支持、認同和友誼的基本需求。我們畢竟是群居動物。

別怕，傷心有藥可治

社交關係是人類經驗的基本特性，若缺少這些關係，我們就會很痛苦。許多語言都有像「我覺得很受傷」這類把受人排斥的感覺，與生理的痛苦相提並論的說法。但這可能不僅是一種比喻。大腦掃瞄研究顯示，有兩種社交因子會引發生理上的痛楚：不快的情緒，以及憂傷的情緒。這兩種痛楚牽涉到大腦的不同區塊。科學家發現，人際關係引發的痛苦，跟稱為前扣帶皮層（anterior cingulated cortex）的大腦區塊有關——這個區塊跟生理痛楚引發的情緒因素有關[4]。

很有趣的是，腳趾踢到東西引發的疼痛，跟受到斥責時的難過，都牽涉到大腦的同一區塊。由於牽動的大腦區塊十分相近，科學家於是起了個看似瘋狂的念頭：有些藥物可以減緩大腦對生理疼痛的反應，那我們能否用同樣的藥物，來減輕人際關係帶來的痛楚[5]？研究人員於是找來二十五個健康的受試者，要他們每天吃兩顆藥丸，持續三週。一半的人吃的是強效的止痛藥泰諾（普拿疼），另一半的人則服用安慰劑。服藥的最後一天，研究人員請受試者逐一進入實驗室，玩一種虛擬的丟球電腦遊戲。每個人都被告知，他正在跟隔壁房間的兩位受試者一起玩，但實際上其他兩個角色都是電腦操控的。這兩個電腦玩家以精心設計過的方式與受試者互動。第一回合中，這些電腦操控的玩家角色，跟受試者合作無間。但到了第二回合，那兩個玩家丟幾球給受試者後，就自己玩了起來，很無禮的把受試者冷落在一邊，就像不願把球傳給隊友的足球員。遊戲過後，受試者要填寫用來測量社交焦慮的問卷。結果跟服用安慰劑的受試者相較之下，服用泰諾的受試者覺得比較不難過。

這個研究也包含了另一個花招。還記得藍格爾教授做的實驗嗎？也就是受試者一邊品酒，一邊接受 fMRI 大腦掃瞄的那個實驗？這個實驗的研究者，也用了一樣的技術——他們要求受試者一邊玩虛擬丟球遊戲，一邊躺在 fMRI 儀器中接受掃瞄。於是受試者遭隊友冷落時，研究人員就用機器掃瞄他們的大腦。結果顯示，受試者若服用泰諾，大腦中與「社交排擠」有關的區塊，活動的程度比較低。泰諾似乎真能減緩人類受到社交排斥時的神經反應。

比吉斯合唱團很久以前唱過一首歌，叫做「你如何修補一顆破碎的心」（How Can You Mend a Broken Heart?）他們當時大概想不到，只要吞兩顆泰諾就行了。泰諾的功效聽起來實在有些牽強，於是大腦專家又進行了一項臨床試驗，研究這些藥丸對實驗室外（也就是真實世界中）受人排擠的情況，是否也有同樣功效。他們找來六十位自願者，每三天填寫一份關於「情感受傷」的問卷，持續三週。這份問卷是很常見的心理學研究工具。就如同前述實驗，一半的受試者一天服用兩顆泰諾，另一半受試者則服用安慰劑。結果呢？服用泰諾的受試者在實驗期間，因人際關係引起的痛楚的確明顯減緩了。

社交痛苦和生理痛楚間的關聯，說明了我們的情緒與生理作用間的關係。社交排斥不但會造成情緒的痛苦，也會影響身體。事實上，人際互動對人類實在太重要了，我們若缺少人際關係，健康也會大受影響，造成的影響甚至跟吸菸、高血壓、肥胖症或缺乏運動的風險相當。在一項研究中，研究人員調查了舊金山附近，阿拉米達郡（Alameda County）的四千七百七十五位成年居民[6]。受試者填寫一份問卷，回答他們的人際關係，例如婚姻、與旁系親屬和朋友間的聯絡，以及團體依附的情況。每個人的回答都依「社會網絡指標」（social network index）轉化為分數。分數高表示受試者與他人親近、互動頻繁；分數低則表示受試者比較孤立。

接下來的九年內，研究人員持續追蹤這些受試者的健康狀況。因為受試者的背景各異，研究人員評鑑受試者的社交關係時，也運用了一些數學方法排除前述影響健康的其他風險因子，例如吸菸等等。他們也排除了受試者的社經狀態，以及生活滿意度等因子。研究結果非常驚人。在那九年內，社會網絡指標分數較低的受試者，跟背景類似、但社會網絡指標分數高的人相較，死亡率高了兩倍。很明顯的，離群索居的人不會是保險公司的好客戶。

☆
☆
☆

有些科學家相信，人類對社會互動的需要，正是演化出高等智力的背後動力[7]。儘管擁有智力是挺不錯的事，並因此能理解，我們活在一個包含空間與時間的四維世界裡。但除非人類祖先得靠衛星導航來尋找鄰近的日本餐廳，否則孕育出這類知識的能力，對物種生存其實沒有太大好處。因此這類能力也不是人類大腦演化的驅動力。相反的，人際間的合作關係，以及其所需的社交智能，卻是人類存活的關鍵。其他靈長類動物也具有社交智能，但遠遠不及人類。牠們也許更強壯、動作更靈敏，然而人類的優勢，是能聯手協調複雜的活動。我們需要聰明伶俐以與人互動嗎？我們是否因為需要天生的社交能力，才發展出「高等」智能？那些人類認為是智能帶來的成就（例如科學和文學），會不會其實只是演化的副產物？

古早以前，人類若想吃生魚片，不能只會說「請把芥末遞給我」，而需要更先進的技能，也就是要會抓魚。五萬年前左右，人類還不懂得抓魚，也不會獵取其他找得到但不好抓的動物為食。然而人類在短時間內（以演化的角度來說），行為改變了[8]。科學家在歐洲發現的證據顯示，短短幾千年間，人類突然學會了抓魚、抓鳥，也開始獵補那些危險但營養美味的大型動物。那段期間，人類也學會蓋造可以棲身的建築，並創造出象徵藝術，以及複雜的墓塚。他們突然開始了解該如何圍攻長毛象，也開始進行祭典和儀式，也就是今日所謂文化的啟蒙。

考古紀錄顯示，人類活動在那段短時間內的改變，比之前幾百萬年間的改變更巨。儘管人類突然表現出飛快的文化進展、思考能力，以及相互合作的社會結構，但在解剖學上卻沒有相對的改變。這些證據顯示，人類大腦可能在那段時間發生重大突變，好比軟體更新一樣，使人類獲得了社會行為的能力，以及整個物種的生存優勢。

你不能不管別人怎麼想

我們總認為人類跟貓、狗，甚至猴子的差別，在於我們的智商較高。然而倘若人類智商是為了社交目的而演化，那麼也許社交智商才是區隔人類與其他動物的主要特質。人類最特別之處，在於我們有能力，也想了解他人的想法和感覺。這種能力稱為心智理論（theory of mind），是一種非凡的能力，讓人類能理解他人過去的舉止，並藉由當下或未來的處境，來預測別人未來的行為。

雖然心智理論的確含有意識、理智的元素，我們推敲他人意向的過程，大部分仍發生在潛意識下，由潛意識自動且迅速的完成。舉例來說，當你看到有個女士追著公車跑，結果公車在她眼前開走，你無須思考就能知道她一定覺得很沮喪，可能也很生氣自己沒有及時趕上公車；當你看到一位女士把叉子移向巧克力蛋糕，但又馬上收手，你會猜她可能在擔心自己的體重。我們總是在推敲別人的心理狀態，這種傾向強烈到我們會猜測他人，甚至動物的想法。就連前述木盤實驗中六個月大的嬰兒，也會主動猜測無生命幾何形狀的心理狀態[9]。

心智理論對人類極端重要。我們往往把社會的運作視為理所當然，但其實日常生活中的許多活動，都是眾人努力的成果，需要仰賴大規模的合作才能達成。舉例來說，一輛車子的製程，需要數千個不同技能的人通力合作，在不同地點執行各種任務。他們要從地底開採出鋼鐵之類的金屬並進行提煉；要用各種化學先驅物製造出橡膠和塑膠，並加以塑形；要設計各種電子和機械系統；也要在工廠裡組裝所有零件。這些都仰賴世界各地的眾人相互協調。在現今的世界裡，也許連你早上開車上班時喝的咖啡、吃的貝果，都仰賴世界各國的努力——需要某一州生產小麥的農民、另一州的麵包師父、又另一州的牧場主人；需要某個國家的咖啡廠工人，以及最好就位在你附近的烘豆商；需要卡車和貨輪來搬運這些材料；也需要製造所有機器和原料的人，包括烘豆機、牽引機、卡車、船隻、肥料等等。多虧了心智理論，人類方能創造出現代世界的各個行業，包括農業乃至大型企業，組織出如此龐大、複雜的社會結構。

非人類靈長類動物的社會行為，是否也牽涉到心智理論？關於這點，科學家還無法定論。然而就算牠們有，這些動物的心智理論應該仍很粗淺[10]。人類是唯一極度仰賴心智理論，藉此建立人際關係與社會組織的動物。撇開單純的智力（和靈巧度）不談，這也正是為什麼魚類無法造船、猴子無法擺水果攤。這種能力讓人類與眾不同。嬰兒在一歲不到時，就已經發展出基本的心智理論。到了四歲左右，幾乎所有孩童都有能力揣測他人的心理狀態[11]，而缺乏心智理論的人（例如自閉症患者），則很難適應社會。

神經學家薩克斯（Oliver Sacks）在其著作《火星上的人類學家》（天下文化出版）一書中，剖析了神經學家葛蘭汀（Temple Grandin）的狀況。葛蘭汀是高功能自閉症患者，她曾向薩克斯描述幼時到遊戲場玩時的心情。她觀察到其他小孩對社交訊號的反應，但她完全無法理解這些社交訊號。「其他孩子似乎在溝通些什麼。」薩克斯記錄了她當時的想法：「他們的互動如此流暢、細微，又變化多端。他們交換各種語意、協商，溝通快速到她有時會懷疑，他們是否都有心電感應[12]。」

我知道你曉得他知情了

心智理論可以用所謂「意向性」（intentionality）度量[13]。有些物種能表達自身想法、信念和欲望（例如「我想吃一口母親的燉肉」），這就稱為「一級意向」。大部分哺乳類動物都有這種能力。但了解自己與了解別人，是完全不同的技能。具有所謂「二級意向」的物種可以揣測其他生物的意向，例如「我覺得我兒子會想吃一口我的燉肉」。在定義上，二級意向是心智理論的基本能力，所有健康人類都有這種本領（至少在他們起床喝過咖啡之後）。三級意向可以讓你更進一步，揣測某人對第三者的想法，例如「我相信我母親在想，我兒子應該會想吃她的燉肉」。而倘若你能更進一級，思考如「我相信我的朋友桑福德認為，我女兒奧莉芙覺得他兒子強尼認為她很可愛」，或「我相信我老闆露絲知道我們的財務長理查覺得，我同事約翰不認為她的財務計畫可行」等問題，那你就擁有四級意向，以此類推。四級思考造出來的句子相當複雜，但只要仔細想想，你就會發現自己很常如此思考，因為這在人類的社交關係中十分常見。

文學創造仰賴四級意向，因為作家必須用四級意向來推敲讀者心理，例如：「我想這段場景裡的線索，會讓讀者認為霍勒斯覺得瑪莉要把他甩了。」四級意向對政客和業務經理也很重要，少了這種技巧，他們很容易被對手擊垮。舉例來說，我認識一位剛被一家電腦遊戲公司雇用的主管（就叫她艾莉絲吧），她就運用了相當細膩的心智理論，成功解決了一個棘手的問題。艾莉絲很確定新東家長期合作的一家程式公司，涉及某種財務上的不當操作。但是她沒有證據，而對方與她公司之間的合約毫無漏洞，若要提早解約，就得支付五十萬美元的違約金。可是，「艾莉絲曉得鮑柏（也就是程式公司的總裁）知道艾莉絲剛上任，不敢貿然行事。」這就是三級意向。此外，「艾莉絲明白，鮑柏知道她曉得鮑柏不怕跟人翻臉」。這是四級意向。艾莉絲深知這兩點，於是想出了對策：也許她可以虛張聲勢一番，說她握有對方不法操作的證據，逼迫對方解約。鮑柏會如何反應？她用她的心智理論，從鮑柏的角度分析局勢。鮑柏認為她不敢冒險，也知道他不好惹。那麼她若沒有證據，敢做出這麼嚴重的控訴嗎？鮑柏顯然認為答案是否定的，於是同意提早解約，只索取了小部分的違約金。

研究結果顯示，非人類的靈長類動物似乎擁有一級至二級的思考能力。黑猩猩可能會自認為「我想吃香蕉」，甚至會想「我覺得喬治想吃我的香蕉」，但不會想到「我覺得喬治認為我想吃牠的香蕉」。相反的，人類頻繁使用三級和四級意向，有些人甚至擁有六級意向的能力。我認為處理這些涉及高級心智理論的句子時，耗費的腦力完全不遜於思考理論物理時所需，兩者都需要能銜接一長串相互連結的概念。

倘若心智理論讓人類得以建立社交關係，且它需要超凡的智力來施展，那就可以解釋，為何科學家會在哺乳動物身上，發現大腦尺寸與社交群體大小之間的有趣連結。確切的說，物種新皮質（即大腦新演化出來的部分）與整體大腦的相對比例，似乎與該物種群聚的社交圈大小有關[14]。大猩猩的團體隻數在十隻以下，蜘蛛猴將近二十隻，獼猴則為四十隻左右——這些數目都非常精準的反映了每種動物大腦內新皮質的比例。

非人類靈長動物的「群體大小」和「新皮質相對大小」之間，具有前述的數學關係，那麼我們若以這種關係預測人類的社群大小，會不會也行得通？我們是否也可以用新皮質在大腦中的比例，計算出人類社群的大小？

要回答這個問題，我們必須先能定義人類的群體大小。非人類靈長動物的群體大小，是以該動物所謂「理毛派系」的大小定義的。這類的社交聯盟，相當於我們的孩子在學校形成的小團體，或父母在家長會裡形成的小圈子。靈長類動物的派系成員通常會幫彼此清理，用梳理、搔抓和按摩的方式，清除其他成員身上的灰塵、死皮、昆蟲等等。每隻動物清理誰、被誰清理，都很固定，因為這種結盟可以減少其他同種動物的騷擾。

組織社群的能力事關重大

然而人類的群體大小很難確切定義，因為人類會與各種團體連結，每種團體的大小不一，交往和互相了解的深度也不同。此外，人類也發明了特定技術，專門用來保持大規模的社交互動。然而我們在計算群體大小時，也必須小心排除一些當事人根本不熟悉的對象，例如電子郵件裡的聯絡人。後來科學家就找到一些人類團體，在認知上相當於非人類動物理毛派系，例如澳洲土著的部落、非洲布希曼女性間的理髮社群，或人們寄送聖誕卡片的人數。科學家最後算出這類人類群體的大小，大約一百五十人左右，正符合新皮質大小模型的預測[15]。

為什麼腦力和社群大小之間，會有這樣的關聯呢？想想看，人類的社交圈包含了朋友、親戚和同事。這些圈子不能大到超過你的認知所能負荷，才具意義，否則你會記不得誰是誰、對方想要什麼、他們之間的關係、該相信誰、該找誰幫什麼忙等等[16]。

一九六〇年代，美國心理學家米爾格蘭（Stanley Milgram）在內布拉斯加州和波士頓隨機找了三百人，請他們每個人都開始寄送連鎖信。米爾格蘭的目的，在研究人類相互連結的程度[17]。自願者會收到一個包裹，裡頭包含了關於該研究的描述，以及某個「目標人物」的名字——這個人是從麻州沙隆市隨機選出來的一名男子，他在波士頓擔任股票經紀人。自願者要把包裹寄給這位目標人物，倘若他們不認識他，就要把包裹傳給任何他們覺得最有可能認識他的人，好讓收到包裹的人遵照指示，繼續傳下去，直到最後傳給真的認識目標人物的人，就可以直接把包裹寄到了。

包裹傳送的途中，有許多人根本懶得照辦，就打斷了連結。然而在當初的三百位自願者中，有六十四位最後還是成功把包裹傳到麻州沙隆市的那位男子手上。要找到某個認識某人的人，這人又認識某人，這某人再認識那某人……直到認識目標人物的人，中間要轉手幾次？大約五次。這個研究結果衍生出所謂「六度分隔」（six degrees of separation，請參閱天下文化出版的《連結》一書）的說法，也就是若想讓世界上任何兩人產生聯繫，只要透過六個人就行了。二〇〇三年，科學家又重複了這個實驗，而且多虧電子郵件的發明，實驗變得簡單多了[18]。這次研究人員從超過一百個國家裡找來二萬四千名電子郵件使用者，尋找散布世界各地的十八位目標人物。這二萬四千個連鎖中，只有大約四百個傳到目標人物，但結果也非常類似：中間只要轉手五至七次，就聯絡上目標了。

我們把諾貝爾獎頒發給物理學、化學等領域，但其實人類大腦也應得到黃金獎章，因為它創造、維持社交社群的能力著實驚人。這些社群包括企業、政府組織、籃球隊等，其中的成員為了達到共同目的，盡力減少彼此的誤解和衝突，合作無間。

古時野外求生的人類缺乏正式組織結構和傳訊技術，自然形成的社群大約有一百五十人左右。然而由於現代文明的種種革新，如今我們已經飛快超越了一百五十人這種自然界線，創造出必須集結數千人才能完成的功績。位於瑞士的那台粒子加速器（大型強子對撞機）的確是人類心智的不朽之作，但建造出這台機器的組織，無論是規模和複雜度，都同樣驚人——光是一次實驗就需要來自三十七個國家的二千五百名科學家、工程師和技師通力合作，共同對應多變、複雜的環境條件。人類形成這種組織的能力，跟組織達到的成就同樣了不起。

☆ ☆ ☆

雖然人類的社會行為明顯比其他動物更複雜，所有哺乳類動物與同類聯繫的方式，卻有基本的共通之處。大部分非人類哺乳動物都有一個有趣的特性，就是牠們的「腦子都很小」。科學家的意思是，人類大腦中有些區塊專事意識思考，而非人類哺乳動物的這塊意識大腦，跟潛意識大腦相比顯得很小[19]。當然，沒人能確切知道意識從何而來，但目前證據似乎顯示，意識主要源自新皮層的額葉，尤其是所謂的前額葉皮質（**prefrontal cortex**）。其他動物的這些大腦區塊不是比較小，就是完全不存在。

你的社交行為與動物無大差異

換句話說，動物多半只反應，顯少思考，甚至完全不思考。因此當某人看到麥特叔叔拿烤肉竹籤戳他的手臂，這個人的潛意識可能馬上亮起紅燈，但他的意識可能接著會提醒自己，說麥特叔叔喜歡用假裝觸電的把戲來娛樂別人。相反的，你的寵物兔子可能不被這類的理智意識安撫，而會無意識的反應，一看到麥特叔叔和他手上的竹籤，立即順從直覺，馬上逃跑。然而儘管兔子禁不起這類玩笑，牠大腦負責潛意識的部分仍與人類相當。

事實上，所有哺乳類動物的潛意識大腦，無論是組織方式或化學組成，都非常類似。許多猿猴，甚至更低等哺乳動物的自動神經機制，都與我們很類似，也因此會做出很貌似人類的舉止，讓人大吃一驚[20]。雖然其他動物不具心智理論的能力，我們仍能透過牠們，了解人類社交習慣中的潛意識反應。因此當一般人從書籍《男女大不同：火星男人與金星女人的戀愛講義》（*Men Are From Mars, Women Are From Venus*）中學習男性與女性的社交角色，我仰賴的卻是像〈哺乳動物社交關係中的母子聯繫與演化〉（Mother-infant Bonding and the Evolution of Mammalian Social Relationships）這類科學論文——有人因此跟我說，這就是為什麼我自己的「哺乳類社交關係」會如此貧乏。

讓我們看看論文裡的這段話：

「雄性要能在生殖上成功，就要跟其他雄性競爭，盡可能得到最多與雌性交配的機會。因此雄性很少形成緊密的社交關係，聯盟也通常採階級制，強調好鬥而非友好的行為[21]。」

這聽起來很像你在運動酒吧裡觀察到的現象，但科學家在此討論的是非人類的哺乳類動物。也許公牛、雄貓、公羊跟人類男性間的差異，不在這些非人類哺乳動物沒有運動酒吧可去，而在牠們根本就活在有如運動酒吧的世界裡。至於雌性動物，這些科學家寫道：

「雌性哺乳動物的生殖策略，是要專注繁衍相對少數的後代……成功率則取決於照護寶寶的品質，以及寶寶斷奶後的生存率。因此雌性動物會與自己的寶寶緊密相連，而雌性動物之間也會形成強烈、緊密的社交關係。」

這段話聽起來也很耳熟。「一般來說」，我們該小心不要過度解讀其他哺乳類動物的行為，但這的確可以解釋為何舉辦睡衣派對、讀書會的多是女性，以及為何即使我信誓旦旦，說我一定會行為友好、不挑釁，她們仍不願讓我加入。當然非人類與人類哺乳動物的舉止，有某些類似的地方，並不代表牛會懂得享受燭光晚餐、母羊一心只想跟寶寶幸福快樂的長大、或鼠輩會嚮往退休後要跟靈魂伴侶到托斯卡尼度過餘生。然而這些雷同之處卻也告訴我們，人類的社交行為雖然遠較其他動物複雜，我們仍能從這些動物身上，看到人類行為的演化根源，而研究這些動物也會幫助我們更了解自己。

許多行為都是預設的生理反應，你完全掙脫不了

非人類哺乳動物的社交行為，受控於內定程序的程度如何？就拿羊為例[22]。母羊對小羊（或照肉品業者喜歡的名稱，羔羊）很兇惡，牠們生性如此。小羊若靠近想吸奶，母羊就會對牠尖叫，發出高頻的咩咩聲，甚至用頭頂攻擊。然而生產過程卻會激起母羊的母性，把潑婦變慈母，簡直就像魔術一般。但這個過程並非意識控制，母羊也不會因想到寶寶而興起愛意。這一切是化學反應，而非魔術。產道拉扯的過程會誘發轉換，在

母羊大腦中製造一種稱為催產素（oxytocin）的簡單蛋白質。這會讓母羊有好幾個鐘頭的時間，願意與小羊聯絡感情。小羊只要在這段時間接近，母羊就會接納牠，無論那是自己的小羊、鄰居的小羊，或是來自大街那頭的牧場的羊。然而一旦催產素的時效過了，牠就不再與小羊培養感情了。牠若已經接納了小羊，之後就會繼續哺育、對小羊低聲呢喃（低頻的咩咩聲）。但牠對其他小羊的態度依舊，就算是自己的小羊，若錯過了母子聯繫的那段時間窗口，牠也不會接納。然而科學家卻可以藉由注射催產素，或抑制母羊生產，任意開啟或結束這種時間窗口，簡直就像操弄機器人身上的開關按鈕一樣。

在另一系列著名的田鼠實驗中，科學家成功利用化學物質，控制這種哺乳動物的行為。田鼠是很像老鼠的囓齒類動物，共有一百五十個不同品種。其中一種叫草原田鼠（prairie vole），可成為人類社會中的模範公民。草原田鼠從一而終，非常忠實。舉例來說，失去伴侶的田鼠，只有少於百分之三十會與其他田鼠交配[23]。草原田鼠也是負責的父親——公鼠會留下來捍衛巢穴，負起養育的責任。

科學家研究草原田鼠，是因為牠與其他兩種田鼠成為有趣的對比，也就是山區田鼠（montane vole）和草地田鼠（meadow vole）。這兩種田鼠與草原田鼠迥異，牠們生性孤僻、淫亂[24]。依照人類的講法，這些公鼠都是不負責任的好色之徒，會跟附近所有的母鼠交配，然後丟下獨自照顧小鼠的母鼠，自行離開。倘若把這些公鼠隨便放進一個大房間，牠們會避開同類，寧可爬到某個偏僻的角落（相反的，草原田鼠則會圍在一起「聊天」)。

最神奇的是，科學家竟能找出造成不同田鼠行為各異的大腦特徵。科學家甚至利用這點，讓不同種田鼠的行為互換。這又牽涉到催產素。催產素分子要先與受體結合，才能影響大腦細胞。受體是位於細胞表面細胞膜上的特定分子。一夫一妻制的草原田鼠，在某個特定大腦區塊裡，有很多催產素及升壓素（vasopressin，類似催產素的荷爾蒙）的受體。其他一夫一妻制的哺乳動物，在同一個大腦區塊內，這兩種荷爾蒙的受體濃度也相當高。雜交的田鼠則缺乏這類受體。因此，舉例來說，當科學家設法增加田鼠腦內的這些受體，孤僻的草地田鼠會突然變得外向、合群，跟牠的親戚草原田鼠一樣[25]。

除非你是抓鼠專家，否則你可能不太需要這麼多有關草原田鼠的知識。至於羔羊，大部分人也不太有機會接觸，除了配上薄荷醬的肉排以外。但我會如此詳細討論催產素和升壓素，是因為對哺乳動物，包括人類來說，這些都是調節社交和交配行為的重要荷爾蒙。事實上，至少從七億年以前，類似的複合物就開始存在於生物體內，連蠕蟲和昆蟲這些無脊椎動物都有[26]。

人類的社會行為顯然比田鼠和羊來得複雜、細膩。人類跟動物不同。人類擁有心智理論，而以意識壓抑潛意識衝動的能力，也遠勝其他動物。然而人類的情感聯繫，也同樣受控於催產素和升壓素[27]。就跟母羊一樣，女性人類的身體在陣痛和生產過程中會製造催產素。性行為過程中，女性的乳頭或子宮頸受到刺激，或男女雙方達到高潮時，體內催產素也會增加。而無論男女，性行為過後，大腦中的催產素和升壓素的濃度也都會提高，進而增加雙方的魅力和感情。就連擁抱都能促進催產素分泌，女性尤其如此。這就是為什麼就算缺少意識上的理性交流，我們仍能靠偶然的肢體接觸，培養出親密的情感。

在廣義的社交環境中，催產素能增進互信關係。我們與他人互動良好時，體內的催產素也會增加[28]。在一個實驗中，兩名彼此不相識的受試者一起玩遊戲，合作賺錢。然而遊戲也設計成每個參賽者可以犧牲別人，好增加自己的利益。於是信任關係變得很重要，參賽者會在遊戲過程中不斷揣測彼此的個性。每個人都要猜想，隊友究竟會公平競爭，讓雙方都得到同樣的益處；還是會很自私，損人利己。

這項研究的獨到之處，在於研究人員會在玩家做好決定後，抽血檢查他們體內的催產素含量。結果顯示，當隊友的玩法透露出信任，玩家體內的催產素會升高。在另一項研究中，受試者要玩一個投資遊戲，噴過催產素鼻噴劑的投資者會比較信任隊友，願意與隊友共同投入更多資金。當研究人員要求受試者根據陌生人的表情來進行評鑑，那些噴過催產素的受試者，更容易覺得陌生人值得信賴、更有魅力。（不讓人意外的，如今我們已經可以在網路上買到催產素噴劑了。然而除非我們能直接對著別人的鼻孔噴，否則這類噴劑其實效果不彰。）

人類升壓素受體基因也是很好的證據，證明我們的確擁有自動的動物本能。科學家發現，如果男人的兩對該基因都屬於某種形式，升壓素受體會較少，這情況就與那些行為不端的田鼠類似。他們的確也表現出類似行為：跟健康男性相較，升壓素受體較少的男性，遭遇婚姻問題或離婚危機的機率增加了一倍，而他們結婚的機率則是健康男性的一半[29]。因此雖然人類的行為比羊和田鼠複雜得多，我們身上仍殘留著動物祖先的影子，生來便擁有某些潛意識的社會舉止。

☆ ☆ ☆

社會神經科學是新興領域，但幾乎自有史以來，人類就一直為社會行為的源頭爭論不休。過去幾個世紀，哲學家無法像今日的科學家那般研究羔羊和田鼠。然而他們探究人類心智時，總在辯論人類對自己生活的掌握，究竟有多深[30]。從柏拉圖到康德，哲學家儘管對人類行為提出了不同的概念架構，他們通常一致同意，人類行為的動機可分為直接動機（我們可藉由內省觀察到的動機），以及隱藏的內在動機（只能藉由推論得出）。

如前文所述，潛意識能在現代普及，都要多虧佛洛伊德的努力。然而儘管佛氏的理論在臨床應用和流行文化中備受重視，他對小說和電影的影響，仍遠勝於對心理學實驗研究的影響。二十世紀的經驗論心理學家，根本無視潛意識的存在[31]。如今聽起來也許很奇怪，但二十世紀上半葉，行為主義運動是心理學的主流，心理學家甚至試圖發展出完全不牽涉心智概念的理論。他們不但把人類行為與動物比較，甚至主張人類和動物都只是複雜的機器，用可以預期的方式回應刺激。

佛洛伊德和其信徒提倡的內省法也許並不牢靠，當年的科學家也無法觀察大腦內在的運作。然而儘管如此，完全捨棄人類心智和思想的主張，對許多人而言還是太荒謬了。一九五〇年代末期，行為主義運動逐漸失勢，兩種新的運動取而代之，逐漸崛起。第一個是科學家受電腦改革啟發，發展出的認知心理學。認知心理學就跟行為主義一樣反對內省法，卻承認人擁有內在的心理狀態，例如信仰。從認知心理學的角度來說，人類就像一套資料系統，會用電腦處理資訊的方式來處理心理狀態。另一個運動則是社會心理學，旨在研究人類的心理狀態如何受他人影響。

有時毫無理由你就跟著劇本走

因為這些運動，心理學家再度重視起心智研究，但兩派學者都對謎樣的潛意識十分存疑。畢竟倘若人無法察覺潛意識，也無法追蹤大腦中潛意識的活動，我們該如何證實這種心理狀態的確存在？因此認知心理學家和社會心理學家都盡量避免使用「潛意識」這個名詞。不過就好比心理醫師會窮追不捨的把話題拉回你父親身上，眾多科學家得到的實驗結果，也一再顯示我們必須探究潛意識的作用，因為潛意識對人際關係的影響實在太重大了。到了一九八〇年代，科學家完成的許多經典實驗，都提供了有利證據，證明人類的社會行為的確涉及無意識的自動程序。

有些早期的行為學研究，直接引用了巴特萊特的記憶理論。巴特萊特相信，他觀察到的記憶扭曲現象有個合理解釋，那就是人類心智其實遵循著特定的潛意識腳本，而這些腳本旨在填補空缺，好讓資訊符合人類的預期。為了探究人類的社會行為是否也受某種潛意識劇本影響，認知心理學家於是假定我們許多日常生活的行為，其實都照著事先設定好的心理「劇本」演出[32]——換句話說，這些動作都是無意識的。

為了測試這個假說，一位研究人員坐在圖書館裡，在影印機旁伺機而動。有人一靠近，他就趕緊上前，邊插隊邊說：「不好意思，我這兒有五頁要印。我可以用影印機嗎？」分享當然是好事，但研究人員根本沒提出插隊的理由，因此除非受試者需要影印的遠多於五頁，否則為何禮讓？顯然不少人是這麼想的：百分之四十的受試者都用類似的理由拒絕了。因此很明顯的，要讓人願意禮讓，研究人員必須提供讓人信服的合理理由。結果確實如此。當研究人員說：「不好意思，我這兒有五頁要印，可以讓我用影印機嗎？因為我趕時間。」人們拒絕的機率就會驟降，從百分之四十降到百分之六。這的確說得通，但研究人員也懷疑另有原因，也許人們不會有意識的評估理由，看那些理由是否充分。也許他們只是無意識的自動遵循一套心理劇本。

那劇本可能是這樣的：有人要我幫個小忙，但沒給理由，我就說不；有人要我幫個小忙，但給了理由，我就說好。這聽起來很像機器人或電腦程式的反應，但人類是否也如此？這個問題很好測試，只要上前接近那名正要用影印機的人，對他們說：「不好意思，我這兒有五頁要印，可以讓我用影印機嗎？因為XXX。」而XXX這個句子，只要仔細想想，就會發現其實根本不是充分的理由。研究人員選的XXX是這樣的：「因為我要印東西。」這只是提供明顯的事實，根本沒解釋為何要插隊。倘若正要影印的那個人，會有意識的權衡這個不成理由的理由，並考慮自己的需要，那麼拒絕請求的人，應該會跟前述沒給理由時的比例一樣，也就是百分之四十。但倘若光是提出理由的這個動作，就足以讓人遵照「答應」的劇本走，那無論理由是否充分，應該只有百分之六的人會拒絕，就如同前述提供了「我趕時間」這種充分理由時的情況。研究人員發現，結果確實如此。當他們說：「不好意思，我這兒有五頁要印，可以讓我用影印機嗎？因為我要印東西。」只有百分之七的人拒絕，就跟受試者聽到充分理由時的反應一樣。這個拙劣的理由，竟然說服了一樣多的人。

做這個實驗的研究者，在研究報告裡寫道：「人類社交互動中，大部分時間的確都無意識的照著寫好的劇本走。這種無意識的行為有時也許會帶來一些麻煩，但人類能擁有這種選擇性的注意力，排除某些外界訊息，其實是種成就。」的確，從演化的角度來說，這是讓潛意識自動執行日常的活動，讓我們得以回應外界的其他需求。能多工處理是現代人的基本技能——我們必須能夠專注做某件事，但也同時仰賴自動劇本的協助，完成其他任務。

一九八〇年代陸續出爐的研究報告，都顯示潛意識作用讓人往往無法察覺自己為何有這些感覺、行為，為何如此評判他人，也沒發現自己如何無聲的與他人溝通。到頭來，心理學家不得不重新思考意識在社交中扮演的角色。因此「潛意識」一詞再度受到重視，雖然有些人會用比較「清白」的名詞取代，例如「無意識」，或更確切的「自動的」、「內定的」或「不受控的」。但即使心理學家很聰明，做了許多有用的行為學實驗，他們仍只能臆測受試者行為背後的心理程序。你也許可以在餐廳裡的餐桌旁品嚐食物，猜想餐點的做法，但若真想一探究竟，還是得到廚房去看看。同樣的，頭顱就像緊閉的門窗，大腦隱藏其內，然而科學家仍跟一個世紀前一樣，對裡頭的運作一無所知。

☆ ☆ ☆

顯示我們的確可以觀察運作中的大腦的第一個跡象，出現在十九世紀，當時科學家發現神經活動會改變血流和含氧量。理論上，只要能監控血流和氧量，我們就能推測大腦運作的情形。詹姆斯在他一八九〇年的著作《心理學原理》中，提到義大利生理學家默索（Angelo Mosso）如何記錄病患的大腦搏動。這些病患的頭骨，都因為接受了大腦手術而產生縫隙[33]。默索發現特定的大腦區塊會隨受試者的思考而跳動。他因此推論：這些區塊會跳動是因神經活動引起的。確實如此。很可惜的是，當時的技術不夠先進，科學家只能以頭骨切開過的病患為對象，對大腦進行這類觀察和測量[34]。

用這種方式研究人類大腦是行不通的，但一八九九年，劍橋大學的科學家的確用這個方法，研究了狗、貓和兔子。他們用電流刺激這些動物的各式神經途徑，然後用工具直接測量活體組織的大腦反應。結果的確顯示腦部血流循環與代謝相關，但這個方法不但粗糙、殘忍，也無法即時偵測反應。後來問世的X光技術也行不通，因為X光只能偵測大腦的結構，無法用來觀察其中瞬息萬變的電活動和化學反應。眼看一個世紀又過了，科學家仍無法研究活動中的大腦。到了一九九〇年代晚期，在佛洛伊德發表《夢的解析》過後一百年，fMRI技術突然普及於世。

終於，我們可以看見大腦的運作方式

我在序言中曾經提到，fMRI（功能性核磁共振造影），是把醫生用的普通MRI稍做改變。十九世紀的科學家猜得沒錯，若想在特定時間確認活動中的大腦部位，最重要的是要觀察哪些神經細胞的血液循環增加了，因為活動中的細胞會消耗更多氧氣。科學家於是利用fMRI觀察腦內原子的量子電磁交互作用，從頭顱外定位大腦內的氧氣消耗量。因此我們可以藉由fMRI研究人腦的三維活動情況，無須進行侵入式實驗。我們不但可以藉此得到大腦結構的藍圖，也可以觀察特定時間有哪些區塊正在活動，追蹤大腦活動如何隨時間變化。我們可以藉此研究心理程序如何與特定的神經途徑和大腦

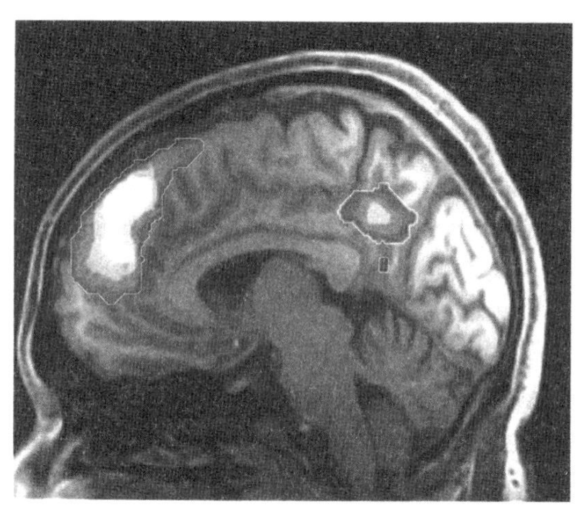

圖片來源：Mike Tyszka

結構連結。

前文中我常常提到受試者的大腦影像，或提到某些情況下，大腦的特定區塊是靜止或活躍的。舉例來說，我曾解釋病患TN的枕葉失去了功能、額葉眼眶面皮質與愉悅的經驗有關，或大腦影像研究顯示生理疼痛與兩個大腦區塊相關。多虧了fMRI技術，我們才能得到這些結論。近年來科學家研發出許多讓人振奮的新技術，但fMRI的問世，卻完全改變了科學家研究心智的方式，至今仍深深影響基礎研究的進展，重要性無與倫比。

只要坐在電腦前讓電腦蒐集fMRI數據，科學家就能以各種角度取得大腦所有區塊的切面圖，看起來就像真的大腦切片。舉例來說，上圖是一張大腦中央平面的剖面圖，受試者正在做白日夢。左邊和右邊的陰影分別表示大腦前額葉皮質和後扣帶皮層（posterior cingulate cortex）的活動。

今日的神經科學家通常依照功能、生理和演化發展，把大腦粗分為三個區塊[35]。按照這個分類原則，大腦中最原始的部位即所謂「爬蟲類腦」（reptilian brain），負責基本的生存功能，例如吃、呼吸、心跳，以及最基本的恐懼和攻擊的情緒，也就是「戰或逃」的本能。所有的脊椎動物，包括鳥類、爬蟲類、兩棲類、魚類和哺乳動物，都有爬蟲類腦。

第二區是更精細的「邊緣系統」（limbic system），是潛意識社交覺知的源頭。這個系統十分複雜，在學界的定義也因人而異。科學家原本以解剖學上的結構區分這個系統，但後來又把它界定為形成社交情緒的部位。按照科學家普遍的界定，人類的邊緣系統是一個環狀結構，其中有些部位我們已在前文中提及，包括腹內側前額葉皮質、背側前扣帶皮質、杏仁體、海馬（hippocampus）、下視丘、部分的基底核，有時也包含額葉眼眶面皮質[36]。邊緣系統會強化反射性的爬蟲類情緒，是社會行為起源的關鍵[37]。有些科學家會把這個結構中的許多部分統稱為「舊哺乳動物大腦」，因為所有哺乳類動物都有這個區塊，這與大腦的第三區，也就是新皮質形成對比。新皮質又稱「新哺乳動物大腦」，大部分靈長類動物的大腦都沒有這個結構。

新皮質多位於邊緣系統上方[38]。你也許還記得我們曾在第二章討論到，人類的新皮質分為數葉，且相當巨大。一般人想到大腦，就會想到這個灰色區塊。我在第二章裡提到的枕葉就位在後腦杓，內含視覺處理中樞。本章節我提到的額葉，則名副其實的位於大腦前半部。

人屬（*Homo*）在兩百萬年前出現，至今只有智人（*Homo sapiens*）還存活於世。從解剖學的角度來說，智人大約在二十萬年前演化出現今的大腦結構，但誠如前文所述，人類要到五萬年前，才開始出現一些現代人的行為特徵，例如文化。從最原始的人屬，演化至現代人，人類的大腦整整變大了一倍。而其中額葉變大的比例遠勝其他部位，因此我們可以推斷，人類與眾不同的特質，也許正是這個區塊造成的。這個擴張的大腦結構，究竟如何增加人類的生存能力，讓人類得以在自然中脫穎而出？

額葉裡某些區塊專事精細動作（特別是手指、手、腳趾、腳和舌頭），這些技能顯然對物種在野外生存十分重要。值得一提的是，大腦控制臉部精細動作的區域也位於額葉。我們將在第五章討論到，能控制臉部細微表情，是生存的關鍵，因為這些表情對社交溝通十分重要。額葉除了負責精細動作外，如之前所述，也包含所謂前額葉皮質的區域。「前額葉」名副其實意指「前額」，因此前額葉皮質就坐落在額頭後方。這個結構最能反應人類的獨特之處。多虧前額葉皮質，我們才能計畫、組織思緒和行動，以達成目標，也才能整合意識思考、感官和情緒。這個區域正是意識的根源[39]。腹內側前額葉皮質和額葉眼眶面皮質屬於邊緣系統的一部分，同時也是前額葉皮質內的子系統。

科學家以解剖學的角度，把大腦分為爬蟲類腦、邊緣系統（舊哺乳動物大腦）和新皮質（新哺乳動物大腦）。儘管這種分類法很方便（下文中我偶爾也會提到這些名詞），我們仍要記得這只是簡化的概念，大腦其實複雜得多。舉例來說，這個概念暗示的演化步驟，不一定完全符合實際情況；有些所謂的原始動物也有很類似新皮質的組織[40]。換句話說，這些動物的行為，也許不若我們原本想像的那樣完全出於直覺。此外，按照形容，這三個區域看似完全獨立的，但其實彼此相連，共同運作，之間以眾多神經相互聯繫。光從海馬這個部位，就看得出來大腦的複雜程度。海馬是深藏大腦中的一個小結構，教科書裡有好幾公分厚的篇幅都在討論它。近來有一篇學術論文，探討了下視丘裡某一種神經細胞，而這篇論文內容超過一百頁，引用了七百多個錯綜複雜的實驗。因此儘管科學家投入了這麼多心力研究，意識和潛意識依舊神祕未解，全世界仍有數萬名科學家正努力試圖從分子、細胞、神經和生理的角度，釐清大腦各部位的功能，並深入了解這些反應途徑如何共同創造人類的思想、感覺和行為。

潛意識不再是哲學，而是實驗科學

fMRI提供了更先進的技術，讓科學家得以探索大腦不同部位如何影響思想、感覺和行為。於是行為主義學之後的兩個運動也逐漸整合：一是社會心理學家發現，他們可以結合心理程序與大腦結構，以釐清他們的理論，加以驗證；二是認知心理學家發現，他們可以藉此追溯心理狀態的源頭。同樣的，研究大腦生理的神經科學家也意識到，若能了解大腦不同部位引發的心理狀態與程序，他們就能更了解大腦的運作方式。一門新興科學於焉產生，那就是社會認知神經學，或簡稱社會神經學。這是三合一的科學，結合了社會心理學、認知心理學和神經科學。如前文所述，社會神經學的第一次研討會舉辦於二〇〇一年四月。想了解這個領域突飛猛進的程度，不妨這樣想：一九九一年，科學家發表了第一篇應用了fMRI技術的學術論文[41]。一九九二年一整年，只有四篇類似的論文發表。就連二〇〇一年，倘若你在網路上搜尋「社會認知神經學」這幾個關鍵字，也只能找到五十三個結果。然而到了二〇〇七年，同樣的字串卻可以在網路上找到三萬筆資料[42]。如今每三個小時，就有一篇關於fMRI的神經科學論文發表。

如今科學家終於能觀察運作中的大腦，研究潛意識的源頭和深度。當初研究新心理學的科學家，包括馮特、詹姆斯等人，都盼望這門科學能成為嚴謹的實驗科學，如今他們的願望總算成真了。儘管佛洛伊德提出的潛意識概念錯誤百出，他當初對潛意識思考的強調，現在看來卻令人信服。大腦結構、連結方式與功能的藍圖，已取代了本我、自我的模糊概念。如今我們了解，原來許多社交感官的處理過程，包括視覺、聽覺和記憶，其實都與意識、意圖或努力無關。接下來我們將討論，潛意識程序如何影響我們的生活、自我表現、與他人的溝通、對他人的評價、回應社交處境以及看待自己的方式。

第四章 沒有人能是孤島

第二部

潛意識控制了你的社交行為

第五章　你不用說，我看你的樣子就明白了

第六章　怎麼說，比說什麼更重要

第七章　就是忍不住要分門別類貼標籤

第八章　我們是一國，他們是另一國

第九章　你永遠沒辦法知道，你怎麼會有這種感覺

第十章　尋找真正的自己

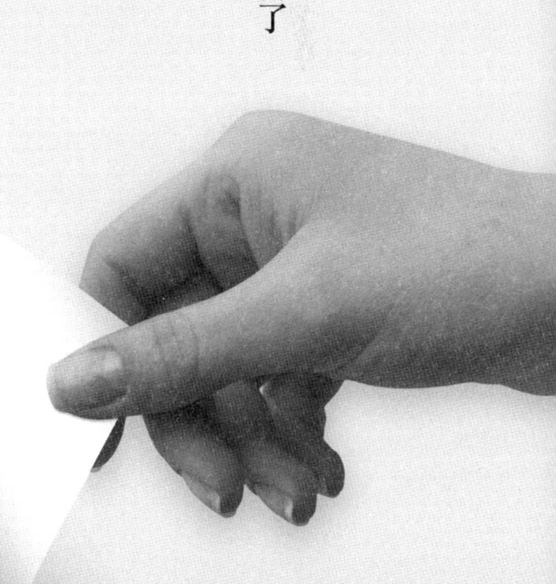

第五章

你不用說，我看你的樣子就明白了

倘若舉手投足不露友善，再怎麼溫言婉語也徒然。

——心理學家伯格（James Borg）

一九〇四年夏末，在愛因斯坦開始他「奇蹟的一年」的幾個月前，《紐約時報》報導了另一個德國的科學奇蹟：一隻「除了說話以外幾乎什麼都會」的馬[1]。記者信誓旦旦的說，這個故事絕非想像，普魯士教育部長指派的委員會，以及記者本人，都親眼目睹了這項奇蹟。這篇報導描述一隻後來被稱為「聰明的漢斯」（Clever Hans）的種馬，如何懂得數學計算，也能執行一些需要腦力的任務，程度相當於今日小學三年級的孩童。

漢斯年約九歲，若不是馬，牠的能力倒與年齡挺相符的。事實上，漢斯就像一般九歲的人類孩童一樣，接受了主人四年的在家正式指導。牠的主人馮．奧斯頓（Herr Wilhelm von Osten）在當地中學教授數學，大家都認為他是個古怪的老人，但他本人毫不在意。馮．奧斯頓每天固定時間都會站在漢斯跟前，在鄰居能見之處，用黑板和各種教具教導這匹馬，然後以紅蘿蔔或一小塊糖當獎賞。

漢斯懂得以跺右腳來回應主人的問題。按照《紐約時報》記者的形容，有一次馮．奧斯頓要漢斯辨識不同金屬做的硬幣，若是金幣就跺一次腳，銀幣就跺兩次，銅幣就跺三次，結果牠都答對了。牠也用同樣的方式成功辨認了不同顏色的帽子。漢斯能用這種跺腳的語言辨識時刻、辨識當天是幾月或星期幾、知道八、十六、三十二都是四的倍數、算出五加九等於多少。牠甚至算得出七除以三的餘數。

記者見證漢斯的表演時，牠已經是明星了。馮．奧斯頓帶著牠在德國各地，甚至國王面前表演，而且他從不索取門票，因為他想說服大眾相信，動物也可能擁有人類的智力。這匹高智商的馬實在太受歡迎了，教育部長不得不指派委員會來評估馮・奧斯頓所言是否屬實。委員會做出結論，認為漢斯的本領並非花招，的確貨真價實。根據委員會發表的聲明，這匹馬有此能力，都歸功於馮・奧斯頓優異的教導方式——相當於普魯士小學使用的教學法。雖然不確定他們所謂「優異的教導方式」指的是糖或紅蘿蔔，但其中一位委員（他也是普魯士自然歷史博物館的館長）認為：「馮・奧斯頓利用馬對美食的欲望，成功完成訓練。」他還說：「我甚至覺得這匹馬也許根本就樂在其中。」這也許更凸顯了漢斯驚人的人性。

然而並非所有人都相信委員會提出的結論。有個現象明白顯示，漢斯的本事不能只歸功於高明的教學法——有時就算馮・奧斯頓沒說出問題，漢斯仍能給出答案。換句話說，馮・奧斯頓的馬似乎有讀心術。心理學家芬斯特（Oskar Pfungst）決定調查此事。在馮・奧斯頓的鼓勵下，芬斯特做了一系列的實驗。他發現漢斯可以回答馮・奧斯頓以外的人提出的問題，前提是詢問者自己知道答案，而且漢斯跺腳回答時，一定要看得到問題的人。

經過一連串更多的嚴謹實驗後，芬斯特終於發現，這匹馬的聰明本事，仰賴的其實是詢問者無意識做出的提示。他發現，詢問者在提問時，會不自覺的傾身向前，動作幾乎細微到旁人無法察覺。漢斯看到這個動作，就會開始跺腳。正確答案一出現，漢斯就會察覺詢問者另一個細微的肢體動作，並停止跺腳。按照撲克牌的術語，這就是所謂的「破綻」（tell），也就是人會無意識的做出一些舉止，透露出當事者的心態。芬斯特注意到，每個對漢斯提問的人，都會出現類似的「細微肌肉運動」，但本人毫不自覺。馮．奧斯頓的這匹馬也許無法參加競賽，但肯定有潛力成為很優秀的撲克牌玩家。

最後芬斯特表演了一個花招，證明他的理論。他扮演漢斯的角色，然後要二十五位受試者問他問題。這些受試者雖然不清楚實驗的確切目的，但都知道芬斯特在觀察他們的舉止，想由此得到答案。然而二十五位受試者中，有二十三位還是做出了這類細微的動作，儘管他們都不承認。至於馮．奧斯頓，仍不願接受芬斯特的結論，繼續跟漢斯在德國各地表演，吸引大批熱情的觀眾。

表情與肢體動作，透露出你不想顯露的訊息

開車時曾被其他駕駛比過中指的人就會知道，非語言溝通十分明顯，很容易察覺。但有時當你的伴侶說：「不要這樣看我。」而你會回答：「不要怎樣看你？」你自以為把真正的感覺隱藏得很好。或者，有時你雖然咂著嘴稱讚另一半做的切達起司烤干貝很好吃，她卻仍回答：「什麼？你不喜歡？」別因此沮喪。倘若連馬都懂得察言觀色，你的另一半怎會不懂？

科學家認為人類能用語言溝通，是非常了不起的成就。但我們也同時具有非語言

溝通的能力，而且就算字斟句酌，這些溝通還是會透露更多訊息，甚至出賣我們。許多（甚至大部分）非語言訊息都是自動發生，不受意識控制的，因此這些訊息往往透露出我們真正的想法，但我們卻毫無所覺。我們的手勢、體態、臉上的表情，以及說話時悄悄流露出的態度，都會影響他人對我們的看法。

☆
☆
☆

人類與動物的互動，最能凸顯非語言訊息的力量，畢竟除非你活在皮克斯製作的電影裡，否則非人類動物無法完全理解人類的語言。但很多動物就跟漢斯一樣，對人類的手勢和肢體語言非常敏感[2]。舉例來說，近來研究顯示，只要好好訓練，連狼都可以訓練成彷彿是像有禮貌的熟人，會回應人類的非語言訊號[3]。當然你不會因此就把一匹狼取名「費多」（Fido，譯注：費多是電影「我家有個大屍兄」裡的殭屍主角。片中人類以特製項圈馴服殭屍，當僕人使喚），讓他陪你的一歲小孩玩。但狼的確是非常社會化的動物，牠能回應人類的非語言訊號，是因為狼的群體中原本就充斥著豐富的非語言訊息。狼可以預測、解讀同伴的肢體語言，牠們的許多群體行為，都仰賴這些能力。

因此你若是狼，你會知道當同伴耳朵向前豎起，尾巴上揚，就表示牠在宣示主權；倘若耳朵向後揚，瞇著眼睛，表示牠起了疑心；倘若雙耳平貼，夾著尾巴，則表示牠很害怕。科學家尚未針對狼進行嚴謹的實驗，但這些行為似乎顯示，牠擁有某種程度心智理論的能力。當然，狼依舊不是人類最好的朋友，由狼演化而來的狗才是，而狗最擅長解讀人類的社會訊號，甚至勝於人類的靈長類親戚。這個發現讓許多人感到非常意外，畢竟靈長類動物更能勝任人類的其他技能，例如解決問題和說謊的能力[4]。這個現象顯示在馴化的過程中，演化篩選出了那些心智狀態更適合陪伴人類的狗兒[5]——這些狗於是得以享用人類的庇蔭和營火。

在這些關於人類非語言溝通的研究中，有個實驗最具啟發，受試對象是一種人類甚少共享住所（如果有也不是故意的）的動物，那就是老鼠。在這項研究中，每個選修實驗心理學的學生，都收到五隻老鼠、一個T字形的迷宮，以及看似單純的任務[6]。T字形迷宮的一邊是白色，另一邊是灰色。老鼠要學會爬向灰色那邊，成功的話就能得到獎賞。學生的任務是要每天給老鼠十次機會，學會到灰色區域取得食物。此外，學生也要客觀記錄下老鼠的所有學習過程。

但其實這個研究的實驗對象是學生，而非老鼠。他們告訴學生，說科學家已經可以培育出擅長或不擅長走迷宮的老鼠品種。一半的學生被告知，他們手上的老鼠是走迷宮的達伽馬〔Vasco da Gamas，譯注：達伽馬（Vasco da Gama）是史上第一個從歐洲航行到印度的葡萄牙探險家〕，另一半的學生則被告知，他們的老鼠是科學家培育出的、毫無方向感的老鼠。事實上這種選擇性育種純屬虛構，這些老鼠可以任意互換，大概只有老鼠的媽媽才知道之間的差異。這個研究真正的重點，是要比較兩組「人類」受試者得到的結果，觀察他們的期待是否會影響老鼠的成績。

成見影響公正性

科學家發現，跟那些學生以為很笨的老鼠相較，「聰明」老鼠的表現明顯比較好。研究者接著要求學生描述自己對待老鼠的方式，發現兩組學生的態度明顯不同。舉例來說，從報告內容看得出來，相信老鼠很聰明的學生，抱著老鼠的次數比較多，對待方式也比較溫柔，這都透露出他們的態度。當然，這些態度可能是刻意表現的，而我們真正有興趣的其實是無意表現出來，但也很難控制的態度。

還好有另一批科學家也對此深感好奇[7]。這些科學家重複了一樣的實驗，但同時也警告學生，對待老鼠的方式，要彷彿自己對老鼠的品種毫不知情。他們警告學生，差別待遇可能會扭曲實驗結果，也會影響學生自己的成績。然而儘管做了這些預告，那些預期老鼠很聰明的學生，還是養出了表現較好的老鼠。這些學生雖然試圖保持中立，但還是失敗了。他們仍不自覺的透露出心中的預期，進而影響老鼠的表現。

前述實驗結果可能馬上讓我們聯想到，也許無意識流露出的期待，也同樣會影響人類的表現，然而實情是否如此？參與老鼠實驗的科學家羅森塔爾（Robert Rosenthal）決定進行進一步研究[8]。他再讓學生重複一次實驗，但這次的對象是人，不是老鼠。當然，實驗設計也必須改造成適合人類受試者。羅森塔爾的想法是這樣的：他要求學生實驗者（其實他們才是真正的被實驗對象）讓所謂的受試者看一些人臉的照片，並要求受試者評鑑照片裡的人成功或失敗的程度。羅森塔爾事先篩檢過，只選用了那些介於中間的人的照片。但他告訴學生的則是另一回事。他說他想要重複一個已經完成的實驗，並告訴其中一半的學生，他們手上照片中的人被評為成功者，另一半的學生則被告知，他們拿到的照片都是失敗者的臉。

為了確定學生實驗者不會用語言透露出他們的預期，羅森塔爾發給每位學生一份寫好的台詞，要他們一字不差照著念，也不要多說任何話。他們的任務只是讓受試者看照片、讀出指示，然後記錄受試者的反應。應該沒有其他做法，比這更能預防實驗者偏差了。但實驗者的非語言溝通，是否仍會透露出他們的預期？人類受試者又是否會跟老鼠一樣，回應這些線索？

結果，不僅平均而言，學生若是預期受試者會給予照片中人高度成功的評價，受試者往往也如此評價；而且每一個受告知照片裡是成功人士的學生，其受試者對照片中人的評價，都高於那些受告知照片中人是失敗者的學生，其受試者對照片中人所做的評價。不知怎的，他們的潛意識仍透露了自己的預期。這究竟是如何發生的？

一年後，有另一批科學家重複了羅森塔爾的實驗，但稍做修改[9]。他們錄下實驗者對受試者的解說，並在另一個實驗中排除實驗者，而是放錄音帶給受試者聽，來說明實驗過程。如此就能排除所有聲音以外的線索。最後實驗結果還是出現了偏差，但只有先前的一半。這表示實驗者的語調轉折會透露他們的預期。但原本另一半的偏差，究竟從何而來？這個問題，沒有人能提供確切的答案。多年來許多科學家重複了這個實驗，並加入各種變化，但雖然這些研究都確認了實驗者效應，卻沒有人能確切指出非語言的訊號究竟為何。不管怎麼說，這些訊號一定都很細微，是實驗者無意流露出來的，或許也因人而異。

正面期待不必言傳，就能達到效果

我們顯然可以把這些結果應用在生活或工作上，無論對象是家人、朋友、員工、上司，甚至參加產品座談會的客戶：不管有意或無心，我們都會向別人透露自己的期待，而別人也通常會想滿足我們。無論是否曾說出口，你對大部分有往來的人，多少都有所期待。他們對你亦然。這是我的父母給我的禮物之一：對他們來說，我就彷彿前述的達伽馬老鼠。他們讓我覺得無論我踏上哪一條路，終究都能成功抵達目的。我的父母從不把他們對我的信心掛在嘴邊，但不知怎的，我總是感覺得到，也因此勇氣倍增。

羅森塔爾接著研究我們的「期待」，究竟會如何影響孩童[10]。他的一組實驗結果顯示，就算老師努力一視同仁，他們的期待仍會深深影響學童的學業表現。舉例來說，他和同事請十八個班級的學童完成一項智力測驗，然後讓老師知道結果，但不讓學童知情。研究人員告訴老師，說測驗結果會顯示哪些孩童的天分最出眾[11]。然而老師卻不知道，這些所謂很有天分的孩子，智力測驗的結果並不比一般學童高多少——他們大多只得到中等的成績。老師在不久後評比學生，他們認為跟天賦高的學童比較起來，那些沒被貼上天才標籤的學童，比較不好奇，對學業的興趣也比較低。

八個月後，他們又做了一次智力測驗，結果讓人吃驚，發人深省。通常孩子做第二次智力測驗時，會跟第一次的結果有點差異，一半孩子的成績會稍有起伏，因為每個孩子與同儕比較的相對智力發展，會隨時間改變。這些變異也可能只是隨機發生的。羅森塔爾的確在第二次測驗結果中，看到有些被歸類為「一般」的孩子，智力成績變高了。但他也發現那些被特別歸類為「聰明」的學童，出現了不同的結果：其中百分之八十的孩子，分數至少增加了十，其中百分之二十「天資聰穎」的學生，智商分數甚至增加了三十以上。只有百分之五的其他學生，智商分數增加了這麼多。這個結果證實，把孩子歸類為「天賦異稟」，果然是最能實現「自我應驗預言」（self-fulfilling prophecy）的方式。羅森塔爾很聰明，他沒有為任何孩童貼上「智商比一般孩子更低」的標籤。遺憾的是，現實生活中這種標籤的確存在，而自我應驗預言應該也會產生另一種效果：學童若被認定有學習障礙，他們的表現也會符合預期。

☆ ☆ ☆

人類靠豐富的語言系統溝通，而語言的發展正是人類演化的關鍵，是改造人類社會的一大突破。人類的語言能力獨一無二[12]。其他動物只能傳達簡單的訊息，例如表明身分或提出警告，缺少複雜的結構。舉例來說，倘若觀眾要求漢斯回答完整的句子，牠恐怕就黔驢技窮了。在自然情況下，就連靈長類動物也只會運用一些訊號，或用很原始的方式結合訊號。相反的，一般人都能掌握數萬個字彙，並依照複雜規則連成字串，過程幾乎不假思索，也無須接受正式指導。

科學家仍不清楚語言究竟如何演化。很多科學家相信，被歸為最原始的人屬——巧人（*Homo habilis*），以及巧人演化而來的直立人（*Homo erectus*），都擁有屬於靈長類特徵的溝通系統，包括類語言和符號。然而就目前所知，語言是在現代人出現後才開始發展。有些人認為語言出現於十萬年前，有些人則認為更晚。然而五萬年前，「行為符合現代定義」的社交人類出現了，他們迫切需要更精細的溝通系統。我們已討論過社交關係對人類有多重要，而社交互動極度仰賴溝通，因此就連耳聾的嬰兒，都會發展出類似語言的手勢。只要教導他們使用手語，他們就會用手咕咕噥噥[13]。

那麼人類為何會發展出非語言的溝通技能？有個英國人對演化理論深感興趣，並因此成了第一位認真研究非語言溝通的科學家。照他自己的說法，他從不是天才，既「缺乏快速的理解力或機智」，也「無法理解一長串的抽象概念」[14]。每當我因同樣的原因感到挫折時，這段話都會讓我恢復自信，畢竟這個英國人後來混得挺好的——他就是達爾文。達爾文出版《物種原始論》的十三年後，又發表了另一本巨作《人與動物的情緒表達》（*The Expression of the Emotions in Man and Animals*）。他在書中主張，情緒及其表達方式，可以提供物種生存優勢，而且許多生物都擁有這項技能，絕非人類獨有。因此我們可以觀察不同物種在非語言溝通方式的異同，了解情緒扮演的角色。

達爾文也許不覺得自己是天才，但他的確知道自己擁有一種很棒的智力優勢：他個性謹慎、觀察敏銳。雖然「萬物皆有情、也會表達情感」的概念，不是由達爾文首度提出[15]，他還是花了數十年的時間，審慎研究反應心理狀態的肢體語言。他觀察自己和其他國家的人，尋找不同文化間的異同，甚至致力研究本國動物，以及倫敦動物園裡的動物。達爾文在書中把人類各種表達情緒的方式分門別類，並提出這些表達的可能源頭。他注意到低等動物也會透過臉部表情、體態和手勢，表達意圖和情緒。達爾文推測，人類有許多與生俱來、無意識的非語言溝通，可能都是演化遺留的產物。舉例來說，我們會深情的啃咬，其他動物也會。我們也會像其他靈長類動物一樣，抽著鼻子露齒冷笑。

微笑也是我們與低等靈長動物共有的表達方式。假設你坐在某個公共場合，發現有人在看你。若你回視對方，而對方露出微笑，這一來一往可能會讓你感覺很好。但如果那人不帶笑意的繼續盯著你，你可能會覺得不太舒服。這種直覺反應究竟從何而來？

人類的許多靈長類親戚，也懂得這種與同類相視而笑時的感受。在非人類靈長動物的社會中，直視對方是一種具侵略性的姿態，往往伴隨攻擊——因此也往往會引發另一方的攻擊。所以倘若一隻弱勢的猴子想觀察強勢的猴子，牠會露出牙齒表示和平。在猴子的語言裡，露齒代表「請別介意我看你。沒錯，我是在看，但我不打算攻擊你。所以拜託不要先攻擊我。」對黑猩猩來說，笑容也可能代表相反的意義——地位較高的黑猩猩可能會對地位較低的黑猩猩微笑，那就好像在說：「別擔心，我不會攻擊你。」因此當你在走廊與陌生人擦肩而過，而他對你露出微笑，這種交流其實根源於靈長類動物的本性。甚至有證據顯示，黑猩猩互換微笑就跟人類一樣，是友誼的表示[16]。

真情或假意，笑容會洩密

你可能會認為以笑容評估真實感覺，未免太粗糙了，畢竟誰都可以佯裝出笑容。沒錯，只要牽動臉部肌肉，我們的確可以刻意堆出微笑，或裝出其他表情，這些動作我們都習以為常。回想你參加某個雞尾酒會時，儘管渾身不自在，你還是努力想在別人心裡留下好印象。但臉部表情也受潛意識控制，有些臉部肌肉根本不是我們能靠意志控制的。因此真正的表情是假裝不來的。任何人的確都能刻意收縮顴大肌，把嘴角往頰骨上拉，藉此佯裝笑容。然而真誠的微笑牽涉到另一組肌肉，也就是眼輪匝肌（orbicularis oculi）。眼輪匝肌會把眼睛附近的皮膚拉向眼球，看起來有點像魚尾紋，但比較細微。十九世紀法國神經學家博洛尼（Duchenne de Boulogne）首先提出這個發現。博洛尼對達爾文的影響很大，他蒐集了人擺出笑臉的大量照片。微笑這個動作，牽涉到控制肌肉的兩組不同神經途徑：控制顴大肌的自主神經，以及控制眼輪匝肌的非自主神經[17]。因此攝影師想拍下笑臉時，會請我們說「起司」，讓我們牽動嘴巴堆出微笑。但除非你被要求說「起司」時很開心，否則這些笑容看起來不會很真誠。

博洛尼把這兩類微笑的照片給達爾文看。達爾文發現，雖然人們可以察覺兩種微笑的不同，卻很難有意識的指出其中的差異。他說：「我一直無法理解，為什麼我們可以立即辨識出不同表情的細微差別，過程中完全無須意識分析[18]。」科學家最近才開始重視這個問題，而近代研究結果顯示，一般人就算沒受過笑容分析，還是能觀察某人的不同微笑，憑直覺判斷真偽[19]。這個結果正符合達爾文當初的觀察。我們能靠直覺辨識出佯裝出來的微笑，這就是為什麼我們往往會用「神色狡詐」來形容那些二手車商、政客和其他笑不由衷的人。為了解決這個問題，採用「方法演技」的演員會訓練自己真心感受角色的情緒，而很多人都說那些聰明的成功政治家，可以在滿堂陌生人面前，喚起發自內心的友誼和情感。

情緒表情是本能

達爾文認為，倘若人類表情隨著物種演化，那麼不同文化的人表達基本情緒的方式應該很雷同，這些情緒包括快樂、恐懼、憤怒、厭惡、悲傷和驚訝。因此他在一八六七年提出一項問卷，發給五大洲的居民回答，其中許多人完全不熟悉歐洲文化[20]。問卷裡的問題包括：「你驚訝時會張大眼睛和嘴巴、挑高眉頭嗎？」達爾文根據回收的答案，下了結論：「全世界的人表達心境的方式相似得驚人。」然而達爾文提出的問題藏了太多暗示，讓結果產生偏差，因此他的研究就像許多早期的心理學理論一樣為人遺忘。當時的科學家認為，嬰兒會模仿身邊的照顧者和其他人，學習他們的臉部表情。然而近年來大量來自不同國家的研究結果，都顯示達爾文當初的理論是正確的[21]。

心理學家艾克曼（Paul Ekman）進行了一連串有名的實驗。在最早的實驗中，他們讓來自智利、阿根廷、巴西、美國和日本的受試者，觀看人類不同表情的照片[22]。接下來的幾年內，他和同事把同樣的照片展示給來自二十一個國家的受試者看，並且得到與達爾文同樣的結論，那就是：即使文化不同，各種表情代表的情緒仍非常類似。不過光靠這樣的結果，仍無法證明這些表情是天生的，或真的舉世皆同。那些相信「表情靠後天學習」的人認為，艾克曼的結果不具太大意義，因為該研究中不同文化的人民，搞不好都看過美國製作的「夢幻島」（Gilligan's Island）影集，或其他電影和電視節目。於是艾克曼便飛到新幾內亞，研究近代才被發現的孤立新石器部落[23]。當地原住民尚未發展出手寫語言，並且仍使用石器工具。他們只有少數人見過照片這個東西，更別提電影或電視了。艾克曼從中找了數百名從未接觸外界文化的受試者，並在翻譯人員的協助下，讓他們觀看一些照片，照片中的美國人露出代表一些基本情緒的表情。

研究結果顯示，這些原始人就跟其他二十一個文明國家的人一樣，善於辨識照片中美國人做出的表情，包括快樂、恐懼、憤怒、厭惡、悲傷和驚訝。科學家也設計了相反的實驗。他們請新幾內亞的原住民想像自己發現孩子喪命了，或找到一隻死了很久的豬等情境，然後拍下他們的表情。結果這些原住民的表情的確也非常容易辨識[24]。

人類一出生或出生後不久，就會做出臉部表情，也懂得察言觀色。科學家發現，小嬰兒會用跟大人一樣的臉部肌肉，做出大部分大人會做的表情。嬰兒也能區分別人的表情，並且像成人一樣，根據所見的表情來修改自己的行為[25]。這些不太可能是後天學來的。事實上，先天眼盲的幼童儘管從未看過別人皺眉或微笑，仍會自動做出與正常人相同的臉部表情[26]。人類的各種表情似乎是標準配備，有基本的模式。這些表情多是天生且無意識的，因此我們可以自然的表達感受，若要隱藏感覺，則得花上一番氣力。

☆

☆

☆

人類的肢體語言和非語言溝通，並不限於簡單的姿態和表達。人類的非語言系統非常複雜。就算毫不自覺，我們仍很習慣以非語言的方式與人溝通。就拿異性間的隨性互動為例，倘若一對情侶在電影院外排隊買票，此時有個男性問卷調查員走向那位女伴，我可以用曼哈頓電影院年票來打賭，只有少數男生會覺得沒有安全感，認為自己受到威脅。然而讓我們來看看這個實驗：研究人員在兩個暖秋的週末夜晚，到曼哈頓「中上階級」的街區進行實驗[27]。沒錯，受試者正是在排隊買票的情侶。

研究人員以兩人為一組。其中一人從不遠處仔細觀察，另一人則靠近情侶中的女生，問她是否願意回答幾個問題。有些女性被問到的是些較中立的問題，例如「你最喜歡哪個城市？為什麼？」有些則被問到比較私人的問題，例如「你最尷尬的童年回憶是什麼？」研究人員認為私人問題可能會讓她們的男伴受到威脅，也更容易侵犯他的個人空間。那麼這些男伴會如何回應呢？

若是雄性長鬃狒狒看到其他雄狒狒太靠近自己的女伴，會跟對方打起來[28]。不過這些受試者倒沒有做出任何明顯的挑釁動作，但的確發出了一些非語言的訊息。研究人員發現，當面試者不帶威脅（也就是由男性訪員問一些非私人問題，或訪員根本就是女性），那些男伴通常只會呆站一旁。但倘若訪員是男性，問的又是私人問題，男伴就會悄悄加入對話，並且發出一些所謂的連帶符號（tie-sign），也就是宣告他跟女伴有關係的非語言訊號。這類男性使用的煙霧信號，包括貼近女伴並直視她的眼睛，看著她與另一個男性互動。理論上，這些男性應該不會有意識的覺得自己必須挺身捍衛女友，免得他們的關係遭彬彬有禮的訪員從中破壞。然而儘管他們發出的連帶符號不像狒狒那樣，並不是直接往對方臉上揮拳，但他們的反應，仍顯示他們受到內在靈長類本能的驅使。

另一種更複雜的非語言「對話」，則與優勢有關。非人類靈長動物的階層關係其實十分精細，具有明確的階層，就跟人類的軍階一樣。你也許覺得奇怪，黑猩猩沒有漂亮的配章，怎麼知道該向誰敬禮呢？地位高的靈長動物會捶胸，利用聲音和其他訊號來顯示自己的高階。我在前文也提到，黑猩猩會用微笑來表示自己的卑微。牠們也會轉身彎腰，用屁股對著其他地位較高的黑猩猩。人類的確也會做這種動作，但經過漫長的演化，此舉代表的意義已然不同。

現代的人類社會有兩種優勢[29]。一種是肢體優勢，來自進行侵犯或發出侵犯的威脅。人類的肢體優勢有點類似非人類靈長動物，但表現的方式不同：畢竟黑猩猩在宣告優勢時，不太會像人類那樣，隨身帶著彈簧刀、點三五七麥格農手槍，或身穿緊身汗衫。然而人類還有另一種優勢型態：社會優勢。

社會優勢仰賴崇拜而非恐懼，靠的是社會成就，而非肢體上的本領。有些顯著的社會優勢（例如戴勞力士錶或開藍寶堅尼跑車），就跟黑猩猩捶胸的動作一樣簡單明瞭。但有些社會優勢則很隱晦，例如因為不願炫富，而出其不意的穿著破爛的平價牛仔褲和GAP舊襯衫，或拒絕穿戴任何上頭有品牌標籤的衣物飾品。（你們這些成天背著普拉達和LV包的傻瓜！）

交談時的眼神交會，透露出尊卑

就算不用屁股對著別人，或在肩上配戴軍徽，人類還是有很多方法可以向別人顯示：「我是老大，你不是。」人類就跟靈長動物一樣，會直視他人以彰顯自己的優勢[30]。舉例來說，倘若小孩受父母責備時望向別處，大人可能會說：「看著我，我在跟你講話！」我有時也會說這種話。然而人又不是用眼睛聽話，這種要求似乎沒有太多功能上的意義。但其實父母真正要求的是尊重，或以靈長類的術語來說，是優勢。大人真正想說的是：「注意！對我致敬。我是老大，所以我在講話時，你要看著我！」

我們也許沒發現，但這種注視遊戲的對象還不只我們的孩子，也包括了親友、上司和下屬。我們對皇后、總統、園丁、店員或派對上的陌生人，也都會玩這種遊戲。我們會依照與對方的相對社交地位，自動調整直視對方的時間，但我們往往毫不自覺[31]。這種說法乍聽之下也許有違常理，畢竟有些人會直視每個人，有些人則習慣看別處，無論對象是公司總裁還是在雜貨店順手偷雞腿肉的傢伙。凝視他人的行為，怎麼可能跟社交優勢有關呢？

然而重要的不是你看人的習慣，而是當你在聽眾和講者這兩個角色交替時，你會如何調整自己的行為。心理學家用一種簡單的數量模式來定義這些行為，得到了驚人的結果。

他們是這麼算的：用你「說話時直視對方的時間」，除以你「聆聽時直視同一對方的時間」得到的百分比。舉例來說，倘若無論在聽還是在說，你移開視線的時間長度都一樣，你得到的比率就是一．〇；倘若你說話時比聆聽時更常移開視線，你的比率就小於

一．〇；倘若你聆聽時比說話時更常移開視線，你的比率就大於一．〇。心理學家發現這個商數有很重要的統計意義。這個比率稱為「視覺優勢比率」（visual dominance ratio），可以反映你與談話對象的相對社交地位。當一個人的視覺優勢比率接近或大於一．〇，就表示他比對方更具有社交優勢。當一個人的比率小於一．〇，則表示他的優勢等級比較低。換句話說，倘若你的視覺優勢比率接近或大於一．〇，你可能就是對方的老大；倘若在〇．六左右，你也許就是下屬。

潛意識有許多奇妙的功能，也能完成眾多精采的任務，其中以這一項最讓我印象深刻。這些數據最讓人驚訝的地方，不只在於人會不自覺的依照自己的階級調整注視方式，還在於我們竟然時時刻刻都在這麼做，而且這些行為還能以數字精準計算。其中一筆數據是這樣的：大學儲備軍官彼此交談時，會得到一．〇六的比率，而當這些學生與長官交談，表現出的優勢比率則為〇．六一[32]。選修基礎心理學的大學生，若跟他們認為是不打算繼續升學的高三生交談，他們的優勢比率是〇．九二。然而他們若以為對象是主修化學的榮譽大學生，而且對方還申請到很好的醫學院，那他們表現出的優勢比率就變成了〇．五九[33]。男性專業人士跟女性討論共通領域的話題時，會表現出〇．九八的優勢，但倘若一般男性跟一位專業女性討論女方的專業，比率就變成〇．六一。專業女性對非專業男性的比率是一．〇四，而非專業女性對專業男性則是〇．五四[34]。前述實驗的對象都是美國人。不同國家的人也許會得到不同的數字，但整體現象應該是一致的。

既然無論國籍為何，人都會不自覺的偵測這些訊號，我們應該都可以有意識的看或不看交談對象，藉此調整自己的形象。舉例來說，當你應徵工作跟主管談話，或與生意對象協商時，適度保持低姿態也許可以帶來一些好處，但究竟要做到什麼程度，則視情況而定。倘若你應徵的職位需要好的領導能力，那麼姿態過低可能就不是好主意。然而倘若主試官看起來局促不安，那麼應徵者若能適度表現出討喜的順服態度，主試官可能會受到鼓舞，增加應徵者錄取的希望。一位成功的好萊塢經紀人曾告訴我，他會刻意只在電話裡協商，以免受對方目光的影響，或讓自己不小心洩漏情報。

當初我的父親被囚禁在德國布亨瓦德（Buchenwald）集中營時，就學到了簡單的注視會帶來什麼樣的力量和危險。他當初體重不到四十五公斤，形同行屍走肉。在集中營裡，倘若獄卒沒對你說話，你卻一直盯著他看，他可能會勃然大怒。若未經允許，低下的猶太人不該直接注視高等的德意志人。有時我想到人類和那些「低等靈長類」之間的區隔時，我會想起父親的經歷，以及分隔文明人類和其他畜生，那層薄薄的額葉組織。這些額外大腦組織的功能也許是能提升人類，有時卻不奏效。然而我父親也告訴我，用正確的方式注視某些警衛，對方可能會回以隻字片語，甚至些許好意。父親說那是因為目光接觸把身為囚徒的他提升到同為人類的等級。但我認為這種目光接觸所以引發警衛人性的反應，是因為它喚起了警衛自身的人性。

☆

☆

☆

現代人多住在擁擠的大城市裡。很多城市光是一個街區的人數，可能就相當於當初人類社會大改造時的全球人口。我們走在人行道，或摩肩擦踵的商場、建築，不用說什麼話，也不用看交通號誌，卻仍能不相撞，也不用爭執該讓誰先過。當我們跟完全不認識或沒有興趣的對象聊天，會自動站在彼此都能接受的距離。這種距離因人或文化而異，但我們通常會調整出彼此都覺得舒服的距離，不假思考，也無須隻字片語。（至少大部分人都會這麼做，不過我們都認識一些例外！）我們能在言談間自動察覺何時該停頓，好讓對方接話。我們準備讓別人發言時，通常會降低音量、拉長尾音、停下手勢，並看著對方[35]。這些技巧就跟心智理論一樣，可以幫助人類生存，讓我們得以在複雜的人類社會中立足。

非語言溝通形成的社交語言，往往比文字更豐富，也更基本。我們對非語言溝通的敏感度很高，光是與肢體語言有關的動作（也就是除去肢體本身），就能讓我們精準判斷當事人的情緒。舉例來說，科學家讓受試者在身上的關鍵部位戴上十來個小燈泡，或貼上夜光貼布，然後拍下影片，如次頁的圖[36]。攝影時周遭燈光昏暗，旁人只看得到貼布。在這些實驗中，受試者若站著靜止不動，貼布看起來就像一堆毫無意義的點。但

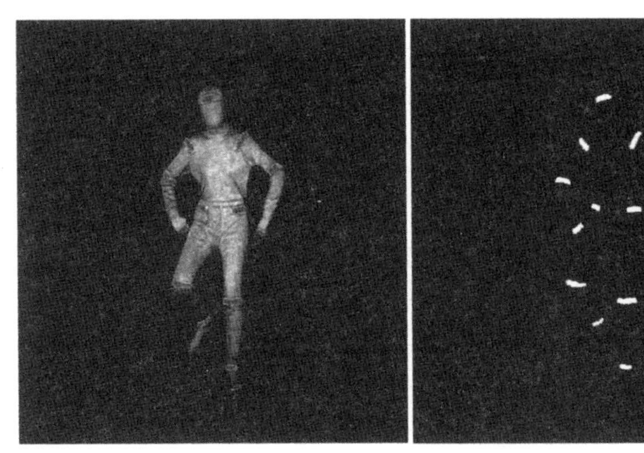
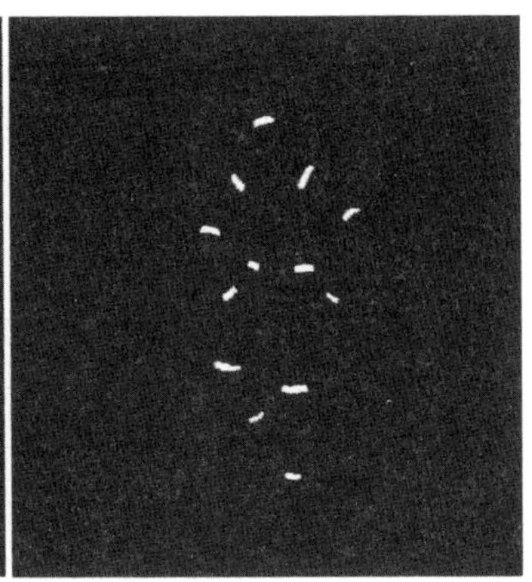

圖片來源：A. P. Atkinson. **取自** A. P. Atkinson **等人所著**“Emotion Perception from Dynamic and Static Body Expressions in Point-Light and Full-Light Displays” *Perception* 33, 724. Copyright 2004.

受試者若開始擺動身體，觀察者就能從燈光搖曳的方式，解讀出多得驚人的訊息。觀察者可以從受試者的步伐判斷出性別，甚至從中認出熟人的身分。當研究人員讓演員、默劇演員或舞者用動作表達基本情緒，觀察者可以輕而易舉的判斷出那些動作代表的情緒。

會察言觀色才有好人緣

到了上學的年紀，有些孩童約會滿檔，有些則整天一個人對著天花板丟濕紙團。就連對這麼小的孩子來說，若要順利與同儕來往，也要能細心察覺非語言訊號。舉例來說，一項實驗要求六十位幼稚園學童說出他們喜歡跟哪些同學一起聽故事、玩遊戲或畫畫。研究人員也同時讓這些學童觀看十二張照片，照片中的大人或小孩分別做出不同的表情，學童則要試著辨認這些表情代表的情緒。結果顯示，兩者很有關連。換句話說，研究人員發現孩童的人緣，與他們察言觀色的能力息息相關[37]。

對成人來說，非語言能力可以增進個人和生意關係的優勢，也會深深影響一個人顯現出的可親度[38]、信賴感[39]以及說服力[40]。你的史都叔叔也許是世上最和善的人，但他若成天滔滔不絕的談論他在哥斯大黎加觀察到的苔蘚，卻從沒發現聽眾臉上都快長蘚了，那麼可能不會有太多人想跟他來往。我們對他人思想、情緒的敏感度，可以幫助我們順利與人交往，減少摩擦。那些從小就懂得如何收發訊號的人，也比較容易形成自己的社交圈，並且達到他們想要的社交目的。

一九五〇年代早期，許多語言學家、人類學家和精神病學家都想用分類語言的方式，為非語言訊息分門別類。有一位人類學家甚至研發出一種翻譯系統，用符號代表所有可能的肢體運動，這樣就能把手勢當成演講詞般寫下來[41]。有些現代社會心理學家會把非語言溝通粗分為三種。一種是肢體語言，包括臉部表情、手勢、體態以及目光。第二種即所謂的副語言，包括聲音的特性和音調、停頓的頻率和長短，以及一些非語言的聲音，例如清喉嚨或類似「嗯」的聲音。第三種則是與他人保持的距離，即個人空間。

很多暢銷書都聲稱能教你解讀這些因子，以及如何應用這些知識，為自己爭取利益。這些作者會說，雙手抱胸代表你不贊成對方的言論，倘若你同意對方，你的手勢會比較開放，身體甚至會微微前傾。他們也會說肩膀向前代表厭惡、絕望或恐懼，而談話時與對方保持遠距離，則表示你的社交地位較低[42]。這些書籍含括了數不盡的技巧，儘管這些技巧的效力大多沒經過科學證實，不同姿勢的確可能影響他人對你的觀感，而了解這些指示，也可以幫助你有意識的理解原本只有潛意識才接收得到的訊息。

然而即使你的意識仍搞不明白，實際上你儲藏了大筆關於非語言訊號的資訊。下次你觀看你聽不懂的外語片時，不妨遮住字幕。你將會發現即使自己一個字都聽不懂，你還是能理解劇情，包準叫你大吃一驚。

第六章

怎麼說，比說什麼更重要

有時我們會全然接受眼睛所見，不假思索。

—— 推理小說家**切斯特頓**（G.K. Chesterton）

倘使你是男性，若被拿來跟燕八哥比較，多半不會覺得是恭維。這的確不是什麼讚美。要知道，雄燕八哥只會混水摸魚，既不會堅守地盤、照顧雛鳥，也不會帶支票（即科學家所謂的「資源」）回家。誠如一篇研究論文所說，在燕八哥的社會中，「母鳥幾乎無法從公鳥那兒得到什麼直接的好處」[1]。雄燕八哥顯然只擅長，也只想做一件事。然而牠們那方面的表現實在太優異了，讓母鳥至少在交配的季節裡，願意追求公鳥。

雄燕八哥的歌喉對多情的母燕八哥來說，就好比雕塑般的面孔或碩大的胸肌。既然鳥類無法用鳥喙堆出笑容，母鳥受到某隻公鳥的情歌吸引時，就會以誘人的鳥鳴回應，即所謂「啁啾聲」。這些母鳥就跟熱切的人類少女一樣，一旦相信其他母鳥都覺得某隻公鳥很迷人，就也會深受那隻公鳥吸引。事實上，假設母燕八哥在交配季以前聽到公鳥鳴叫的錄音，還伴隨著其他發情母鳥崇拜的啁啾聲，這隻母鳥會像所有冷靜父母要求的那樣，有獨立判斷的能力嗎？答案是否定的。交配季一到，這隻母鳥一聽到那隻公鳥鳴唱，就會自動回應，邀請公鳥與她交配。我憑什麼說這個反應是自動的，而不是母鳥為了邀請公鳥在她的黃金年華共享鳥食，而精心安排的策略？因為母鳥一聽到公鳥鳴唱，就會開始做出邀請交配的動作，即使鳥鳴不是真鳥所為，而是發自一台立體聲喇叭[2]。

人類的確也會做出一些低等動物的舉動，但至少肯定不會對著喇叭眉來眼去。應該不會吧？前文曾討論到，人就算有意隱瞞，仍會無意間表達出自己真正的想法和感受。但我們是否也會自動回應非語言的社交訊號？我們是否會像那些神魂顛倒的燕八哥一樣反應，就算邏輯和意識都在告訴我們，這些反應很不適當，也不受歡迎？

幾年前，史丹佛大學傳播系教授納斯（Clifford Nass）召集了數百位擅長操作電腦的學生，要他們坐在電腦前，並讓電腦播放預錄好的聲音[3]。學生被告知，這個實驗的目的，是要讓他們在電腦家教的輔導下，準備一次考試。課程主題從「大眾傳媒」到「愛與關係」都有。完成課程和測驗後，學生會從同一台電腦或其他電腦上收到成績評鑑。最後學生再填寫一份類似課程評鑑的表格，評比課程本身和電腦家教的表現。

納斯的用意並非提供關於「大眾傳媒」或「愛與關係」的課程。這些認真的學生其實都是納斯的「燕八哥」。他和同事做了一些實驗，仔細觀察學生，記錄他們對冰冷電腦的反應，看學生回應電腦語音的方式，是否彷彿電腦也擁有人類的感覺、動機，甚至有性別之分。當然，學生若撞到螢幕，不太可能會說「對不起」，畢竟這是有意識的回應，而他們一定意識到電腦不是人類。但納斯有興趣的是學生另一種層級的行為，不是學生刻意的表現，而是他所謂「自動及無意識」的社交舉止。

男聲女聲影響大

在其中一次的實驗中，研究人員讓一半的受試者接受男性電腦嗓音的輔導和評鑑，另一半受試者的電腦則發出女性嗓音。其他因子則毫無二異——男性嗓音的電腦提供的資訊和順序，都與女性嗓音的電腦相同，而兩種電腦對學生表現的評鑑也一模一樣。接下來在第七章我們會討論到，倘若輔導員是真人，學生對教師的評價可能會出現一些性別的刻板印象。舉例來說，人們都有種刻板印象，認為女性比男性更了解人際關係的議題。你若問女性，伴侶之間如何維持緊密的關係，你會預期她回答道：「要敞開心房溝通、互道心事。」拿同樣的問題詢問男性，你預期的答案則可能是：「啊？」研究結果顯示，就因為這種刻板印象，就算某個男性和某個女性同樣擅長這個議題，別人還是會覺得女性較能勝任。納斯想知道，學生會不會把這種性別刻板印象，投射在電腦上。

結果的確如此。跟輔導員是男性嗓音的學生比較起來，聽女性嗓音講授「愛與關係」的學生，認為他們的教師更有經驗、更博學，儘管這兩種電腦教授的課程內容完全一樣。但倘若講授的是性別中立的議題，例如大眾傳媒，那麼「男性電腦」和「女性電腦」則會得到同樣的成績。人們還有另一種不恰當的性別刻板印象，就是認為「剛強」在男性身上是有魅力的特質，換成女性卻變得不得體。的確，學生明顯更喜歡堅強的男性嗓音，而比較不喜歡堅強的女性嗓音，儘管男女嗓音說的話語都一模一樣。很明顯的，即使聲音來自電腦，跟男性比較起來，剛強的特質在女性身上更容易被解讀為傲慢或跋扈。

研究人員也想知道，人是否會把社會上對禮貌的標準，用在電腦上。舉例來說，若有人必須當面批評別人，他通常會稍作遲疑，或美化自己真正的想法。假設我問學生：「我剛剛談到牛羚隨機的覓食方式，你們喜歡這些討論嗎？」根據我的經驗，很多人會點點頭，有些人也會含糊應個幾聲。但不會有人坦白說：「牛羚？你剛剛那些無聊的演講，我一個字也沒聽進去。不過我一邊用筆電上網，一邊聽你那單調的嗡嗡聲當背景音樂，倒挺舒服的。」就連那些坐在前排，很明顯在用筆電上網的學生，也不會這麼直接。相反的，學生把這類批評留到匿名評鑑時才做。

那麼倘若要求學生評鑑的，是會說話的電腦呢？學生跟電腦「面對面」時，是否也會隱藏尖銳的批評？納斯和同事請一半的學生在授課的電腦上輸入課程評鑑，另一半的學生，則在發出不同嗓音的另一台電腦上評鑑。這些學生當然不會「有意識的」溫言婉語，以免傷到電腦的心——但你應該也猜到結果了，他們的確比較不願意「當面」批評電腦。換句話說，跟用不同電腦輸入的評鑑比起來，當他們直接在原電腦上評分時，會把教師評為更可親、更適任[4]。

你應該不會想在應徵工作時，提到你曾跟預錄的錄音發生社交關係。但這些學生就跟燕八哥一樣，把錄音視為同類般對待，即使電腦跟真人一點關係也沒有。很難相信嗎？受試學生的反應確實是如此。待實驗結束，研究人員也做出結論後，他們告訴學生這個實驗的真正目的，所有學生都自信滿滿，堅持自己從未把社交準則應用在電腦身上[5]。然而研究結果證實他們是錯的。我們的意識努力思考他人言語中的意義時，潛意識則忙著用其他條件評判說話者。人的聲音會與聆聽者在大腦深處產生聯繫，無論聲音的來源是真人與否。

⋆
⋆
⋆

我們花許多心思討論異性的長相，卻不太會留意他們的聲音。然而聲音對潛意識來說卻很重要。人屬（*Homo*）演化了好幾百萬年。大腦演化了數千、數百萬年，但人類文明社會存在的時間，也不過其中的百分之一。也就是說，我們雖然滿腦子二十一世紀的知識，頭顱內的器官仍停留在石器時代。我們也許自詡為文明動物，但人類大腦的設計，目的卻是要應付原始時期的挑戰。對鳥類和其他許多動物來說，聲音的功能，是為了完成一項重要的任務——交配，對人類亦然。接下來我們會談到，我們往往從某人的音調、語氣和抑揚頓挫中，察覺到許多複雜的訊息。但聲音對人類最重要的影響，可能相當於前述燕八哥的例子，因為人類女性也會受到男性嗓音中的某些特質吸引。

音調也是表情的一部分

女性偏好的男性特徵也許因人而異，有些喜歡蓄鬍、皮膚黝黑的男生，有些喜歡鬍子刮得乾乾淨淨的金髮男子，有些則可能喜歡任何開法拉利跑車的男生。然而若要她們評比一些她們聽得到、但看不到的男生，這些女性的偏好卻出奇相似：她們都覺得低沉的嗓音比較吸引人[6]。若要這些女性受試者猜測聲音主人的體格，她們往往認為聲音低沉的男子身材魁梧、胸毛濃密——這些通常都是性感的特質。

至於男性，科學家近來發現男性在面對可能的競爭者時，會不自覺的評估自己與對方的優勢等級，調整聲音的高低。參與試驗的是好幾百位二十幾歲的男生，每個人都被告知要與另一個男性競爭，爭取機會與身在隔壁房間的一位迷人女士共進午餐[7]。研究人員解釋，對手男性正在第三間房間。

參賽者以數位影像與女士溝通，但是只能用聲音和競爭的男子溝通，而看不到對方。其實那位女士和與參賽者競爭的男性是串通好的研究人員，手上也有一份寫好的劇本。每位男性都被要求以女士和競爭男性為對象，討論為何其他男子應該尊敬或崇拜他。他竭盡所能吹噓自己在籃球場上的表現、誇耀自己多有希望得諾貝爾獎，或仔細說明自己的蘆筍蛋餅食譜，然後實驗就結束了，而他則要填寫一份問卷，為自己、競爭者和那位女士評分。接著受試者就可以離開了。最後沒有任何人奪冠，唉呀真遺憾。

研究人員分析這些男性參賽者的錄音，並且檢查他們的問卷答案。其中一個問題是要參賽者評價自己跟競爭者相比的體型優勢。研究人員發現，受試者若相信自己較占肢體優勢（也就是比較有力、攻擊力較強），他們就會降低音調。倘若他們覺得自己處於劣勢，聲調則會上揚。對於這些調整，他們顯然毫不自知。

從演化的觀點來說，最有趣的地方在於女性在排卵期間，最受低沉男聲吸引[8]。此外，隨生殖週期改變的不只是女性對聲音的偏好，連她們自己的聲音（包括音調和流暢度）也是如此。研究結果指出，女性懷孕的機率愈大，她們的聲音對男性來說，就愈性感[9]。因此女性排卵的時候，男女雙方會特別受彼此的聲音吸引。從這個結果，我們可以推斷出明顯的結論，那就是人類的聲音可以變成一種潛意識的性廣告。女性排卵時，這些廣告會朝男女雙方亮燈，引誘我們上前按下「購買」鍵，此時我們不但最可能得到伴侶，還可能連帶得到一個小孩（至少不用事先付費）。

聲音低沈的男性子孫多

但仍有問題未解。為什麼低沉的嗓音會特別吸引女性？為何不是高亢、尖銳的聲音，或中等音域的聲音？這是自然的隨機選擇，還是因為低音與男性的生殖能力有關？如前文所述，女性會認為聲音低沉的男性，應該也身材魁梧、毛髮濃密、肌肉結實。但事實上這些性狀與聲音低沉幾乎完全沒有關係[10]。然而研究結果顯示，男性睪丸素含量的確與低沉嗓音有關，嗓音低沉的男性，體內這種男性荷爾蒙的濃度往往比較高[11]。

我們很難測試大自然的這個設計是否奏效（也就是睪丸素濃度高的男性，是否真能孕育更多後代）——由於現代的避孕措施，我們無法從男性的子女數量，推斷出他的生殖能力。但哈佛的一位人類學家和同事仍想出了解決之道。他們在二〇〇七年來到非洲，研究非洲哈扎人（Hadza）的聲音與家庭大小間的關係。哈扎人採一夫一妻制，靠狩獵及採集維生，人數大約一千人，居住在坦尚尼亞富產塊莖的熱帶稀樹林裡。哈扎族男性的男性特徵明顯，也從不採任何避孕措施。結果在這些熱帶草原裡，男低音果真戰勝了男高音。研究人員發現在這些部落中，女性的音調不影響生殖結果，但聲音低沉的男性，通常子女數也較多[12]。女性會受到低沉男音吸引，似乎的確有演化上的理由。因此倘若你是女性，又很想要一個大家庭的話，不妨遵照直覺，選一個像摩根費里曼（Morgan Freeman）那樣的對象。

☆　☆　☆

倘若你想讓員工滿意，與其對他說「我得縮減預算，最簡單的辦法就是給你最低薪資」，還不如這樣解釋：「我很重視你，因此我會盡可能幫你加薪。」然而無論你表達的內容如何，只要調整說話的語氣，就能達到前述兩種不同效果。因此有些人也許可以說些像「他喜歡邊嚼大葡萄邊划花式雪橇衝下山」，但還是給人博學多聞的感覺；有些人就算說的是「宇宙的大尺度幾何學，是取決於其內物質的密度」，聽起來仍像在發牢騷。你多有說服力，別人又如何看待你的心智狀態和性格，都深受你說話的方式影響，包括你的音頻、音色、音量、抑揚頓挫、說話速度，甚至控制音頻和音量的方式。

有時不是你的說話內容有問題

科學家研發了非常有趣的電腦工具，可以用來研究排除了內容的聲音，會如何影響他人。其中一個技術是以電子合成的方式打亂音節，讓字彙變得無法辨識。此外，他們也用高頻干擾，讓人無法正確辨識子音。藉由這兩種方法，說話內容變得讓人無法理解，只剩下話語本身的感覺。研究結果顯示，受試者聆聽過這類「毫無內容」的言談後，他們對講者的印象和感受到的情緒，無異於那些聆聽內容未經修改的受試者[13]。為什麼？因為當我們解析那些所謂語言的意義，我們的心智也同時在分析、評判那些與文字無關的語調，且深受影響。

在一項實驗中，科學家對數十人詢問兩個問題，然後錄下他們的回答[14]。其中一個問題與政治有關，另一個則比較私人：「你對大學錄取系統優待少數族群的看法為何？」以及「你倘若突然繼承了一大筆遺產，會怎麼處理？」接著研究人員利用電子合成的方式，把每個答案都改造成四種版本——把說話者的音調分別調高及調低百分之二十，速度分別調快及調慢百分之三十。合成後的錄音聽起來還是很自然，聲音特質也算正常。然而這些改變是否會影響聽者的觀感？

研究人員找來數十位自願者，讓他們評判這些錄音。他們隨機抽選原音或修正過的錄音，讓每個受試者聽到每位講者的其中一個版本。講者在每個版本中的答案都一樣，不同的只是聲音的特質，因此聽者對錄音的評價完全取決於語調，而非內容。結果顯示，聽者認為跟低頻的聲音相較，高頻的聲音較不真誠、不吸引人、沒有說服力，聽起來也比較緊張。此外，說話較慢的講者則被評為較不真誠、沒說服力，也比較被動。用「口若懸河」來形容俗氣的推銷員可能有點老套，但講話速度快，的確會讓你聽起來比較聰明，也比較有說服力。倘若兩個人講了一樣的話，但其中一人講得更快、更大聲、停頓較少、音量變化較大，聽者會覺得這個人更有活力、更博學且更聰明。豐富的表達方式，包括調整音調和音量、減少明顯的停頓，都能增加信賴感，讓別人覺得講者很聰明。其他研究也顯示人不但透過臉部表情，也透過聲音來表達基本情緒。舉例來說，聽者會憑直覺發現，聲音變低代表講者很傷心，聲音高揚則表示講者很生氣或很害怕[15]。

倘若聲音對個人印象的影響這麼深，有個很重要的問題就是，我們可以靠意識把聲音改變到什麼程度？就以瑪格麗特．希爾達．勞勃茲（Margaret Hilda Roberts）為例。勞勃茲在一九五九年當選為英國保守黨北倫敦的下議院議員。她野心勃勃，但同志都認為她的聲音會成為阻礙[16]。「她的聲音聽起來像是嚴厲的女老師，有點跋扈、嚇人。」她自己的公關顧問里斯（Gordon Reese）的形容更生動。他說她的高音「會讓正好飛過的麻雀送命」。儘管她的政治地位穩固了，她的嗓音卻成了一大弱點。勞勃茲於是採納了密友的建議，降低音頻以提高自己的社會優勢。我們無法確切得知這些改變究竟效果如何，但她後來的確發展得很好。一九七四年保守黨挫敗，瑪格麗特．柴契爾（她於一九五一年嫁給她那有錢的丈夫，丹尼斯．柴契爾）成為該黨領袖，最後成了英國首相。

☆
☆
☆

我高中時偶爾鼓起勇氣接近女孩，感覺都好像在問選擇題，而女生總是回答：「以上皆非。」後來我認清事實，那就是閒暇時會猛啃「非歐幾何」相關書籍的傢伙，不太可能成為校園裡的風雲人物。然而有一天我在圖書館找數學書，轉錯了個彎，撞見一本書，書名好像是《如何把妹》之類的。在那之前我還不曉得原來竟有這種主題的教戰手冊呢！當時我心中浮起一個問號：我會對這種書有興趣，不就代表這本書不可能達到它宣稱的目的嗎？一個不聊足球隊如何妙傳達陣，而整天談論時空扭曲理論的傢伙，會有達陣的一天嗎？這世上真有所謂的錦囊妙計嗎？

那本書強調，倘若有個女孩跟你不熟（這句話適用於當時全校的女生），被她拒絕約會沒什麼好難過的。相反的，你要忘掉那些無數拒絕過你的女生，鍥而不捨提出約會邀請。因為雖然機率不高，按照數學定律來說，好運總會出現。既然我一向奉數學定律為圭臬，也相信有志者事竟成，於是就採納了這個建議。雖然以統計學的角度來說，結果不算顯著，但數十年後我驚訝的發現，法國研究者做了一項研究，根本就是重複那本書提議的做法。他們用科學控制的條件試驗，得到了極具統計意義的結果。此外，讓我意外的是，他們還發現了一個可以增加成功機率的方法[17]，早知道的話，當初我可能就更吃得開了。

輕輕一碰，效果顯著

法國人有許多成就，搞不好有些還跟食物、酒或愛情無關。然而人人都認為法國人特別擅長談戀愛，而該法國研究團隊甚至以科學角度研究這個主題。場景發生在凡尼斯（Vannes），時間是在六月一個特別暖和的日子。凡尼斯位於法國西部，是布列塔尼西岸的一個中型城鎮。在那天裡，三位年輕法國帥哥在路上邊走邊隨機選擇二百四十個年輕女子，一一上前搭訕。他們對每位女孩都說一樣的話：「嗨，我叫安東尼。只想告訴妳，我覺得妳好漂亮。今天下午我得工作，但妳是否願意給我妳的電話號碼。我晚點打給妳，我們到哪兒一起喝一杯。」倘若女孩拒絕了，他們會說：「真可惜。今天算我運氣不好。祝妳有個美好的下午。」然後他們會再尋找下一個女孩。倘若女孩給了號碼，他們就會告訴對方，他們其實只是在做科學實驗，而根據科學家的說法，大部分女孩聽到這句話都只回以大笑。這個實驗的重點在於：搭訕其中一半女孩的時候，他們會瞬間輕碰女孩的前臂，對另一半的女孩則不加碰觸。

研究人員想知道，碰觸這些女孩，是否會增加帥哥的成功率。碰觸究竟是多重要的社交訊息？一天下來，這幾名年輕人蒐集了三十六個電話號碼。當他們不碰觸那些女孩，他們的成功率是百分之十；碰了以後成功率則為百分之二十。光是一秒內的輕觸，就讓他們受歡迎的程度增加了一倍。那些被碰觸的女孩，為什麼答應邀約的機率變成兩倍呢？難道她們會在心裡想：「這個叫安東尼的傢伙碰得好，也許我可以跟他去 Bar de l'Océan 酒吧喝瓶波爾多，一定會很好玩。」？我想應該不會。但在潛意識的層次上，碰觸似乎悄悄透露出關心和聯繫的訊息。

與非歐幾何不同，「碰觸學」顯然有許多實用之處[18]。舉例來說，有一項實驗含括了八位服務生和數百個餐廳客人。服務生受過訓練，會隨機抽選客人，然後在客人快吃完時碰一下客人的手臂，一邊問：「一切都好嗎？」沒被碰觸的客人，平均付了百分之十四．五的小費；客人若被碰觸，付出的小費則平均為百分之十七．五。另一項研究以吧台小費為對象的實驗，也得到一樣的結果。在另一個餐廳實驗中，客人的前臂若被服務生輕輕碰觸，有百分之六十的客人會採納服務生的意見，點選當日特餐，沒被碰觸的客人則只有百分之四十會這麼做。科學家也發現，碰觸也可以讓較多夜店女客接受邀舞、讓更多人同意簽名請願書、讓大學生冒著丟臉的風險，自願上台解答統計問題、讓商場裡的路人願意填問卷、讓超市客人購買試吃產品、讓協助認路的路人幫忙撿起問路者掉在地上的磁碟片。

你可能對此心存懷疑。畢竟有些人不太喜歡被陌生人碰觸。我剛剛提的這些實驗裡，的確可能有些受試者因此退縮，但碰觸的正面效應還是蓋過了負面效應。不過要記得，這些都是非常輕的碰觸，而非觸摸。事實上，後來研究人員向這些被碰觸的受試者報告實驗過程，通常只有三分之一以下的受試者意識到自己當初曾受碰觸[19]。

多碰幾下，關係更緊密

喜歡肢體接觸的人，做事是否更容易達到目的？目前尚無數據顯示那些喜歡偶爾對人摸頭的上司，管理起來是否真的更得心應手。然而二〇一〇年，加州大學柏克萊分校的研究人員發現一個案例，顯示擊掌慶祝確實可以促進團結。他們研究的是籃球這項運動。籃球比賽不但需要隊員隨時通力合作，也充斥了各種複雜的觸碰語言[20]。他們發現球員間擊拳、單手擊掌、胸撞胸、跳躍肩撞肩、擊胸、拍頭、抓頭、低空擊掌、雙手擊掌、半抱和團隊圍圈等動作，與隊員間合作的情況息息相關，例如把球傳給有空檔的隊友、用所謂「擋切」的戰術幫助隊友擺脫對方的防守，或放棄自我表現的機會，製造隊友得分。那些隊友間碰觸數目最多的球隊，往往默契最佳，也最常贏球。

觸碰是促進社交合作和團結的重要工具，人類甚至因此演化出特殊的生理途徑，可以把這些無意識的社交聯繫感，從皮膚傳送到大腦。科學家發現人類皮膚（特別是臉部和手臂的皮膚）有一種特殊的神經纖維，專門傳送社交碰觸帶來的愉悅感。這些神經纖維傳送訊號的速度太慢了，不足以擔負起一般觸覺的功能，也就是它無法幫助你判斷是什麼在碰你，並精準的告訴你受碰觸的位置[21]。「這些神經無法幫你判斷，你摸到的究竟是梨子還是浮石，被碰到的部位是臉頰還是下巴，」社會神經學先驅阿道夫（Ralph

Adolphs）說：「但這些神經纖維直通大腦中的腦島皮質等部位，而腦島皮質正與情緒有關[22]。」

對靈長動物學家而言，觸碰的重要性不令人意外。非人類靈長動物在理毛時會彼此仔細碰觸。雖然從表面上看來，理毛是衛生習慣，但動物若要保持清潔，一天只要花十分鐘左右梳理毛髮就夠了。相反的，有些動物卻每天花上數小時理毛[23]。為什麼？還記得前文提到的理毛派系嗎？非人類靈長動物會以社交理毛當維持社交關係的手段[24]。人類剛出生時，觸覺是發展最甚的感官。觸覺不但是一歲以下寶寶的基本溝通工具，也影響了人的一生[25]。

☆ ☆ ☆

一九六〇年九月二十六日晚間七點四十五分，民主黨總統候選人甘迺迪大步走進哥倫比亞廣播公司位於芝加哥市中心的WBBM電台[26]。他看起來神清氣爽、膚色古銅、身體強健。記者史密斯（Howard K. Smith）事後如此形容甘迺迪：「他就像準備好戴上桂冠的運動員。」羅傑斯（Ted Rogers）為甘迺迪的共和黨對手尼克森擔任電視顧問，他如此評論：「甘迺迪走進攝影棚時，我差點把他誤認為印第安酋長科奇斯。他的膚色就是這麼深。」

相反的，尼克森看起來很憔悴、臉色蒼白。他在甘迺迪威風凜凜進場的前十五分鐘抵達。這兩位候選人來到芝加哥進行第一次總統辯論。然而尼克森當時才因為膝蓋感染而入院過，身體也因此虛弱不堪。他無視於他人的勸告，不肯休息，繼續照著競選計畫在全國奔波，瘦了好幾公斤。他走出他的奧斯摩比車時，還頂著三十九度的高燒，但仍堅持自己可以上台辯論。倘若只從這位候選人當晚說的話來看，他那時的確頂得住。但辯論靠的不只是語言溝通，也包括了非語言溝通。

電視辯論，用聽的與用看的大不相同

當天的辯論議題包括了與共產黨的對立、農業問題、勞工問題，以及候選人的經歷。既然總統選舉是全國大事，辯論主題又牽涉到重要的哲學和實用議題，那麼真正要緊的，應該只是候選人所說的話，不是嗎？你會只因為候選人膝蓋感染、看起來很疲累，而把選票投給別人嗎？我們判斷一個人時，的確會受對方的聲音、觸碰、體態、臉部表情和表達方式影響。但我們會以個人風範來決定該選誰當總統嗎？

惠特（Don Hewitt）是哥倫比亞廣播公司的辯論會製作人，他一看尼克森憔悴的面容，心中馬上響起警鐘。他提議要兩位候選人接受化妝服務，但甘迺迪拒絕後，尼克森也拒絕了。尼克森的助理接著用藥妝店買來的懶漢蓋鬚粉（Lazy Shave），蓋住尼克森那出名濃密的「五點鐘陰影」鬍渣（譯注：形容男性鬍子長很快，早上才刮過，到下午五點就又長出來了）。甘迺迪的助理則在對手看不到的地方，幫甘迺迪做全套化妝。惠特敦促尼克森的電視顧問羅傑斯注意候選人的外觀，但羅傑斯認為他對候選人的樣貌很滿意。惠特接著向電視公司上級報告他的擔憂，他的上級也找羅傑斯討論，卻得到一樣的回應。

約有為數七千萬的民眾觀看這場辯論會。辯論結束後，有人聽到德州一位著名的共和黨員說：「那雜種害我們輸掉選舉了。」這個共和黨員很有立場說這句話，因為他是洛奇（Henry Lodge），尼克森的競選搭檔。選舉在六週後舉行，尼克森和洛奇以些微之差敗選，只差了六千七百萬票中的十一萬三千票，也就是每五百票中輸了不到一票。因此就算只有少部分人因為那場辯論會，而認為尼克森無法勝任總統一職，也足以顛覆選舉結果。

最有趣的一點是，雖然像洛奇這些觀眾都認為尼克森的表現糟糕透頂，不少其他共和黨要人的觀感卻全然不同。馬佐（Earl Mazo）就是其中一例。馬佐是《紐約先驅論壇報》國內政治版的特派員，也是尼克森的支持者。當時他和十一位州長及幕僚都在阿肯色州溫泉縣，參加「南方州長大會」，他們也一起出席了辯論會派對[27]。這些人都認為尼克森的表現傑出。他們的看法為何與洛奇如此迥異？當時他們都用收音機收聽辯論內容，因為阿肯色州的人要晚一個小時才看得到電視轉播。

馬佐談到廣播內容時說道：「跟甘迺迪那尖銳嗓音以及波士頓的哈佛口音比起來，尼克森低沉渾厚的聲音很有說服力，充滿自信和決心。」然而當電視轉播開始，馬佐和其他州長打開電視，重看第一個小時的轉播。馬佐完全改觀，並說：「在電視上，甘迺迪看起來更洗練、自制，也更堅定。」後來費城的廣告研究公司——辛德林格公司（Sindlinger & Co.）也得到同樣的分析結果。商業雜誌《廣播》（*Broadcasting*）有一篇文章指出研究顯示，在廣播聽眾中支持尼克森的比支持甘迺迪的多了一半。但觀賞電視轉播的人數更多，而其中比較多的觀眾支持甘迺迪。

辛德林格公司的研究結果沒有發表在科學期刊上，因此我們也無從得知細節，例如樣本數目，以及收音機聽眾和電視觀眾在統計上的差別。於是四十年來這件事就懸在那兒。直到二〇〇三年，一位科學家徵募一百七十一位明尼蘇達大學的暑期生，請他們為這場辯論會評分，其中有一半的學生從電視上觀看，另一半學生則只聽錄音[28]。這些學生比當時的民眾更適合擔任這項實驗的受試者，因為他們對兩位候選人沒有偏好，也不熟悉辯論內容。一九六〇年代的選民會對赫魯雪夫這個名字很有感觸。然而對現代學生來說，那聽起來只像曲棍球球員的名字。但無論如何，學生對這場辯論的印象，無異於四十年前的選民：跟收聽辯論的學生比較起來，觀看辯論的學生中，有比較多人認為甘迺迪表現較好。

☆

☆

☆

我們有時可能會像一九六〇年的美國選民那樣以貌取人。我們不只投票給政治候選人，也會挑選伴侶、朋友、修車技師、律師、醫生、牙醫、小販、員工、老闆。人的外表究竟會影響我們到什麼地步？我指的不是美醜，而是更細微的特徵，包括聰慧的印象，以及外顯的教養或能力。從實際的角度來說，選舉是研究外觀效應極好的主題，不但數據多，研究經費也非常充足。

在一項實驗中，一群加州的研究人員為幾個虛構的議員候選人，製作選舉傳單[29]。每張傳單列出了一位共和黨候選人，一位民主黨候選人。這些「候選人」其實都是研究人員雇用的模特兒，由他們提供黑白照來印製傳單。一半的模特兒看起來精明幹練，另一半則否。能不能幹的標準並不是研究人員自行決定的：他們事先另請自願者評比每位模特兒的外貌。研究人員接著製作了選舉傳單，每張傳單都包含一位外表能幹者，及一位外表不能幹者的個人照，目的是要研究候選人的風度是否會影響選票。

傳單上除了候選人的假名和照片外，也包含了許多其他資訊，包括候選人的黨派、教育程度、職業、政治經驗，以及三行政見。為了消除個人政黨偏好的效應，一半選民看到的傳單上，看起來比較能幹的候選人是共和黨員。另一半選民傳單上的能幹候選人則為民主黨員。理論上選民的抉擇，應該只受傳單上眾多資訊的影響。

研究人員找了大約兩百名左右的自願者扮演選民，並告訴他們印在傳單上的是真的候選人，所有資訊也是真的。研究人員也誤導自願者，讓他們相信實驗主旨，是要研究當所有候選人的資訊對等（如同宣傳單上的資訊）時，選民會如何抉擇。研究人員要自願者看過傳單以後，決定要把票投給誰。結果顯示「臉孔效應」非常強大：看起來比較體面的候選人，得票率平均為百分之五十九。以現代政治局勢的角度來看，這個比例堪稱是壓倒性的勝利。事實上，經濟大蕭條之後，只有一位總統候選人曾經如此大勝——詹森（Lyndon Johnson）總統曾在一九六四年贏得百分之六十一的選票，打敗高華德（Barry Goldwater）。當時高華德被描述為急於展開核戰的候選人。

研究人員接著又做了另一次實驗，過程很類似，但這次候選人照片是用不同的方式選出。第一次實驗的候選人都是男性，而且是由一群投票委員來決定他們的外表是否能幹。在第二次實驗中，候選人都是女性，她們都經評審評比為長相中立。接著研究人員讓一位好萊塢化妝師和攝影師合作，為每一位候選人創造出兩種版本的照片：一張看起來很能幹，一張看起來較不能幹。在這次虛構的選舉中，一位候選人的能幹照片，會跟另一位候選人不能幹的照片配對競選。結果顯示，候選人看起來比較像領袖時，民意調查會提升百分之十五。你若想了解此效應的強度，不妨參考最近一次加州議會選舉。在五十三個行政區中，這種程度的調幅足以顛覆其中十五個行政區的選舉結果。

我認為這些研究結果不但驚人，也發人深省。這些結果的意思是，候選人還沒來得及討論政見，選舉就算結束了，因為光憑外表，就足以讓某位候選人在起跑點勝出。如今的選舉牽涉了許多重要議題，但我們的選票竟如此受候選人長相的左右，實在讓人難以接受。這項研究有個明顯的爭議，就是其中包含的選舉是虛構的。也許能幹的外表可以讓候選人的票數驟增，但這些研究沒有探討這種偏好究竟可以多持久。當然，理論上倘若選民的政治偏好很強烈，他們的選擇應該不會輕易受候選人的外表左右。比較容易受影響的，應該是那些中間選民。然而這種現象是否足以影響真實世界的選舉結果？

二〇〇五年，普林斯頓大學的研究人員在二〇〇〇年、二〇〇二年和二〇〇四年的九十五場參議員競選和六百場眾議員競選中，蒐集了當選者及最高票落選者的黑白大頭照[30]。接著找來一群自願者，要他們很快的瞄一眼候選人的照片，並依此評比每位候選人的能力。自願者若認出任何候選人的臉，這筆數據就要刪除。這次研究的結果十分驚人：那些自願者認為比較有能力的候選人，有百分之七十二當初贏了參議員競選，以及有百分之六十七贏了眾議員競選，當選率比加州實驗的研究結果更高。二〇〇六年，科學家做了另一項更驚人（仔細想想，也更讓人沮喪）的研究。他們在選前就針對候選人的長相做了評估，並依此預測選舉結果。預測結果非常精準：那些被評為看起來更能幹的候選人，有百分之六十九贏得州長選舉，以及百分之七十二贏得參議員選舉。

我這麼巨細靡遺的描述這些政治研究，不但是因為這些主題本身很重要，也是因為，誠如前文所述，這些研究可以反映更廣泛的社交互動情況。我們高中選班長的時候，可能是依長相選擇。我們也許以為自己已經脫離這些原始本性了，然而要擺脫潛意識的影響，仍不容易。

達爾文在自傳中提到，當初他幾乎因為他的長相，特別是鼻子的模樣，而無法登上小獵犬號，完成那次歷史性的航行。他的鼻子很大，形狀有點像球根[31]。達爾文後來說了一段很滑稽的話，他用自己的鼻子做為「智慧設計論」（上帝創造論）的反證：「你老實說……難道你真心相信，我的鼻子會是某種智慧設計出來的嗎[32]？」小獵犬號的船長不想讓達爾文登船，因為他深信一個人的鼻子形狀，反映了那個人的個性。他認為像達爾文這種人不可能「擁有航行所需的精力和決心」。當然，達爾文後來還是受雇用了。至於那位船長，達爾文後來寫道：「我想船長事後應該很高興，他根據我的鼻子做的猜想畢竟沒有靈驗。」

☆　☆　☆

在「綠野仙蹤」的結尾，陶樂絲和同伴走近大巫師，交給他西方壞女巫的掃帚。當巫師用震耳欲聾、充滿威嚴的聲音說話，他們只看到煙霧、火和巫師飄浮在空中的臉，被巫師的聲音嚇得全身顫抖。接著陶樂絲的小狗托托鑽到帷幔後方，大家才發現原來凶惡的巫師不過是普通人，他對著麥克風講話、靠控制桿和旋轉鈕來播放煙火。巫師關上帷幔，並警告：「別管幕後的那個人。」但他的把戲已經遭揭穿了。陶樂絲發現原來巫師不過是個老好人。

每個人背後都躲著一位女性或男性。在社交互動中，我們開始親近某些人，也許是朋友、鄰居、家人或家裡的狗（不過貓則免談）。他們願意讓我們拉開帷幔一探究竟。但大部分人都不會讓我們這麼做，人們初次見面時，通常都會緊閉帷幔。因此我們便靠一些外表特質，包括聲音、臉孔、表情、姿勢，以及前述其他非語言特徵，來評判他人——也許是工作場合的好人或討厭鬼、我們的鄰居、醫生、孩子的學校老師，以及我們支持、反對或根本懶得理睬的政治候選人。

每天我們與人相遇，並在心中如此評判：「我相信我的保母」、「這律師很專業」、「那傢伙看起來像是那種會跟我倚著燭光、輕撫我的背，然後一邊吟誦莎翁十四行詩的男生」。應徵工作時，你握手的方式可能就會決定你是否會被錄用。倘若你是店員，你與人視線接觸的程度，可能也會決定客人是否滿意。倘若你是醫生，你說話的聲調不但會影響病患對看診的印象，也會決定出事時他們是否提出告訴。

人類的意識理解也許優於燕八哥，但內心深處我們其實就跟這些鳥類一樣，也會繞過邏輯意識的判斷，直接回應非語言訊息。所謂「流露人性」意思就是心存慈悲。其他語言也有類似的說法，例如德文裡的「ein Mensch sein」。我們總會不自覺的感受到他人的情緒和意圖，這是人類的天性。我們的大腦天生就內建了這種能力，想關也關不起來。

第七章

就是忍不住要分門別類貼標籤

倘若我們把眼前所見的每一件事物、接收到的每一個視覺訊號，
全都個別處理，而且每次睜開雙眼都要重新定義這些訊號、
尋找關聯，我們早暈頭轉向了。
——心理學家**克萊恩**（Gary Klein）

倘若你對某人唸出十或二十件超市買得到的雜貨，他只能記住其中幾樣。倘若你多複述幾次，他的記憶會變好一些。但最有效的方法，就是把物件分門別類，例如蔬菜、水果和穀類。研究顯示，額葉裡有些神經會對類別產生反應，而這個練習正好可以說明原因：我們的大腦利用分類來提高資訊處理的效率[1]。還記得那個擁有完美記憶，卻因此無法認人的史洛歇夫斯嗎？在他記憶中，每個人都有好幾張臉：從不同角度、在不同燈光下、擁有不同程度不同情緒的眾多臉孔。於是他大腦中的臉孔百科全書變得異常厚重，很難搜尋，他也很難比對新舊臉孔、加以辨識（而這正是分類的宗旨）。

我們在世上遇見的人事物都獨一無二，但若如此看待事物，我們恐怕會無法生存。我們既沒有時間，也沒有足夠的腦力頻寬，可以一一觀察、考慮生活中的大小環節。相反的，我們會觀察物體的重要特徵，分門別類，然後再以類別評估該物體，而非直接評估物體本身。只要能維持這些類別，我們就能加速對外界的反應。倘若人類沒有演化出這種策略，只能單獨處理每一件事物，我們可能還在一邊思索：「眼前這隻毛茸茸的動物，是不是跟吃掉鮑伯叔叔的那隻熊一樣危險？」就被熊一口吞進肚了。然而相反的，一旦我們目睹親戚遭一群熊吃掉的畫面，這種生物會從此被冠上惡名。於是多虧了類別思考的能力，我們看到一隻獠牙大毛怪時，不會楞在原地蒐集更多情報，而會憑直覺自動察覺危機，並遠離現場。同樣的，我們看過幾把椅子後，就會假設當一個物體有四隻腳加上靠背，那件物體就是讓人坐在上頭的；當我們看到前方車輛正在蛇行，我們也會立刻判斷，知道最好與前車保持距離。

用這種籠統的方式看待「熊」、「椅子」和「蛇行駕駛」，可以幫助我們快速、有效的勘查環境。我們會先辨識物體大致的重要性，而後再單獨考慮物體本身。分門別類是人類的重要心智程序，我們隨時都在這麼做。就連你閱讀本書的能力，都仰賴你的分類技能：要能閱讀，你必須能辨識類似符號的差別（例如b和d），同時又要能認出看似不同的符號（例如b、**b**、*b*和*b*），其實代表的是同一個字母。

什麼歸於同類，什麼又不屬同類

為物體分類並不容易，所以這些字看起來才會這麼難讀。撇開字型不談，我們很容易低估分類的複雜度，因為這些動作我們一向做得輕鬆寫意。舉例來說，想到食物，我們馬上會把蘋果和香蕉放在同一類別（也就是水果類），儘管這兩種食物外觀迥異。然而我們卻會把蘋果和紅色撞球分在不同類別，雖然兩者明明看起來就很相似。流浪貓和臘腸狗也許都是棕色的，形狀大小也很類似，而英國古代牧羊犬的外觀則與這兩者天差地別——又大又白，全身毛茸茸的。然而就連小孩也知道，流浪貓是貓科動物，而臘腸狗和牧羊犬是犬科動物。這種分門別類的能力有多複雜？這麼說好了：直到幾年前，電腦專家才終於設計出一種視覺系統，可以辨識貓、狗的不同。

如前例所述，人類分門別類的主要方式之一，是要先凸顯物體間的某些差異（例如

b和d的方向，或如動物的鬚毛），但又要低估某些關聯（例如b和*b*的線條曲線，或動物的毛色）。然而這種推論也可以反向進行。倘若我們推論幾個特定物件屬於同類，另一組物件又屬另一類，那麼在我們眼裡，同類物件之間可能會比實際情況還更相似。單是把某些物件歸在同一組，可能就會影響我們對該物件的判斷。因此儘管分門別類的能力，是自然而重要的捷徑，但它就跟大腦的其他存活策略一樣，也有一些缺點。

類別影響判斷

類別會扭曲我們的感官。在早期探討此現象的一個簡單實驗中，研究人員要求受試者估計八條線段的長度。其中最長的線比第二長的線還長了百分之五，第二條則又比第三條長百分之五，以此類推。研究人員要求一半的受試者估計每條線有幾公分長。但在讓另一半受試者估算長度之前，他們先把線段分為兩組——最長的四條線是「A組」，比較短的四條線則為「B組」。實驗結果顯示，線段分組後，受試者對線段的看法也變了。他們會認為同組線段的長度，比實際情況更接近，而不同組的線段長度差距，則比實際情況更大[2]。

許多其他同類型實驗也得到了相似的結果。在其中一個實驗中，受試者評判的不是長度，而是顏色：讓這些自願者看不同色彩的字母和數字，然後要求他們評比這些字「有多紅」。跟不分類的字比起來，若最紅的幾個樣本分為一組，受試者會認為同組內的字，比別組字的顏色更接近[3]。在另一項研究中，研究者詢問某個城市的居民，要他們估計六月一日與六月三十日的溫差，他們往往會低估數值；但倘若問的是六月十五日和七月十五日之間的溫差，受試者卻又高估了[4]。月份是人為的記日方式，而這種分類會扭曲我們的感覺：我們會覺得同月份裡的兩天，比不同月份的兩天更類似，就算其實間隔的日子一模一樣。

在前述所有的例子裡，類別都讓我們走向極端。當事物被隨意歸為一類，這些事物看起來會比實際上更相似；歸為不同類時，看起來則比實際上更不同。我們的潛意識會把這些模糊的差異和細微的不同，轉化為明確的區別，目的是在於排除不重要的細節，留下真正重要的資訊。只要能成功做到這一點，我們就能簡化環境因子，更輕鬆、快速的穿梭其間。倘若分類不適當，我們的感官就會扭曲，有時會傷到別人，甚至傷到自己。而把這種分類習慣套用在他人身上，結果也是一樣——於是在我們眼中，那些某個診所裡的醫生、某家律師事務所裡的律師、某個球隊的球迷、某個種族或人種的人，都會變得比實際上更相似。

☆ ☆ ☆

一位加州律師曾寫下一個薩爾瓦多年輕人的遭遇。這年輕人在鄉下一家製造盒子的工廠上班，他是唯一一個非白人的員工。老闆不願讓他升遷，甚至以他會習慣性遲到、「個性又隨便」的理由開除他。年輕人聲稱其他人也會遲到，但老闆完全不在意。他說，老闆似乎覺得其他人遲到，可能是因為家裡有人生病、孩子出了狀況，或車子壞掉了。但他一遲到，馬上就歸咎於他懶惰的性格。他認為自己的缺點被放大了，貢獻卻不受認可。我們永遠無法得知，他的雇主是否真的忽略了這個薩爾瓦多人的個人特質，直接把他歸類為「西班牙裔」，並以刻板印象解讀他的言行。雇主當然不承認這項控訴，他補充說：「就算馬提歐是墨西哥人，對我來說也沒任何差別。我幾乎沒注意到[5]。」

「刻板印象」（stereotype）一詞，由法國印刷商迪多（Firmin Didot）於一七九四年首創[6]，是指一種印刷方法，即利用類似餅乾模的模具，製造出手工排字的金屬板複本。有了這些複製版，就可以一口氣印出很多報紙和書籍，以便大量製造。這個名詞的現代用法，源自一九二二年里普曼（Walter Lippmann, 1889-1974）所著的《民意》（*Public Opinion*）一書。里普曼是一位聰明的美國記者，他在書中詳細分析了現代民主，以及民意對民主進展的影響。他關心如今選民面對的議題愈來愈複雜，以及選民看待這些議題方式的變化。他特別憂心大眾傳媒扮演的角色。里普曼在書中的陳述，聽起來就彷彿從近代分類心理學的學術文章抽出來的段落：「真正的環境實在太龐大、太複雜了，瞬息萬變，讓人無法直接理解……雖然我們必須在這種環境下生存，我們還是得先把它重建成更簡單的模式，才應付得來[7]。」而這種更簡單的模式，就是他所謂的刻版印象。

里普曼認為這些刻板印象來自民眾接觸到的文化。在他那個年代，報紙、雜誌，以及電影這種新媒體開始大量流通，散布各種思想和資訊，影響的深度和廣度前所未及。這些傳媒讓民眾開始接觸到來自全球的各種體驗，然而這些資訊卻不一定正確。電影尤其如此。電影可以生動描繪人生，但往往充斥著制式、誇張的模仿。事實上，在電影發展早期，製作人常到街上尋找電影所需的「角色演員」，通常是些好認的社會階級。與里普曼同期的德國心理學家繆斯特貝格（請見第84頁）就曾寫道：「倘若製作人想找得意的胖酒保、謙遜的猶太小販，或義大利肉販，他不需要仰賴假髮或化妝；只要到紐約東區，就找得到現成的了。」定型角色方便好用（如今亦然），觀眾一眼就認得出來，而且這些角色也會誇大他們所屬類別的特性。歷史學家伊莉莎白・艾文（Elizabeth Ewen）和史都華・艾文（Stuart Ewen）曾說：「里普曼注意到社會觀感和印刷過程的雷同之處，兩者都可以無限制的製造出完全相同的印象。這一點正是現代社會的最大特徵。」[8]

種族、宗教、性別和國籍是最常見的分類類別，但除此以外，還有很多其他的分類方式。我們可能都曾把運動員歸為一類，或把銀行家歸為一類。就跟許多人一樣，我們會根據他人的職業、外表、膚色、教育程度、年紀、髮色甚至開什麼車，來類別對方。十六、十七世紀的某些學者，甚至把人以其最神似的動物分類，次頁圖就是一例。此圖出於義大利人波爾塔（Giambattista della Porta）一五八六年的著作《人的面相學》（*De Humana Physiognomonia*），這是一本描繪人類特徵的實用指南[9]。

人像，以與其相似的動物來別類。
圖片來源：National Library of Medicine

有個更近代的案例，足以說明人會以外表把他人歸類。場景發生在美國愛荷華州一家大型折扣百貨公司。在某個午後，有位一臉鬍渣的男性，穿著覆滿泥巴和補釘的藍色牛仔褲，以及藍色的工人襯衫。他把服飾部的一個小商品塞進外套口袋，走道上的一個客人正好撞見此舉。不久後，又出現一位儀容整潔的男子，穿著西裝褲、運動衫，還繫了領帶。他做了一模一樣的事，鄰近的另一個客人也看見了。同樣的事件在那天一再重演，直到晚上共發生了五十幾次，在鄰近的商店也上演了一百多次。簡直就像扒手組團席捲而來，搜盡鎮上所有的便宜襪子和低俗領帶。但這不是全國神偷節的戲碼，而是兩位社會心理學家做的實驗[10]。他們在店家的合作下展開實驗，目的是要研究旁觀者的反應，是否受到違規者的社會類別影響。

我不認識你，但我的潛意識會幫你貼標籤

這些扒手都是研究人員找來的同夥。他們順手牽羊後，馬上就走到聽不到顧客說話的地方，但仍留在顧客的視線內。此時另一位研究人員的同夥就穿著店員制服，走到顧客身邊，開始整理架上的商品。這讓顧客可以輕易舉報犯罪。這些顧客看到的是一樣的行為，但反應卻不一致。跟看到扒手衣衫襤褸的客人相較之下，那些看到扒手穿著體面的客人，舉報犯罪的人數明顯較少。更有趣的是，客人向店員告發時的不同態度。他們對事件的描述，跟實際目睹的景象頗有出入——他們腦海裡的扒手形象，不但受到扒手

舉止的影響，也取決於扒手外表的社會類別。舉報那些穿戴整潔的扒手時，他們的態度通常比較遲疑；然而當顧客提到那些穿著邋遢的罪犯，卻往往加油添醋的說些「那混球剛剛把某個東西塞進外套口袋裡了」之類的描述。不體面的外貌對顧客來說，似乎就是信號，顯示扒手一定有罪，而他的本性就像衣服一樣汙穢。

我們都認為自己會把每個人都視為個體，予以評價，有時我們也有意識的盡力以個人特徵評斷他人。這些努力通常都會成功。然而面對不熟的人時，我們的心智可能就會以社會類別將對方歸類，以為評斷。前文曾提及大腦如何填補視覺資訊的空隙，例如填補視神經連結視網膜的盲點。我也曾提及大腦如何填補聽覺的空隙，例如填上「州長與聚集在華府的州議員會面」這句話裡被咳嗽聲蓋過的一、兩個音節。此外，就如前文所述，雖然我們只能記住事件的大綱，大腦仍能自動填補記憶的細節。因此就算我們只能記得臉孔的輪廓，大腦還是可以提供生動、完整的面貌。在這些情況下，我們的潛意識會利用各種線索補足不完整的資訊，憑經驗猜測，得到的結果有時精準，有時則否，但總是令人信服。評判他人時，我們的心智也會填補空缺，並參考對方的類別。

科學家逐漸領悟，因為類別而產生的偏差觀感，正是偏見的源頭。這個發現要歸功於泰弗爾（Henri Tajfel），也就是前述線段長度實驗的主導人。泰弗爾是波蘭商人之子，若非當初被歸類在某個特定的社會類別，他後來可能就成為默默無聞的化學家，而非社會心理學的先驅了。泰弗爾是猶太人，在當時的波蘭，這個類別意謂著他無權上大學。

於是他就搬到巴黎定居，主修化學，但他一點兒也不喜歡這個科目。他比較喜歡派對，或照同事的講法：「他喜歡享受法國文化和巴黎人生[11]。」然而第二次世界大戰終結了他的享樂。一九三九年十一月，他加入了法國軍隊。他後來淪落到更不愉快的地方：德國集中營。泰弗爾在那兒體驗到，當社會類別發揮到極致，會是什麼情景。他後來說，這段經歷讓他投入了社會心理學的領域。

德軍下令徹查泰弗爾隸屬的社會類別。他是法國人嗎？是法國猶太人？還是其他地方的猶太人？納粹軍不把猶太人當人看待，但仍依照血統區分猶太人，做法就彷彿釀酒人區分葡萄酒出自哪個葡萄園。若是法國人，就當敵人看待。若是法國猶太人，就當動物看待。若承認自己是波蘭猶太人，則會被立即處死。泰弗爾後來提到，無論他的個人特性為何，或與德軍關係如何，一旦真實身分被揭穿，波蘭猶太人的身分就會決定他的命運[12]。然而說謊也有說謊的風險。因此他決定從眾多汙名中挑選一個比較中間的選項：接下來的四年內，他都假裝自己是法國猶太人[13]。

泰弗爾在一九四五年獲釋，並且照他的說法，於同年五月「跟著數百人一起搭乘特別列車來到巴黎的奧賽車站……我很快就知道我在一九三九年認識的那些人，包括我的家人，幾乎無一倖存[14]。」接下來的六年，泰弗爾都在服務難民，特別是兒童與青少年。這段時間他不斷思索類別思考、刻板印象和偏見之間的關係。心理學家羅賓森（William Peter Robinson）認為，今日學者對這些議題的認識，「都受到泰弗爾的理論和其直接的研究經驗影響，幾乎無一例外[15]。」

很可惜的，就如同許多先驅者的遭遇，很多年後，心理學家才開始重視泰弗爾提出的見解。甚至到了一九八〇年代，許多心理學家仍主張歧視是有意識、刻意的行為，而非源於無可避免的正常認知程序（這種程序與大腦著重分類的傾向有關）[16]。然而一九九八年，三位華盛頓大學的學者在一篇論文提出確鑿證據，證明潛意識（或內在）的刻板印象是一種原則，而非例外[17]。他們在論文中提出一種電腦化的工具，稱為內隱聯結測驗（Implicit Association Test，簡稱ＩＡＴ），後來成為社會心理學家的標準工具，用以測量個人將社會類別與特性連結的不自覺反應。

☆ ☆ ☆

發明內隱聯結測驗的研究人員，在論文中請讀者「做一個假想實驗」。假設你會看到一連串男性與女性的親屬稱謂，例如「哥哥」或「阿姨」。看到男性親屬時你要說「哈囉」，看到女性親屬則說「再見」。（若採用電腦測驗，螢幕上會出現名字，你則按鍵盤回應）。重點是要盡快回答，也盡量不要出錯。大部分人都覺得這個測驗很容易，很快就做完了。接下來，研究人員會要求你重複實驗，但這次用的不是親屬稱謂，而是男生和女生的名字，例如「迪克」或「珍」，而且這些名字代表的性別都非常清楚。這個實驗你還是可以快速完成。但這只是起頭而已。

測試出你腦袋裡的內建分類模式

真正的實驗要開始了：第一階段，你會看到名字或親屬稱謂。看到男性名字和親屬稱謂時，要說「哈囉」，看到女性名字和親屬稱謂時，則說「再見」。這個實驗比之前的稍難些，但也不至於太費勁。重要的是你每次選擇所花的時間。試試看下列字串，並說「哈囉」或「再見」。倘若你怕周遭的親戚會被你嚇到，不妨對自己輕聲說。（哈囉＝「男性名字」或「男性親屬」；再見＝「女性名字」和「女性親屬」）：

約翰、瓊安、哥哥、孫女、蓓絲、女兒、麥可、姪女、理查、倫納德、兒子、阿姨、祖父、布萊恩、唐娜、爸爸、媽媽、孫子、蓋瑞、凱西。

接下來是第二階段的實驗。你一樣會看到一串名字和親屬稱謂，但這次你看到「男性名字」或「女性親屬」時，要說「哈囉」；看到「女性名字」和「男性親屬」時，則說「再見」。和前述實驗一樣，重點是你花多少時間選擇。試試看。（哈囉＝「男性名字」或「女性親屬」；再見＝「女性名字」和「男性親屬」）：

約翰、瓊安、哥哥、孫女、蓓絲、女兒、麥可、姪女、理查、倫納德、兒子、阿姨、祖父、布萊恩、唐娜、爸爸、媽媽、孫子、蓋瑞、凱西。

第二階段的反應時間通常比第一階段久得多。第一階段通常每個詞會花 1/2 秒反應，第二階段每個詞則要花 3/4 秒反應。我們不妨以分類的角度來看待這個測驗，就能了解造成前述現象的原因。研究人員要求你考慮四種類別：男性名稱、男性親屬、女性名稱、女性親屬。但這些類別並非互無關聯。男性名稱和男性親屬有關——都指男性。同樣的，女性名字和女性親屬也有關。

第一階段的實驗中，你歸類四種類別的方式，符合兩個類別間的關聯——也就是把男性歸為一類，女性歸為一類。然而在第二階段的實驗，你必須忽略這些關聯，同樣是男性，若是姓名要算一類，若是親屬又要算另一類。同樣的，換成是女性，名字和親屬也要分成不同類。這個程序很複雜，會占用許多心智資源，使你的反應變慢。

這就是內隱聯結測驗的重點：「倘若你是照心理聯想的方式歸類，你的速度會很快。但倘若歸類方式與聯想混雜在一起，你的速度就變慢了。」因此研究人員可以藉由測量受試者兩個階段分類速度的差別，研究他們把社會類別與聯想混雜在一起的傾向有多強烈。

舉例來說，假設測驗中出現的詞不是男性和女性親屬，而是與科學或藝術的相關術語。倘若你心裡沒有把男性與科學連結、女性與藝術連結，這兩種測驗對你來說就不會有太大差別：一、看到男性名字和科學術語要說「哈囉」、看到女性名字和藝術術語要說「再見」，或二、看到男性名字和藝術術語要說「哈囉」、女性名字和科學術語要說「再見」。因此一、二兩個階段的測驗結果就會差不多。但倘若在你心中（大部分人也都會這麼想），女性與藝術、男性與科學的連結很強，那麼這個測驗的結果，就會跟原本實驗（包含男女親屬和男女名字）的結果相似，也就是第一階段實驗和第二階段實驗的反應時間會差很多。

你從不知道自己這樣想

研究人員重複了類似的實驗，結果非常驚人。舉例來說，研究顯示有一半的民眾都持有強烈或中等的偏見，認為男性與科學有關，女性則與藝術有關，儘管他們不一定察覺得到自己的這種偏見。事實上，內隱聯結測驗的結果，顯然與外顯或意識的性別偏見測量（例如自陳量表及態度問卷）幾無相關。

研究人員也做過其他相似的實驗，讓受試者觀看白人的臉、黑人的臉、含有敵意的字眼（例如糟糕、失敗、邪惡、下流等等），以及正面字眼（例如和平、喜樂、愛、快樂等等）。倘若你抱有認同白人、不喜歡黑人的態度，對於把正面字眼與黑人影像連結、惡意字眼與白人影像連結，所費的反應時間必定長於把黑人與惡意字眼連結時。接受這個測驗的受試者，有百分之七十的人有這種認同白人的傾向，其中許多人知道自己的這種態度後，都非常震驚。甚至很多黑人都在內隱聯結測驗中，不自覺的顯現了自己對白人的認同。當你身處的社會隱藏了這種對非裔美國人的負面偏見，這類傾向實在很難避免。

雖然你以為自己評估他人時，都很理性、謹慎，但這個過程其實十分仰賴無意識的自動程序——也就是由腹內側前額葉皮質（ventromedial prefrontal cortex，簡稱VMPC）負責的情緒調節程序。事實上，研究顯示VMPC若受損，我們潛意識的性別刻板印象也會隨之消失[18]。

誠如里普曼所說，我們的心智會接受社會定義的類別，無可避免，這些類別思想充斥在新聞、電視節目、電影以及所有的文化型態中。既然我們的大腦會自動分類，我們的行動幾乎無法不受這些類別特性的影響。但也別急著把VMPC消除術納入公司的管理訓練課程。不要忘了，就算劃分類別的對象是人類，我們也應該對這種分類的習性感到慶幸。畢竟有了這種能力，我們才能辨識公車駕駛和乘客、店員和顧客、接待員和醫生、領班和侍者，以及其他陌生人的身分。若非如此，我們每次遇到不認識的人，就得停下來，有意識的釐清對方的角色。

真正的挑戰，不是要如何停止分類，而是在我們開始分類時有所自知，以免這些程序蒙蔽了我們識人的能力。

☆ ☆ ☆

心理學家奧波特（Gordon Allport）曾寫道，類別本身富含「固有觀念和對應的情緒。[19]」為了證明這點，他引用了一九四八年一位社會學家所做的實驗。這位社會學家寫信給一百家在假日期間登報廣告的渡假中心[20]。每一家他都各寄兩封信，預約同時間的房間。他在一封信上屬名「洛克伍先生（Mr. Lockwood）」，另一封信則屬名「葛林堡先生（Mr. Greenberg）」（譯注：Greenberg是常見的猶太姓氏）。結果洛克伍先生成功預約到九十五家飯店的房間，葛林堡先生則只預約到三十六家。讓葛林堡先生吃閉門羹的，顯然不是他個人的功過，而是這個姓氏所屬的宗教類別。

自古以來，人們都會因別人的社會類別，而對他們抱持某種偏見，連那些為低下階級發聲的人也免不了。某位擁護平等人權的名人，就曾說過這樣的話：

我們的人民，長久以來受到歐洲人的剝削。他們試圖將我們貶低成卡菲爾人（非洲黑人）的等級……那些黑人一心只想蒐集足夠的牲畜，好用來討老婆，終生好吃懶做，不著衣裳。[21]

這段話出自甘地口中。我們也可以回想一下革命家格瓦拉（Che Guevara）曾說過的話。依照《時代》雜誌的說法，格瓦拉當初離開祖國，是為了「解放窮人」，推翻古巴獨裁者巴蒂斯塔（Fulgencio Batista）[22]。這個為受迫害的古巴人發聲的馬克思主義者，如何看待美國的貧窮黑人？他說：「這些黑鬼好逸惡勞、浪費無度；歐洲人則有遠見、有條不紊又聰明絕頂[23]。」另一位提倡人權的名人說過：

我必須說，我從不希望白人和黑人在社會與政治上平等……白人和黑人在生理上的差異，讓我相信這兩個種族永遠不可能共同生活、享有同樣的社會與政治地位……我就跟任何人一樣，希望能讓白人保持優越的身分。

這是一八五八年林肯在美國伊利諾州查理斯敦市（Charlestown）一場辯論會上的言論。他的想法比同年代的人更前衛，但他仍深信社會（或法律）的類別會永遠維持下去。然而人類已經進步了。如今在許多國家中，我們很難想像國家選舉的正式候選人會說出林肯所說的話——就算真有人這麼說，民眾也不會視他為人權鬥士。文化發展至今，大部分人都覺得我們不該蓄意剝奪某些人的權益，只因我們根據其所屬的類別，推斷他們擁有某種特性。但如今我們也才開始逐漸了解隱藏在潛意識中的偏見。

很可惜的是，儘管科學已經證實潛意識的刻板印象的確存在，法律卻沒跟上腳步。

舉例來說，在美國境內若有人宣稱因種族、膚色、信仰、性別或國籍而受歧視，當事人不但必須證明自己受到差別待遇，也必須證明歧視行為是刻意的。當然，歧視往往是有目的的。美國猶他州的一位雇主，曾有意識的表現出對女性的歧視，證人並且在法庭上引用了他的話：「這些該死的女人。我最討厭這些該死的女人出現在辦公室裡[24]。」總是會有這類的人。要應付這些心口一致的歧視者，的確比較容易。然而對司法界來說，真正的挑戰卻不僅如此，而是要能分辨更難以察覺的潛意識歧視，而這種偏見更細微、隱晦，往往連歧視者本身也毫不自覺。

用意識打破潛意識的類別分類

我們其實有能力對抗這類內在的潛意識偏見。研究顯示人可以刻意修正為別人貼標籤的傾向。倘若我們對內心的偏見有所覺知，並決心克服，我們就做得到。舉例來說，針對犯罪審判所做的研究結果顯示，在某些情況下，人們幾乎都能克服對外表的偏見。我們判定某人是否有罪、是否應受懲罰時，都會不自覺受到對方外貌的影響，這是久為人知的事實[25]。但是那些外貌討喜的被告，只有在罪行輕微時（例如交通違規或詐騙）才會得到寬赦，若涉及謀殺等重大犯罪就無效了。

我們的潛意識靠著對他人分門別類來進行判斷，而審慎分析的意識則把每個人視為個體。潛意識與意識總是不斷進行角力，在兩方持續爭戰的過程中，我們把他人視為個體或某種類型的程度也彷彿一把滑尺，一直在變化。這也反映在犯罪審判中。重案的審判往往較費時，調查被告的過程也較仔細、全面。當我們投注了更多的意識思考，外觀造成的偏差也就減少了。

這個故事的教訓就是，要克服潛意識的偏差，得下一番功夫。第一步就是要更仔細觀察評判的對象，就算對方不是因謀殺案接受審判，而只是在應徵工作或申請貸款，或爭取我們的選票。只要能用心了解類別裡的個人，我們就可以輕易擺脫類別偏見。更重要的是，反覆觀察類別中的個體，這個作用就像解毒劑一樣，可以消除社會加諸在這個類別上的負面評價。

經驗可以扭轉偏見，我最近因為親身體驗了這點而大開眼界。這是在我母親搬進一家安養院後發生的事。她在院中的同伴大多九十歲左右。過去我很少有機會接觸到這麼多這個年紀的老人，在我眼裡他們一開始都非常相似：白頭髮、沒精打采、拄著枴杖。他們過去的工作，應該都是在蓋金字塔吧。在我眼裡，他們不以個體存在，而是社會刻板印象的範例，全都遲鈍、昏沉又健忘（當然，我母親除外）。

某天在餐廳裡，我的這種想法瞬間顛覆了。當時我的母親說，下午理髮師造訪安養院，她仰頭洗髮時覺得有點痛、有點暈眩。母親的一位朋友聽了，就說這是很危險的兆頭。乍聽之下，我對這個評語不屑一顧：「什麼危險的兆頭？她以為她是靈媒嗎？」但那位朋友繼續解釋，母親抱怨的情況是頸動脈堵塞的標準症狀，可能會引發中風。她並且催促母親要趕快去看醫生。我母親的這位朋友不只是個九十歲的老人，她也是醫生。後來我慢慢認識了更多安養院的住戶，逐漸了解這些九十來歲的老人，其實都有獨特的個性和不同的才能，而他們的才能沒有一個跟金字塔有關係。

我們跟個體的接觸愈多，就能更認識他們獨特的個性，也就更能抵抗刻板印象。因為我們為別人貼上的標籤，不只出於社會的假設，也出於我們的自身經驗。我沒有在事前和事後接受過內隱聯結測驗，但我猜我內心對老人家的偏見，應該從此就大幅減少了。

☆
☆
☆

一九八〇年代，倫敦的科學家研究一位七十七歲的商店經理。這位男士的枕葉下部梗塞中風[26]，他的運動神經和記憶不受影響，說話能力和視覺也保持完好。表面看起來，他的認知能力似乎很正常，但他的確有個問題。倘若有兩個功能一樣，但不完全相似的物體（例如兩列不同的火車、兩把刷子或兩個水壺），他會無法認出兩者之間的關聯。他甚至無法判斷小寫字母 a 和大寫字母 A 其實是同一個字。因此這病患在日常生活中遭遇了極大的困難，就連一些簡單的任務（例如布置餐桌）也無法勝任。科學家說，人若少了分門別類的能力，就無法成為人類。但我可以更進一步如此宣稱：少了這些能力，我們連人都當不了。前文我們討論到，就跟許多潛意識的心智程序一樣，分類的能力有好處也有壞處。在下個章節中，我們將進一步了解，人類如何為「自己」分類，如何以某些特性把自己與他人連結，而這些傾向，又會如何影響我們看待外人以及同伴的態度。

第八章

我們是一國，他們是另一國

所有的團體……都會發展出共同的特性規則和信念。

——心理學家**奧波特**（Gordon Allport）

這個夏令營位於美國奧克拉荷馬州東南方的密林裡，離最近的城鎮十一公里遠。營區就位於名為「強盜洞」（Robbers Cave）的州立公園裡，周遭茂密的樹葉和柵欄擋住了外人的視野。這個公園因強盜犯傑西．詹姆斯（Jesse James）曾在此藏匿而得名，倘若有人想不受干擾，它仍是很理想的藏身之處。園裡有兩座大木屋，不但遠離道路，兩屋之間隔著一片荒林，住戶也聽不到、看不見彼此的動靜。一九五〇年代既沒有手機，也沒有網路，因此住在這兒等於完全與世隔絕。發動突擊的當天晚上十點半，其中一座木屋的住戶以泥巴塗黑臉孔和手臂，悄悄穿過森林，來到另一個木屋門前，趁屋內的人沉睡時闖進沒有上鎖的門。這些侵入者滿腹怒火，一心只想報復。他們才十一歲。

對這些孩子來說，所謂的報復就是扯下對方床上的蚊帳，並破口大罵，然後抓幾條牛仔褲當戰利品。待受害者從夢中驚醒，侵入者立刻跑回自己的木屋，來得快，去得也快。他們只想羞辱對方，無意傷害。這聽起來不過是夏令營學生失控的尋常故事，但其實這個夏令營並不尋常。這些男孩子在嬉戲打鬧、吃喝交談、策劃攻擊時，有一群大人正偷偷觀察、聆聽，研究孩子的一舉一動。他們沒有事先得到孩子的同意，而孩子也毫不自覺。

那年夏天出現在強盜洞公園裡的這些男孩，其實都參與了一項主旨頗為前瞻、遠大（而且按照今天的標準，有點不道德）的社會心理學田野實驗[1]。根據後來的研究報告，這些受試者都經過精心挑選，以確保受試者的特質都很相似。研究者在決定受試者之前，做了徹底的篩檢，暗中觀察每個孩子在遊戲場的表現，並追蹤他們的在校成績。

受試者全都天資平凡，皆出身於信仰新教的白人中產階級，對環境的適應力很良好。他們剛讀完小學五年級，彼此互不相識。研究人員看上了兩百名孩子，向他們的家長提出一個很實惠的提案。這些家長可以用幾乎免費的價格，幫孩子報名三週的夏令營，但必須同意從頭到尾都不跟孩子聯繫。家長聽到的說法是，研究人員要利用這段時間觀察這些男孩，研究他們「參與團體活動時的互動情況」。

有二十二組家長上鉤。研究人員將這些男孩分成兩組各十一人，兩組成員的高度、重量、體能、人緣，以及跟某些活動有關的特殊技能，都勢均力敵。這兩群孩子分開組隊，彼此都不知道對方的存在，在第一週內保持隔離。在第一週裡，他們真的就是兩個各自辦在強盜洞公園的夏令營，始終不知另一個營隊的存在。

這些孩子忙著打棒球、唱歌，從事一般的營隊活動時，他們的指導老師則在旁仔細觀察孩子的行為。這些老師其實都是在觀察孩子、偷偷做筆記的研究人員，他們想研究的主題是，營隊裡的孩子究竟是否，或如何形成團結的陣線，原因又為何。結果他們果然合成一氣、自成一格，不但選了隊名（一組叫做響尾蛇隊，另一組叫老鷹隊）、做了隊旗，也開始「有了隊歌、慣例，以及特殊的規範。」兩組人馬各有自己的風格。然而這個實驗真正的重點，是要研究兩個營隊分別成形後，對新團體的出現會有何反應，原因又如何。因此過了第一週，響尾蛇隊和老鷹隊交手了。

那些描繪遠古時代或浩劫之後的電影和小說，都提醒我們要提防那些孤立的智人，靠近時一定要小心，因為他們非但不會對你敬香，可能還會削斷你的鼻子。物理學家霍金曾說過一段很有名的話，支持這個觀點。他說我們最好小心提防外星人，不要隨便邀他們進屋喝茶。人類殖民史似乎也證實了這點。當某個國家的人踏上異族的土地，他們可能宣稱自己為和平而來，但很快就會開始開槍。

這個案例中的響尾蛇隊和老鷹隊，也在第二週開始體驗到當初哥倫布的經歷。第二週一開始，裝成老師的研究人員分別讓兩支隊伍知道對方的存在。兩隊的反應都很相似：我們來跟對方挑戰運動項目。經過商量後，他們為下一週安排了一系列的比賽，包括棒球賽、拔河、紮營競賽以及尋寶大賽。營隊老師同意提供獎盃、獎章和獎品給得勝的那方。

響尾蛇隊和老鷹隊很快就進入了戰鬥模式，展開無數的爭戰。比賽的第一天，老鷹隊輸掉拔河賽後，回木屋的路上正好經過球場，球場護網上高掛著響尾蛇隊的旗幟。有幾個老鷹隊員因輸了比賽，情緒非常激動，於是爬上護網把旗子拿下來。他們點火燒了旗子，火熄後再讓一位隊友掛回去。老師沒有針對燒旗事件做出回應，只是盡責的偷偷做筆記。接著他們安排讓兩個隊伍的隊員會面，告訴他們接下來要比賽棒球和其他運動。

隔天早餐過後，響尾蛇隊被帶到球場。他們等著老鷹隊隊友出現時，發現了燒焦的隊旗。研究人員看著響尾蛇隊隊員策劃報復，待老鷹隊一現身，兩支隊伍就打了起來。

老師又旁觀了一會後才介入阻止。但他們的戰火延燒，隔天晚上響尾蛇隊就突襲了老鷹隊的木屋，接下來幾天又陸續發生許多爭執。研究人員認為這些孩子雖然背景相似，但只要提供競爭的目標，他們自然就會產生並發展出帶有輕蔑的社會刻板印象、團隊間真實的敵意，以及人類團體間可能出現的所有衝突徵兆。結果並沒有讓研究人員失望。參與強盜洞夏令營的這群男孩，如今都已過了退休的年紀了，但那年夏天他們的故事，以及研究人員的分析結果，仍不斷出現在心理學論文的引用文獻中。

人類始終是群居動物。倘若一場拔河就會引發團隊間的敵意，想像一下當兩組人類搶奪大象屍體為食，卻仍供不應求，他們之間會產生的衝突。現代人想到戰爭，都覺得戰爭多少都引發於某種意識型態，然而對食物和水的渴望，絕對是最強烈的意識型態。早在人類發明共產主義、民主主義或種族優越主義以前，鄰近的人類群落就常為了競爭資源而作戰，甚至展開屠殺[2]。在那樣的環境中，他們必須擁有強烈「敵我分明」的概念，才可能生存下去。

成群結黨，內外分明

然而就算在同一個團隊裡，這種「敵我分明」的意識也一樣存在。史前人類就跟其他人類祖先的物種一樣，會在自己的團體裡形成同夥和聯盟[3]。現代人若擅長辦公室政治，在工作場合也許很有幫助；然而在兩萬年前的人類社會裡，團體內的互動狀態卻會決定食物如何分配。若有成員好吃懶做，或許就直接被「人事部門」從背後用長矛穿身而過，做為懲處了。如果說，在現代工作環境裡，能察覺顯示政治忠誠度的信號很重要，那麼在遠古時代，這種能力就攸關性命了，否則下場不是被解雇，而是死亡。

科學家把人們自認所屬的團體稱為「內團體」，自己被排除在外的團體則為「外團體」。這兩個術語指的不是當事者在團體裡受歡迎的程度，而純粹是為了「敵我分明」的概念而做的區別。這個區別對人類來說非常重要，因為我們對於自己團體和其他團體的成員，會持不同的想法，對他們的態度也會不一樣（這點將在下文中進一步討論）。無論我們有意或無意區分團體，這些行為都是自動發生的。上個章節我曾討論到把人分門別類，會如何影響我們對他們的評價。其實把自己區分為內團體或外團體，也同樣會決定我們如何定位自己（和他人）在這世上的角色。接下來讓我們探討：人若以類別定義自己，並區分「我們」和「他們」時，會發生什麼事。

⋆

⋆

⋆

我們都隸屬許多「內團體」，因此我們的自我認同也會隨情況而異。同一個人可能會在不同時間裡，把自己視為女人、主管、迪士尼員工、巴西人或母親，端看當事者覺得哪個角色最恰當，或哪個角色感覺最好。我們都會視當下的情況，立即切換所屬的內團體。這些轉換有助於保持樂觀的態度，因為我們認同的內團體，也是自我印象的重要組成。事實上，實驗和田野研究都顯示，人若嚮往隸屬某個內團體，就會願意犧牲大筆金錢，讓自己感覺的確屬於該團體[4]。這就是為什麼有些人，舉例來說，會願意付出超額的會員費，好加入某個鄉村俱樂部，就算他們其實不太會使用那些設施。

有一位電腦遊戲公司的主管曾告訴我一個很好的例子，顯示人會願意放棄金錢，只為了得到某個他想得到的內團體身分。公司裡的一位資深製作人發現這位主管升遷了另一個製作人，還為對方加薪，於是衝進了主管的辦公室。主管解釋因為公司財務吃緊，現在無法升遷她。但資深製作人現在知道同事加薪了，就堅持得到同等待遇。對主管而言，這個情況很棘手，因為他們這行非常競爭，其他公司總是虎視眈眈，想挖角好的製作人。然而儘管這兩位員工都值得調薪，他實在沒有足夠的經費可以同時滿足他們。討論了一會兒後，主管察覺，真正讓下屬不痛快的原因，其實不是加薪的問題，而是因為另一個製作人明明較資淺，現在卻也擁有了一樣的頭銜。後來他們達成協議：他會升遷她，讓她有新的頭銜，但過一陣子才能幫她加薪。這主管以金錢為交換，授予她更高階的內團體會員證，就跟鄉村俱樂部的銷售員一樣。

廣告商也熟知這種心態。這就是為何，舉例來說，蘋果公司會耗費數億元打廣告，試圖為蘋果電腦的內團體塑造出聰明、優雅和時尚的形象，並把微軟電腦的內團體塑造成一群失敗者。

「我們」步伐漸漸一致

一旦我們認為自己隸屬某個高級鄉村俱樂部、主管階級或某種層級的電腦使用者，團體中其他成員的看法就會滲入我們的思想，影響我們的世界觀。心理學家稱之為「群體規範」（group norms）。當年設計強盜洞實驗的那位科學家，對群體規範的影響提出了最清楚的說明。這位科學家名叫薛里夫（Muzafer Sherif），是土耳其人，當初為了攻讀研究所移民至美國，並於一九三五年在哥倫比亞大學拿到博士學位，博士論文的主題是群體規範對個人視覺的影響。你或許認為視覺應該是客觀的過程，但薛里夫的研究卻顯示，群體規範對視覺的影響很根本，甚至會決定你看待光點的方式。

薛里夫的研究遠遠超前當代科學。他把受試者帶進暗房裡，展示牆上的一個小光點。過一會兒光點會看起來像是在移動的樣子。但這只是錯覺，是因為眼球的小動作讓視網膜上的影像也跟著輕輕抖動。誠如我在第二章所說，正常情況下，大腦若偵測到視線中所有的物體同時抖動，就會進行修正，讓你看到靜止的影像。但倘若光點以外沒有其他背景，大腦就會受騙，讓你覺得光點在空中移動。此外，因為沒有可供參考的其他物體，光點移動的程度可大可小，端看大腦解讀的方式。倘若問不同人光點移動的距離，你會得到各式各樣的答案。

薛里夫讓三位受試者同時觀看光點，並要他們一看到光點移動，就大聲說出光點移動的距離。此時出現了一個有趣的現象：同一組裡的受試者會說出有大有小的不同數字，但最後他們的估計值會收斂至某個小範圍內，成為這三人的「群體規範」。雖然每組得到的規範值都不一樣，但組內成員最後都會達到共識，完全不需要討論或相互遊說。此外，當受試者一週後回來單獨做實驗，他們得到的估計值會與上次小組得出的數值相近。內團體的觀點成了他們自己的觀點。

☆　☆　☆

把自己視為某個團體中的一員，會讓我們自動把所有人區分為「我們」或「他們」。有些內團體（例如家庭、同事或一起騎單車的車友）的成員都是我們認識的人。有些內團體（例如女性、西班牙裔人或老人）含括範圍則很廣，其特質是由社會定義和指派的。但無論我們屬於哪些內團體，這些團體裡的成員都有一些我們認為共有的特質。這種共通經驗或身分，會讓我們覺得自己與團體的命運緊密相依，團體本身的成敗，也成了我們自己的成敗。因此很自然的，那些內團體的成員在我們心中的地位也很重要。

我們不一定喜歡每個人，但無論我們對人類有多少愛，潛意識自我對內團體成員的喜好都會再多一些。我們來看看由職業決定的內團體。在一項研究中，科學家要求受試者以一到一〇〇的分數，評比醫生、律師、服務生和美髮師的可親程度[5]。這個實驗的重點是，每位受試者本身不是醫生，就是律師、服務生或美髮師。

結果非常一致：其中三種行業的受試者，都把其他行業的成員評為中等，也就是五十分左右。但他們對自己同行的評價顯然較高，平均七十左右。只有一個行業例外：律師。律師對同行或其他行業成員的評價，平均都是五十左右。說到這你可能會聯想到一些有關律師的笑話，那我就不再提了。但總之，律師之所以不偏好同行，不一定是因為律師和鯰魚的差別，只在於後者專吃垃圾，前者專吃不幸的人。要知道，科學家研究的這四種行業中，律師是唯一總是在與同行對抗的行業。因此儘管同窗歲月也許讓他們形成內團體，他們仍有可能成為彼此的外團體。

除了律師這個例外，科學家認為，我們往往會偏好內團體的其他成員，無論那個團體是基於宗教、種族、國籍、使用的電腦，或工作單位而形成的。研究顯示，同屬某個團體帶來的認同，甚至會掩過對方的負面特質[6]。一位科學家如此形容：「有時我們就算討厭某些人的個性，卻仍會因為歸屬於同樣的團體而接納對方。」

我們會只因為與其他人有某些共通點，就覺得對方比較可親——這點其實非常自然，不可避免。無論在社交或生意上，我們通常比較喜歡內團體裡的成員，對他們的評價也往往比較高，就算我們自認一視同仁也不免如此[7]。舉例來說，在一項研究中，研究人員把受試者分為每三人一組，每兩組互相配對，共同執行三項任務：用兒童玩具創造藝術品、畫一張老人院的藍圖、寫下一則內含道德意涵的寓言。執行每一項任務時，每一組裡的一位成員（非玩家）都要跟同伴分開，不參與任務。等到兩組人馬都完工後，這兩位非玩家就要評比兩組的成績。

非玩家對內團體的作品沒有任何既有的興趣；每個團體內的成員，也沒有明顯的共通特性。因此倘若非玩家態度客觀，他們對外團體和內團體做出的產品，評價應該差不多。結果不然。他們有三分之二的機率，比較喜歡所屬內團體的作品。

我們各個不同，他們都一個樣

內團體和外團體還有另一種差別，就是我們會認為內團體成員比外團體成員更多樣、複雜。舉例來說，在前述針對醫生、律師、服務生和美髮師所做的實驗中，研究員要求受試者猜測每個行業的人，其創造力、彈性和其他特質差異多大。結果他們都認為從事其他行業的人，同質性較自己行業的人來得高。其他研究依不同年紀、國籍、性別、種族，甚至上的大學或參加的姊妹會來分組，也得到類似的結果[8]。研究人員因此指出，那些由白人主導的報紙會出現這樣的標題：「黑人對中東問題的看法嚴重分歧」，說得好像非裔美國人想法不同是什麼大新聞似的。但他們就不會寫出這種標題：「白人對股票市場改革的看法嚴重分歧[9]」。

會覺得內團體成員比較多樣，也許是很正常的想法，畢竟我們通常比較了解這些成員的個人特質。舉例來說，我認識許多理論物理學家，在我眼裡他們每個人都不同。有些人喜歡鋼琴音樂，有些人喜歡小提琴。有些人讀納博科夫的小說，有些人讀尼采。好吧，也許他們沒有「那麼」不同。但說到投資銀行家，我沒認識幾個，而我猜他們彼此間的差異比理論物理學家還小：在我的想像中，他們都只讀《華爾街日報》、開好車、完全不聽音樂、打開電視就只看財經新聞（除非電視上播的都是壞消息，那他們就不看電視，打開一瓶五百美元的紅酒來喝）。

但出乎意外的是，我們會覺得內團體成員比外團體成員更多樣，其實不是因為我們更了解內團體。相反的，我們會只因為別人隸屬於內團體或外團體，就做出這種評判。稍後我們就會討論到，就算研究人員以人為方式把一群陌生人隨機分為內團體和外團體，受試者還是會對內團體產生特殊情感。莎士比亞名劇中，馬克．安東尼在凱撒被刺殺後，對群眾說：「我的朋友、羅馬人、同胞們，請聽我說。」他真正在說的其實是：「內團體成員、內團體成員、內團體成員……」用這種方式懇求，真是聰明。

☆　☆　☆

幾年前有三位哈佛研究者，找了數十位哈佛的亞裔美國女生，進行一項困難的數學測驗[10]。但是在開始測驗以前，研究人員先請受試者填寫一份有關自己的問卷。亞裔美國女生身兼兩種內團體，彼此矛盾：她們是亞洲人，而亞洲人一向以數學見長；但她們也同時是女性，一般人都覺得女生的數學較差。其中一組受試者填寫的問卷，問到她們和母親、曾祖父母都說什麼語言，也問她們是第幾代的移民。這些問題，是為了誘發受試者對亞裔美國人的身分意識而設計的。另一組受試者則被問到男女合住的宿舍有什麼規定，這些問題的目的，則是要誘發受試者的女性意識。第三組受試者是控制組，她們被問到自己的電話號碼、電信公司的資料等等。

我怎麼做，得看我屬於哪個團體

測驗過後受試者又做了一次出口問卷調查。從受試者在出口問卷裡寫的答案看來，一開始的問卷並沒有影響她們對自身能力或測驗的看法。但她們的潛意識顯然受到了影響，因為那些經操作後，想到自己是亞裔美國人的女生，測驗成績比控制組女生還好，而控制組女生的成績，又比那些被提醒女性身分的女生更好。內團體的身分不但會影響你對他人的看法，也會影響你對自己的觀感、你的行為，甚至影響你的表現。

我們都隸屬於多個內團體，而且就跟亞裔美國人和女性的例子一樣，這些內團體之間的基準可能會彼此衝突。我發現一旦對這點有所自覺，我們就可以把它當成一種優勢。舉例來說，我偶爾會抽抽雪茄，每次都會覺得自己跟我的大學摯友、博士班老闆、愛因斯坦以及所有愛抽雪茄的物理學家一樣，共屬於某個內團體，有種親密感。但每當我菸癮大到有點危險時，只要提醒自己想想另一個抽菸的內團體，包括我患肺病的父親，以及深受口腔癌折磨的表哥，我就能很快壓下抽菸的欲望。

我們所屬不同內團體的準則若發生衝突，有時會帶來一些很有趣的矛盾。舉例來說，媒體不時會播放一些公益廣告，目的是要減少一些小型的違法事件，例如丟垃圾，或從國家公園偷拿紀念品回家。在某個廣告裡，一位美國原住民身穿傳統服裝，在漂滿垃圾的河裡划獨木舟。原住民抵達一片狼藉的河岸，旁邊的馬路上開過一輛車，駕駛（某個叫約翰的民眾）隨手向窗外丟垃圾，落在原住民的腳邊。接著鏡頭拉近，照著原住民滑落臉上的一行清淚。

這個廣告很明白的向我們的意識傳達一個訊息：不要丟垃圾。然而它也對我們的潛意識說：所有內團體成員、所有公園旅客，要丟垃圾噢！哪一個訊息會脫穎而出？是道德教訓或團體規範？還沒有人特別研究這個廣告，但另一個針對公益廣告所做的研究顯示，光是譴責丟垃圾的行為，就足以抑制原本想得到的效果。研究中的廣告與前述例子很類似，裡頭包含了：「美國人製造的垃圾多到前所未有！」結果丟垃圾的情況反而惡化了[11]。不太可能會有人把這句話當命令，而非批評，但這些字眼讓丟垃圾變成了一種團體基準，於是就產生了這種結果。

在另一項相關的研究中，研究人員做了一個標示，譴責遊客從石化森林國家公園（Petrified Forest National Park）偷拿木頭的行為[12]。他們在主要道路上立了標語，並偷偷在一些木頭上做記號，觀察標語會帶來什麼效果。他們發現在沒有標示的情況下，遊客在十小時內偷了3%的木頭。但立了標示以後，被偷的木頭多了三倍，變成8%。同樣的，偷拿木頭的遊客，不太可能真的自言自語說：「既然大家都拿，我為何不拿？」但他們潛意識接收到的訊息似乎的確如此。

研究人員指出，這些訊息雖然旨在譴責違法行為，卻又強調這些令人不快的社會基準非常普遍，於是造成了矛盾的結果。因此大學校方可能會如此警告學生：「切記！千萬別酗酒！這個風氣在校園裡太盛行了！」但學生卻只會接收到這個訊息：「切記！酗酒的風氣在校園裡很盛行！」小時候我曾以朋友的嗜好為自己開脫，例如週六我只想打棒球，不想上猶太教堂。我母親就會這樣問我：「所以如果有一天喬伊跑去跳火山，你也會跟著去囉？」。數十年後的今日，我才領悟當初應該回答：「您說得沒錯。研究顯示我也會跟著去跳火山。」

☆　☆　☆

我在前文中曾說，我們面對內團體和外團體的心態不同，無論我們是否刻意區分這兩者。過去幾年來，許多心理學家都很好奇，想知道讓一個人對某個內團體產生親近感的最低標準為何。結果他們發現，完全不需要什麼條件。你無須與內團體的成員擁有任何共同的態度或特質，甚至不用跟他們見過面。光是知道自己隸屬於某個團體，就足以讓你對內團體產生親密感。

在一項研究中，研究人員讓受試者觀看瑞士藝術家克利（Paul Klee）和俄國畫家康丁斯基（Wassily Kandinsky）的傑作，要他們說出自己比較喜歡誰的畫[13]。研究人員把每位受試者分別貼上「克利迷」和「康丁斯基迷」的標籤。兩位畫家的風格獨特，但除非受試者正好是狂熱的藝術歷史家，熟知二十世紀早期歐洲前衛畫家，否則他們應該沒有理由會對意見相同的其他人，產生特別友好的感覺。對大部分人而言，他們對克利或康丁斯基的偏好，並不像巴西之於阿根廷，或毛皮大衣之於布大衣那麼明顯。

幫受試者分類後，研究人員做了一件看似古怪的事。他們給每名受試者一筒錢，要受試者用自認合適的方式，分配給其他受試者。這個動作是私下進行的。受試者彼此互不相識，就連實驗過程中也沒看過彼此。然而他們在分錢的時候，還是偏袒內團體的其他成員，也就是那些貼上同樣標籤的人。

團體認同感影響大

很多研究都得到同樣的結論，也就是團體帶來的社會認同非常強烈，會讓我們歧視「他們」，偏袒「我們」，就算分類依據是類似丟硬幣之類的簡單動作。沒錯：我們不但會出於很牽強的理由，把自己歸為某個團體；我們也會用不同的眼光，看待該團體中的成員——就算歸類團體的名目跟個人特質無關，也沒有特別的意義。這不但深深影響我們的個人生活，也會影響組織。

舉例來說，公司只要能營造獨特的公司文化，就能培養員工的內團體認同感。迪士尼、蘋果和谷歌在這方面就做得很成功。另一方面，當公司內的部門或分部培養出了強烈的團體認同，就可能造成內團體裡的偏袒心態，或對外團體的歧視，造成不利的影響。研究也顯示，團體間爆發的敵意，比個人間的摩擦來得更快也更激烈[14]。但無論內部有沒有共通的認同心理，許多公司都發現他們可以有效利用行銷手法，在客戶間培養出團體認同。這就是為什麼對那些蘋果電腦與微軟電腦的使用者，或開賓士與BMW的駕駛來說，他們的內團體不只是電腦同好會或車子同好會；這些類別對人們的意義，遠超乎類別本身實際的意義。

愛狗者之於愛貓者，生肉之於半熟的肉，洗衣粉之於洗衣精。難道連這些狹義的分別也會讓我們衍生出更大的意義？主導線段長度實驗的泰弗爾曾做了一個經典實驗[15]，成為克利／康丁斯基實驗和其他數十個實驗的典範。在這類實驗中，受試者分成兩組，並被告知如此分組，是因為受試者與同組成員有某種共通點。然而客觀的說，這些共通點沒有太大意義，理論上應該不足以讓受試者對該組產生什麼聯繫感，例如他們都比較喜歡克利／康丁斯基，或他們都高估／低估螢幕上快閃的點數。

就如同前述的畫作實驗，泰弗爾讓受試者發放點數給其他受試者，他們可以用這些點數兌換現金。受試者把點數分給其他人，但並不知道對方的身分，只知道對方所屬的組別。在泰弗爾原始版本的實驗中，分發點數的過程有點複雜，但由於這個步驟是該實驗的關鍵，還是值得一提。

研究本身包含十幾個階段。在每個階段裡，一位受試者（頒獎人）必須決定如何把點數分給其他兩位受試者（受獎人）。誠如前文所述，受獎人是匿名的。有時兩個受獎人都是頒獎人的同組成員，或都是他組的成員；有時則有一個跟頒獎人同組，另一個不同組。

這個實驗的重點在於，獎賞的項目並不是零和遊戲。也就是說，受試者不是只要決定如何分派固定點數，選項裡的點數總和可能不同，分給兩個受獎人的點數也各異。頒獎人在每個階段，都要從十幾個選項中選擇發點方式。倘若頒獎人不偏袒內團體，最合邏輯的選擇，應該是選擇讓兩個受獎人得到最大的點數總和。然而受試者只在一種情況下才會這麼選：當兩名受獎人都是內團體成員的時候。受試者分發點數給兩名外團體成員時，則會選擇點數總和最少的選項。其中最不尋常的一點是，倘若頒獎人要把點數分給一個內團體成員和一個外團體成員，他們往往選擇讓兩者得到的點數相差最多，即使該選項會讓同組成員得到比較少的點數！

沒錯，這數十位受試者決定獎賞時，追求的往往不是讓同組成員得到最多點數，而是要讓本組與他組成員得到的點數相差最大。別忘了，後人針對不同年紀、不同國籍的受試者，反覆嘗試這個實驗，都得到一樣的結論：我們願意付出極大代價，只為了感覺與他人不同（或優秀），無論自覺優越的理由有多薄弱，或會讓自己蒙受多大的損失。

為共同目標合作，有助打破團體藩籬

就算匿名分組且分組的依據毫無意義，或就算必須減少同組成員得到的好處，我們也會很明確的偏袒內團體，而不願讓所有人得到最大利益。這個結論也許會讓你感到沮喪。然而這並不表示人類社會的歧視現象注定要永無止盡。就跟潛意識的刻板印象一樣，潛意識的歧視也是可以克服的。事實上，儘管團體歧視不需要太充分的理由，若想消弭這種歧視，也沒有我們想像的那麼費勁。薛里夫在強盜洞實驗中發現，單是讓老鷹隊和響尾蛇隊接觸，並無法減少他們對彼此的敵意，但有個策略卻行得通：他想出一系列的困難任務，要兩隊合作克服。

在其中一個任務中，薛里夫切斷了營隊的水源。他宣布這件事，還說問題原因不明，要求這二十四個孩子幫忙檢查供水系統。研究人員其實把一個重要水閥關起來了，並放上兩塊大石頭，同時也堵住了某個水龍頭。孩子花了一個小時通力合作，找到並解決了問題。在另一項任務裡，薛里夫安排讓運送食物到營區的一輛車無法開動。駕駛貨車的員工「奮力掙扎」，讓貨車製造出一堆噪音，引來愈來愈多的男孩聚集觀看。最後這些男孩做出結論，認為倘若他們可以讓貨車移動，駕駛也許就能發動車子了。可是貨車是停在某個上坡處。於是來自兩隊的二十個男孩就把拔河用的繩子繫在貨車上，合力往上拉，讓貨車得以發動。

研究人員發現，這些情節讓兩組人馬有了共同的目標，也讓他們必須通力合作，最後大幅減少了隊伍之間的衝突。薛里夫寫道：「兩個隊伍之間的互動徹底改變，著實驚人[16]。」長久以來有許多因素都會定義出各種內團體，包括種族、血緣、階級、性別或宗教，但人們只要看到合作的好處，彼此之間的歧視就會愈少[17]。

我之前住在紐約市世貿中心的附近，在二〇〇一年九月十一日，以及那之後的日子裡，我親身體驗了這個道理。雖然有人說紐約是大熔爐，這個熔爐裡的元素往往無法融化，甚至互不相容。這個城市也許還比較像各種原料組成的燉湯，從銀行家到麵包師傅，有老有少、有黑有白、有貧有富。這些族群有時不但無法相容，甚至會彼此衝突。九月十一日的早上八點四十五分，我正站在世貿大樓北塔的下方，置身熙攘人群間，其中有正在叫賣的移民、西裝筆挺的華爾街人、穿著傳統服裝的東正教猶太人，城市裡階級、種族的多樣，一目了然。

八點四十六分，第一架飛機撞上北塔，混亂就此爆發，著火的殘骸朝我們落下，眼前出現駭人的死亡場面，然而這時神奇又微妙的事情發生了。所有的分歧似乎都蒸發了，人們開始互相幫助，無論對方是誰。至少在好幾個月內，我們都是重要的、身處前線的紐約客。數千條人命被奪走，不同行業、種族、經濟狀況的上萬人瞬間失去家園，或因工作場所關閉而失業，數百萬人因同胞承受的痛苦而震驚不已，各種背景的紐約客團結一致，這是我從未體驗過的經歷。好幾個街區持續悶燒，呼吸的空氣裡淨是灼人的毀滅氣息，建築和街燈上失蹤人口的照片俯視著我們，地下鐵站被鐵絲網封閉。然而我們以仁慈相待，善舉或大或小，都是前所未有的。這是人類社交天性發揮了最佳功用，生動展現了人類團體天性中的正面療癒力量。

第九章

你永遠沒辦法知道，你怎麼會有這種感覺

每個人都是一場獨角戲，經由潛意識的自我，持續建構出來。

——神經學家**薩克斯**（Oliver Sacks）

一九五〇年代早期，一位二十五歲，名叫賽澤莫爾（Chris Costner Sizmore）的女士走進年輕精神病學家的辦公室，抱怨她那嚴重頭痛的毛病，有時甚至會痛到眼睛看不到[1]。她說，她常常在頭痛後失去知覺。賽澤莫爾外表看起來就像是正常的年輕母親，婚姻不美滿，但沒有什麼嚴重的心理問題。

她的醫生後來形容她很端莊、拘謹、慎重、對於大小細節都很誠實。他們討論了各種情緒問題，但接下來數個月的診療，賽澤莫爾都沒出現過任何失去意識、或有任何重大精神疾病的症狀。她的家人也沒注意到任何異常。然而在某次會診中，她提到自己最近顯然曾出去旅行，但她一點兒印象也沒有。醫生於是經由催眠，解決了她這個失憶的問題。幾天後醫生收到一封未署名的信，從郵戳和那熟悉的字跡看來，顯然是賽澤莫爾。她在信中說恢復的記憶讓她十分困擾，以後她要如何確定自己記得一切，要怎麼知道自己未來不會再度失憶？信紙底部還出現了看似是不同人寫下的一句話，字跡潦草難以辨識。

接下來的那次會診，賽澤莫爾否認自己曾寄出那封信，但她的確記得自己寫了一封信，但沒寫完。接著她開始焦躁不安，然後突然尷尬的問道，她會聽到想像中的聲音，那是否表示她精神錯亂了？心理醫生思索這個問題時，賽澤莫爾突然改變了姿勢，翹起了二郎腿，並露出幼稚、魯莽的神情，醫生從沒看過她這樣。後來醫生這麼形容：「她的態度、手勢、表情、體態、反射動作、直覺反應、眼神、揚眉的方式和目光，徹頭徹尾改變了，這一切都顯示她已經變成另一位女士。」而「那位女士」則開始談論賽澤莫爾的問題，並用第三人稱來稱呼「她」。

醫生問她是誰，賽澤莫爾回答了一個不同的名字。她突然有了新的名字，而且當初就是這個她，發現了那封未完成的信，並且加了一句話後郵寄出去。接下來的幾個月，醫生讓賽澤莫爾的兩個身分接受心理性向測驗，並把測驗結果寄給獨立研究者分析，但沒有告訴他們測驗來自同一位女士[2]。分析結果顯示，這兩個性格對自己的看法全然不同。一開始接受治療的那位女士覺得自己很被動、軟弱、糟透了。她對自己的另一個身分毫不自覺，而另一位女士覺得自己主動、強壯、好極了。最後賽澤莫爾花了十八年才完全康復[3]。

你根本不了解你是誰

賽澤莫爾是個極端的案例，但我們每個人其實都有不同的身分。我們不但五十歲時跟三十歲時不同，也會隨著情境、社交環境和自身荷爾蒙而改變。當我們心情好或心情壞、跟老闆或跟下屬吃飯，表現都會不一樣。研究顯示，人們看完喜劇電影後，會做出不同的道德決定[4]；女性排卵時會穿得較暴露、較性感，也會比較喜歡性感的男性[5]。我們的性格並非烙印在身上、永不磨滅，而是瞬息萬變。誠如前文中有關內在偏見的實驗結果，我們甚至可能同時有兩個不同的身分——一個對黑人、老人、肥胖者、同性戀或穆斯林持有負面印象的、潛意識的「我」，另一個則是厭惡偏見的，意識的「我」。

儘管如此，傳統生理學家仍認為人的感覺和行為，反映了個人深根蒂固的特性，這個特性是個人性格的核心。他們認為人知道自己是誰，行為一致，都是深思熟慮後的決定[6]。這個模式很受重視，一九六〇年代甚至有心理學家因此認為與其耗費時間、金錢做實驗，不如直接詢問受試者，要他們預測自己在特定情境下會有什麼感覺和行為，依此蒐集可靠的資訊[7]。為何不這麼做呢？許多臨床心理治療根本就用了一樣的概念，也就是只要透過密集的治療、引導，我們就能藉由反省來了解自己真正的感覺、態度和動機。

但回想一下前文的統計資料：姓伯朗的人傾向互結為連理、投資者會低估一些新上市公司的表現，只因為那些公司的名字很饒舌。沒有任何姓伯朗的人會有意識的選擇同姓氏為伴侶；也沒有任何專業投資人會認為自己對新公司的印象，會受公司名字難易度影響。潛意識程序往往讓感覺和其源頭成為難解的謎。對我們來說，討論感覺也許很有用，但就連最深刻的內省法，也無法探及埋藏內心深處的感覺。因此心理學家過去對於感覺的許多假設，其實根本不適用。

★ ★ ★

「我接受了好幾年的心理治療，」一位著名的神經科學家告訴我：「希望能找到我某些行為的背後原因。我會思索我的感覺和動機，跟心理醫生討論，最後終於得出一個看似合理的故事，讓我很滿足。我需要一個自己能相信的故事，但這個故事是真的嗎？也許不是。真相藏在某些大腦區塊裡，例如視丘、下視丘和杏仁體。但無論再怎麼內省，這些都是我的意識無法觸及之處。」因此，我們若想真正了解自己，並了解自己在不同情境下會如何反應，我們就必須了解所有決定和行為背後的原因，追根究柢的探索感覺和其源頭。究竟這些感覺從何而來？

我們連疼痛都不能肯定

讓我們從一些簡單的地方開始：痛覺。痛覺的感官和情緒源自某種獨特的神經訊號，在生活中扮演的角色非常明確。痛覺會迫使你放下燙紅的炒鍋；當你用榔頭搥到拇指時，痛覺也會懲罰你；痛覺會提醒你下次試喝六種單一麥芽威士忌時，千萬別喝雙倍。你前一晚跟一個財經分析師去喝酒，在還沒搞清楚自己對他的感覺如何之前，你也許要靠朋友才能看清真相，但你一定認為，重擊般的頭痛你自己就能確認，無須他人幫忙。然而著名的安慰劑實驗證明，事情沒這麼簡單。

提到安慰劑效應，你想到的可能是用沒有藥效的糖錠來舒緩頭痛，只要我們相信自己吃的是真正的藥，得到的效果就跟泰諾止痛藥一樣。但安慰劑效應可以製造更誇張的效果。舉例來說，心臟壁缺血會引發心絞痛這種慢性病，往往產生劇烈疼痛。患有心絞痛的人在運動時（包括單純走到門口應門的這類動作），心肌神經會像引擎故障燈一樣：它會把訊息透過脊髓傳送到大腦，警告你循環系統負荷過重了。結果就會引發難以忍受的痛楚，亮起無法忽視的警燈。一九五〇年代，外科醫生常把心絞痛重症患者胸腔裡的某些動脈綁起來，深信這樣能讓心肌附近生出新的血管。很多病患都接受了這種手術，而且效果很好。然而事有蹊蹺：病理學家後來驗屍時發現，病患體內根本沒有照預期出現新的血管。

很明顯的，手術出於某種不明原因，成功舒緩了病患的症狀。一九五八年，一群好奇的心臟外科醫生做了一項實驗，換成今天，這個實驗多半會因違反倫理而遭禁止——他們對五位病患做了假手術，劃開皮膚、露出有問題的動脈，但接著就直接縫合傷口，沒有動手紮住動脈血管。他們也針對另一組十三名病患進行真正的手術。

那些真的接受手術的病患，有百分七十六的人心絞痛症狀都舒緩了。然而接受假手術的五名病患也都如此。兩組病患都相信自己接受了適當的手術，他們都認為疼痛比手術前減輕很多。既然兩組病患接受的手術，都沒有帶來生理上的改變（也就是沒有產生新的血管，增加流向心臟的血液），理論上，他們體內傳送到大腦痛覺中樞的感官訊息應該維持不變。但兩組病患在意識上感受到的痛覺，卻都大幅減少了。這麼說來，我們對感覺（即便是生理感覺）的知識著實脆弱，我們甚至無法確切知道自己是否感受到劇痛[8]。

佛洛伊德認為，壓抑的機制讓我們無法探索潛意識。然而今人普遍對情緒的看法，不是源自於佛洛伊德，而是受到詹姆斯（William James，見第49頁）的影響。我在本書中提到他很多次。詹姆斯是謎樣的人物，一八四二年出生於紐約市。他的父親很有錢，也花了很多錢帶家人雲遊四海。因此詹姆斯在十八歲以前，上了至少十五間歐洲和美國的學校，這些學校分布在紐約、新港、羅德島、倫敦、巴黎、法國北邊的布倫市、日內瓦和波昂。他的興趣也同樣在不同學科間飄忽不定，包括藝術、化學、軍事、解剖和醫學，就這樣飄盪了十五年。這段期間他接受了哈佛著名生物學家阿加西（Louis Agassiz）的邀請，一起去巴西的亞馬遜河域探險。旅途中詹姆斯一直在暈船，甚至還染上天花。最後他專攻醫學，並在一八六九年拿到哈佛醫學博士，時年二十七歲。但他從未行醫或教授醫學。

一八六七年，詹姆斯到德國旅行，目的是要造訪當地的溫泉，好治療那次亞馬遜之旅留下的健康問題。正是這趟旅行把他帶進了心理

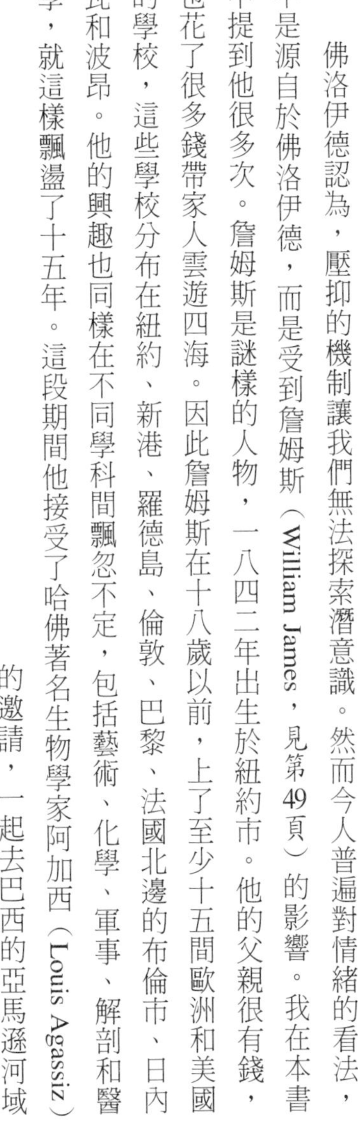

詹姆斯自畫像。
圖片來源：Houghton Library, Harvard

學的領域。就像十六年後的繆斯特貝格一樣，他也聽了幾場馮特的演講，從此迷上這個學科，尤其想挑戰把心理學變成真正的科學。他開始閱讀德國心理學和哲學著作，但還是回哈佛完成了醫學學位。畢業後他深陷憂鬱，他當時寫的日記，內容充滿痛苦和自我厭惡。後來他實在走投無路了，就進入麻州薩默維爾市的精神病院接受治療。但他認為自己後來能康復，不是因為治療的關係，而是因為他發現了一篇由法國哲學家雷諾維耶（Charles Renouvier）所著，關於自由意志的論文。讀完這篇論文後，他下定決心要用自由意志治療自己的憂鬱症。情況似乎並沒有那麼單純，因為接下來的十八個月，他仍無法正常生活，終生也為慢性憂鬱症所苦。

一八七二年，詹姆斯的復原程度讓他仍能接受在哈佛教授心理學的職務。一八七五年他開了一門稱為「生理與心理學的關係」的課程，讓哈佛成為美國第一間教授實驗心理學的大學。十年後，詹姆斯把他的情緒理論公諸於世，在一八八四年發表了論文〈情緒是什麼？〉這篇論文發表在一份名為《心智》（*Mind*）的哲學期刊，而非心理學期刊，因為第一份有關心理學研究的英語期刊要到一八八七年才問世。

我們因為顫抖而感覺生氣、因為流淚而感覺傷心

詹姆斯在論文裡提到了許多情緒，例如「驚訝、好奇、狂喜、恐懼、憤怒、渴望、貪心和喜愛」，這些情緒都伴隨著生理的改變，例如呼吸急促或身體、臉部的靜止和運

動[9]。表面上看來，這些生理反應好像是情緒引發的結果，但詹姆斯認為，這種解讀與事實完全相反。「我認為情況是倒過來的，」他寫道：「刺激的感知會直接引發生理反應，而這些生理上的改變就是情緒……感知後若少了這些生理狀態，就會變得蒼白、黯淡，缺乏情緒的溫暖。」換句話說，我們不是因憤怒而顫抖、因悲傷而哭泣；相反的，我們因為顫抖而感覺生氣、因為流淚而感覺傷心。詹姆斯主張，情緒都有其生理基礎，而這正是現代科學家的想法——多虧了大腦造影技術，如今我們能直接觀察與情緒有關的大腦生理程序，這些都是確切發生在大腦裡的反應。

根據現代「新詹姆斯派」的理念，情緒就跟感知和記憶一樣，是大腦依據已有的資訊重建而來。這些資訊大多來自潛意識。潛意識會處理感官接收到的外界刺激，並製造對應的生理反應。大腦也會利用其他資訊，例如個人的既有信仰和期待，以及當下的情勢。大腦處理這些資訊，然後產生情緒的意識感覺。這個機制可以解釋心絞痛案例——更廣泛的說，也就是安慰劑對痛覺的成效。倘若病患的痛覺體驗，是生理狀態和背景資訊的共通產物，那麼不讓人意外的，大腦的確會用不同方式解讀同樣的生理資訊（也就是造成痛覺的神經脈衝）。因此神經細胞把訊號傳送到大腦痛覺中樞時，即使訊號本身不變，你的痛覺經驗也可能不一樣[10]。

詹姆斯在《心理學原理》一書中，詳細說明他的情緒理論和其他主張。我在第四章討論到默索時，曾提及這本書。（默索針對接受過大腦手術、頭顱出現縫隙的病患進行實驗。）詹姆斯於一八七八年簽下《心理學原理》的出版合約後，就著手書寫，在蜜月旅行時拚命工作。但蜜月過後，他又花了十二年的時間才完成。這本書後來成為經典，非常創新，對後世影響甚巨。在一九九一年一項心理學名家調查裡，在最重要的心理學家項目中，詹姆斯排名第二名，僅次於他的啟蒙者，馮特[11]。

諷刺的是，馮特和詹姆斯對這本著作都不甚滿意。馮特不滿意的原因，是因為詹姆斯當時已經背離了馮特實驗心理學的主張，也就是所有因子都要能夠測量。然而你如何測量情緒？詹姆斯在一八九〇年開始主張，既然我們無法測量情緒，心理學就該脫離純粹實驗的限制。他嘲笑馮特的研究，說那些都是「銅管樂器的心理學[12]」。另一方面，馮特則如此形容詹姆斯的著作：「這本書是文學著作，寫得很美，但不是心理學[13]。」

然而詹姆斯對自己的批評更嚴苛。他寫道：「我比任何人更厭惡這本書，看到就討厭。沒有任何領域值得以一千頁來大書特書。倘若我還有十年的時間，我會把它重寫成五百頁。但無論如何，這本書還是一文不值——令人憎厭、冗長、腫脹、傲慢，是一團無用之物，只證明兩件事：一、世上根本沒有什麼所謂心理學的科學；二、詹姆斯十分無能[14]。」發表這本書之後，詹姆斯決定捨棄心理學，投入哲學研究，於是就引誘繆斯特貝格從德國搬到美國，接手詹姆斯在哈佛的實驗室。當時詹姆斯才四十八歲。

☆ ☆ ☆

好一段時間，詹姆斯的情緒理論成了心理學的主流，但接著就被其他派別取代了。然而到了一九六〇年代，詹姆斯的理論（如今稱為詹郎二氏理論，James-Lange theory）又再度受到重視，因為當時興起的認知心理學主張大腦會集結不同資訊，創造出情緒，而這個說法正好吻合詹姆斯的理論框架。然而單單這樣並不能證明詹姆斯的理論正確無誤，因此科學家便努力尋找更多證據。

生理反應會產生情緒錯覺

這方面最著名的早期研究，是由沙克特（Stanley Schachter）執行，他也就是在實驗中假扮知名的席爾斯坦博士的那位科學家（見第112頁），沙克特原本在明尼蘇達大學任教，後來轉往哥倫比亞大學。他與辛格（Jerome Singer）共同進行這項研究。後人稱辛格為「心理學最佳第二作者」，因為他在好幾個著名研究的論文中，都在作者欄排第二順位[15]。倘若情緒就像視覺和記憶，不是直接的感官產物，而是由有限資訊建構而來，那麼它應該也跟感知和記憶一樣，有時會因大腦填補遺失的資訊，而造成一些「錯誤情緒」。如此一來就會產生「情緒錯覺」，情況就跟視覺錯覺和記憶錯覺一樣。

舉例來說，假設你沒有特別原因，卻出現情緒激動的生理症狀。你最合理的反應應該是心想：「哇，我的身體出現了無法解釋的生理反應，但原因不明。怎麼回事呀？」但發生這些感覺的情境，可能會讓你把生理反應解讀成某種情緒（例如恐懼、憤怒、快樂或性興奮），就算沒有實際的起因會引起那些情緒。那麼這樣的經驗，就可說是情緒錯覺。沙克特與辛格為了示範這種現象，於是創造了兩種人為的情緒背景，一個是「開心」，另一個是「生氣」，然後研究那些生理出現亢奮反應的自願者，看他們在這兩種情境下的反應。研究人員的目的，是要看他們是否能選擇性的「騙」出自願者的特定情緒。

實驗是這麼進行的。沙克特和辛格對受試者宣稱，實驗目的是為了測試名為速洛辛（Superoxin）的維他命，看注射這種維他命後會不會影響受試者的視覺技巧。然而注射的藥物其實是腎上腺素，會增加心跳和血壓，讓受試者覺得興奮、呼吸加快——這些都是情緒激動的症狀。受試者分為三組。第一組（「知情組」）被清楚告知注射後會出現的症狀，研究人員說那些都是速洛辛的「副作用」。另一組（無知組）的受試者什麼也不知道，他們會感受到一模一樣的反應，但沒有任何解釋。第三組是控制組，只注射一些食鹽水，受試者不會出現任何生理反應，研究人員對此也沒多做解釋。

受試者接受注射後，研究人員就離開現場，讓每個受試者與另一位裝成受試者的助手獨處二十分鐘。在所謂的「開心」情境中，助手對於有幸參與實驗，表現出異常興奮的態度，以此製造出人為的社交背景。沙克特和辛格也創造了「憤怒」的情境：與受試者獨處的助手不斷抱怨這個實驗，以及實驗的過程。研究人員的假設是，受試者置身的社會情境，會讓「無知組」把生理反應解讀為開心或憤怒的情緒。「知情組」則不會體驗到任何主觀情緒，因為就算接觸到同樣的社會背景，他們也能充分解釋自己的生理改變，不會把這些改變歸因於情緒。沙克特與辛格也預期，控制組的受試者沒有感受到激烈的生理反應，因此也不會產生對應的情緒。

研究人員用兩種方式評量受試者的反應。他們先讓中立的觀察者從雙面鏡暗中觀察，然後用事先安排好的暗語記錄受試者的行為。接著受試者要填寫一份問卷，用0至4的分數評比自己的快樂程度。這兩種測量的結果，都顯示三組受試者的反應，完全符合沙克特和辛格的預期。

「知情組」和控制組的受試者都觀察到身邊助手明顯的情緒（愉快或生氣），但他們自己的心情不受影響。無知組的受試者則觀察到助手的情緒（對實驗感到高興或生氣），並認為自己的生理反應是由高興或生氣的情緒引起的。換句話說，他們成了「情緒錯覺」的受害者，誤以為自己跟身邊那個假受試者一樣，對當下的情境產生了一樣的「情緒」。

沙克特和辛格的實驗成了後人仿效的對象，多年來其他科學家用各種方式重複實驗。他們用比腎上腺素更溫和的方式刺激生理反應，測試各種情緒——其中最常見的情緒就是性慾。大家都以為性慾就跟疼痛一樣，是我們有所自知的感覺。然而研究結果卻顯示，性慾並不如我們想像的那麼直接。

心跳加速所以我……

研究人員找了男大生參加兩個連續實驗，第一個實驗看似與運動的效應有關，第二個實驗則讓受試者觀看一系列的「電影片段」[16]。這兩個階段其實是同一個實驗。（心理學家從不告訴受試者真正的實驗目的，怕會干擾實驗結果。）第一階段裡，運動的目的就跟注射腎上腺素一樣，會讓受試者感受到不明的生理亢奮。你可能會覺得，哪個平時好吃懶做的大學生，不會知道自己心跳、呼吸加快，是因為剛剛在跑步機上跑了一公里半？事實上，運動過後有好幾分鐘的時間，你會以為自己的身體很平靜，但其實身體仍處於亢奮狀態。研究人員於是在那段時間內讓「無知組」受試者觀看影片。另一方面，「知情組」則一運動完就看影片，因此他們很清楚自己的身體為何如此亢奮。就跟沙克特和辛格的實驗一樣，這個研究裡也包含了控制組，當中的受試者完全沒運動，也沒有體驗到任何激動狀態。

接下來就是性慾的部分。你可能早就猜到了，受試者在第二階段看到的「電影片段」，應該不會是什麼迪士尼卡通。那是一部法國三級片「摩托車上的女孩」，它的美國片名則為「皮衣下的裸女」。兩個標題都引人遐想。法國片名跟劇情有關：這是一部公路電影，描寫一個新婚女孩如何拋下丈夫，騎摩托車前往海德堡尋找愛人[17]。法國人也許覺得片如其名，但美國發片商顯然想法不同，覺得要用不同方式讓觀眾從標題聯想劇情。研究人員挑選本片，也就是因為「皮衣下的裸女」這個名字。

然而這部片並沒有成功達到預期的目的。研究人員要受試者以〇到一〇〇的分數，評比自己興奮的程度。控制組成員給了三十一分。知情組成員的分數也差不多，是二十八分。然而那些因運動而亢奮、但自己毫不知情的無知組受試者，顯然誤以為他們的亢奮狀態與性慾有關。他們對電影的評分是五十二分。

另一組研究人員也得到了類似的結果。他們安排一位迷人的女性請男性路人填寫問卷，說這是學校作業。有些受試者在一座堅固的木橋上被攔下來，木橋離下方的小溪只有三公尺左右。其他受試者則置身一．五公尺寬、一百三十七公尺長的木板橋，離下方岩石足足有七十公尺高。雙方互動後，女採訪員留下自己的聯絡資訊，說倘若受試者「有任何問題」，都可以跟她聯絡。受試者在這座嚇人的橋上，理論上會心跳加快，也會出現其他腎上腺素升高的反應。他們應該多少知道，自己的生理反應跟身處險境有關。但他們會不會誤以為這些是性慾反應？

對站在安全矮橋上的受訪者來說，那位女孩的吸引力似乎很一般：十六位受試者中，只有兩個人打電話給她。但置身高橋上、心情焦慮的十八位受試者，就有九個人打那支電話[18]。對許多男性受試者而言，自己會從數十公尺高的地方落到巨石堆上的恐懼，顯然就跟調情的笑容和絲質黑睡衣有一樣的功效。

控制好身體，就能調整情緒，反之亦然

這些實驗顯示，潛意識大腦在判斷我們的感覺時，會綜合生理狀態的資訊，以及其他來自社會和情緒背景的訊息。我想我們可以把這個發現帶來的教訓，應用在日常生活

中。當然，我們可以直接聯想到一些類似的情境，例如倘若你在評估某個生意上的計畫前，先爬了一段樓梯，你的反應可能會從平常的「嗯，不錯」，變成「哇，真不錯！」。

但我們不妨也考慮一下那些承受壓力時的狀況。我們都知道心理壓力會導致負面的身體反應，但我們甚少提及相反的回饋機制：生理的緊繃也會造成心理緊張。舉例來說，你跟朋友或同事起了衝突，讓你處於激動的生理狀態，包括肩膀和脖子僵硬、頭痛、心跳加速。如果這種狀態一直維持下去，而你又正好在跟某個與衝突不相干的人談話，儘管你的覺知是先前衝突引發的，你可能還是會誤以為這些感覺要歸咎於眼前的談話對象。

舉例來說，我有一位在出版社工作的編輯朋友告訴我，她曾經跟某位代理商交手，對方刻薄的態度讓她很意外，因此她覺得那個人很好戰，最好不要與他共事。但我跟她繼續聊下去，卻發現她會對那位代理商生氣，其實跟他們正在處理的問題無關，而是因為在那之前發生了不相干的另一件事，讓她心煩意亂。她潛意識裡還殘留著這些負面情緒。

長久以來，瑜伽老師都會說：「身體平靜下來，心情也會隨之平靜。」如今社會神經學也印證了這個說法。事實上，有些研究更進一步顯示，倘若我們可以主動呈現快樂的生理狀態，例如強顏歡笑，那麼你可能真的會覺得開心了些[19]。我的小兒子尼可萊似乎直覺的了解這點：有一次他打籃球時發生了奇怪的意外，把手折斷了。後來他突然停止哭泣，開始大笑，並解釋他每次疼痛時，只要大笑就會覺得比較好。尼可萊重新體認了所謂「弄假成真」的道理，如今這個主題也成了一項嚴肅的科學研究。

☆ ☆ ☆

前述例子都顯示，我們常常不了解自己的感覺。然而我們通常以為自己明白得很。此外，倘若有人要我們解釋自己的感受，我們思索後通常都能毫不費力的提出理由。如果我們連自己確切的感受都不明白，怎能找到原因呢？答案就是，我們會編造理由。

潛意識其實是說謊精

有個實驗就示範了這個有趣的現象。研究人員兩手各拿一張撲克牌大小的照片，上頭各有一張不同女生的臉，然後請受試者選擇哪個女生比較迷人[20]。他接著把照片正面朝下蓋在桌上，然後把被選上的照片推向受試者，要他拿起來，解釋選擇的理由。接著研究人員再拿另一組照片繼續實驗，就這樣重複十幾次。這個實驗的花招是，有時候研究人員會把照片互換，巧妙的把受試者比較不喜歡的女生照片推給他。

只有四分之一的受試者識破這個機關。然而有四分之三的受試者對此渾然不覺，他們的反應非常有趣：當研究人員問他們為什麼喜歡那張臉（但其實他們根本比較不喜歡），他們會說：「因為她看起來很開朗。若在酒吧理，我會寧可跟她搭訕，而不想跟另一個」、「我喜歡她的耳環」、「她看起來很像我一個阿姨」、「我覺得她看起來個性比另一個女生好」。受試者不斷解釋自己喜歡那些臉的原因，充滿信心。然而他們原本根本比較不喜歡那些照片。

這個研究結果絕非巧合。科學家也在超市做了類似的實驗，要求顧客評比果醬和茶的味道[21]。在果醬實驗中，研究人員要顧客回答他們喜歡兩種果醬中的哪一種，然後再給一匙他們喜歡的那種果醬，要求他們依此分析喜歡的理由。但其實果醬罐子裡有隱藏的隔間，兩邊都有蓋子，讓研究人員可以巧妙的把湯匙伸進去取另一個口味的果醬（也就是顧客比較不喜歡的那個口味）。和前述實驗一樣，只有三分之一的客人識破機關，其他三分之二的客人則毫無困難的解釋自己的「偏好」。另一個實驗則用茶來測試，實驗方法很類似，結果也一樣。

這聽起來像是行銷專家的惡夢：他們要求人們針對產品或包裝提供意見，希望能藉此了解顧客的需求。顧客也誠懇、詳細而且十分肯定的回答你，但這些回答卻與事實無關。政治民意調查的專家也會碰到同樣的問題，他們總是會詢問民眾為何投給、或想要投給某個候選人。人們若自稱沒有意見，那是一回事；但倘若我們無法信任他們的確知道自己的想法，那又是另一回事。然而研究結果卻顯示，我們的確無法相信[22]。

大腦是編造理由的能手

科學家針對大腦異常患者進行各種實驗，得到的結果最能解釋前述現象，其中包括一系列以腦分裂病患為對象進行的著名實驗[23]。我在前文曾提到，這類病患會無法把某半腦接收的資訊，傳送到另一半腦去。當病患看到視線左方的物體時，只有右腦會察覺，反之亦然。同樣的，右腦負責控制左手動作，而左腦則負責控制右腦動作。這種對稱性的其中一個例外，就是大部分人的語言中樞都在左腦。因此這類病患在講話時，通常都是左腦負責。

接受裂腦手術的病患左、右腦無法溝通，於是科學家就利用這點，讓病患用右腦執行任務，然後要求左腦解釋理由。舉例來說，他們請病患（藉由右腦）揮手，然後問他為何揮手。左腦的確觀察到了揮手的動作，卻不知道先前要求揮手的指令。然而病患的左腦不允許他承認自己的無知。於是病患就說，他是因為看到認識的人，所以揮手。同樣的，當研究人員要求病患（藉由右腦）大笑，然後問他為何而笑，他就說因為覺得研究人員很可笑。經過反覆實驗，左腦的回應總彷彿它知道答案似的。在這些實驗，以及其他類似實驗中，左腦編造出許多故事，右腦則否。研究人員於是推斷，左腦的任務可能不只是記錄、辨識感覺，也包括理解感覺本身。左腦的表現，就彷彿在為所有人事物尋求秩序和理由。

神經學家薩克斯曾在著作中討論到柯沙可夫氏症候群，這是失憶症的一種，患者會無法形成新的記憶[24]。這類患者可能會在幾秒鐘內忘記自己剛說了什麼，或在幾分鐘之內忘記自己看到了什麼。然而他們仍常常說服自己相信，自己知道發生了什麼事。薩克斯醫生有一次走進診療室，為一位叫做湯姆森先生的病患檢查。湯姆森先生不記得上次曾跟薩克斯會過面，但他沒有意識到自己不記得。他總會抓住某些線索，說服自己還記得薩克斯。有一次薩克斯穿了一件白色外套，而因為湯姆森原本在雜貨店工作，他於是就「記得」薩克斯是街坊的肉販。過一會兒他忘了這個「發現」，於是又換了一個故事，而回想起薩克斯是某位顧客。湯姆森對他的世界、處境和身分的認識，總是瞬息萬變，但為了合理化自己的見聞，他不斷改變詮釋方式，並對這些詮釋深信不疑。就像薩克斯所說，湯姆斯「亟欲尋找意義、編造意義，他總是在編造故事，在無意義的深坑上建構意義之橋。」

心理學上的「虛談」（confabulation）這個詞，指的是人藉由虛構出自己相信的故事，來填補記憶中的空缺。但我們也往往靠虛談，來彌補我們對自己感覺的無知。所有人都有這種傾向。我們會自問，或問朋友說：「你為什麼開那輛車？」、「妳為什麼喜歡那個男生？」或「你聽了那個笑話為什麼笑？」科學家指出，我們往往認為自己知道這些問題的答案，實則不然。有人要我們提出解釋時，我們會忙著尋找真相，看起來好像是內省的過程。我們既不知道自己的感覺，也不一定了解感覺的潛意識源頭。於是我們會編造出看似合理的解釋，就算解釋得不正確，或只對了一半，我們仍深信不疑[25]。研究這類錯誤的科學家發現，這種作業絕非亂無章法[26]，而是十分規律、有條有理。大腦會依據人共有的社會、情緒和文化資訊，編造出各式理由。

☆ ☆ ☆

想像一下自己剛參加了一場辦在豪華飯店頂樓的雞尾酒會，正在回家的路上。你說你玩得很開心，而你的司機問你喜歡酒會的哪一點。「派對上的賓客。」你這麼回答。但也許真正讓你開心的，是跟某個女子（那女孩寫了一本宣導素食飲食的暢銷書）的機智對答？或是某些更細微的細節，例如好聽的豎琴音樂？充滿房間的玫瑰花香？或是你整夜暢飲的昂貴香檳？倘若你的回答，不是經過精準的內省後得到的結果，那你究竟是如何得到答案的？

當你試著解釋自己的感覺和行為，大腦會採取一種行動，這行動你聽了也許會嚇一跳：它會從你儲存的社會規範心智資料庫中，找出看似合理的答案。以前述例子來說，它可能就會搜尋「人們為何喜歡派對」，然後挑選出「參加派對的賓客」，當成最有可能的假設。這聽起來也許有點瘋狂，但研究顯示我們的確會上大腦的當：每次有人問我們過去或未來可能會有的感覺時，我們往往依照某些標準的理由、預期，或符合文化和社會的解釋，來描述或預測我們的感覺。

倘若前述概念為真，這些程序顯然會帶來某些結果，而我們可以藉由實驗來測試。精準的內省法利用的是對自己的認識。然而若只以一般的社會和文化規範來詮釋感覺，我們對自身的認識，就沒這麼重要了。因此倘若我們真的了解自己的感覺，我們應該比別人更能預測自己；但我們若只是仰賴社會規範來詮釋，那麼別人應該跟我們一樣，有能力精準的預測我們的感覺，而且也會跟我們犯同樣的錯。

你是發自內心做選擇，還是依循社會規範下判斷

科學家用各種方式探索這個問題，其中一種方式，是任何雇主都熟悉的情境[27]。雇用新人很困難，因為這是個重大的決定，但我們很難光靠面試和履歷等有限的資訊，來評斷一個人。如果你曾經雇用過人，你可能會問自己為何認為對方會是正確的選擇。毫無疑問的，你一定能找到合理的解釋。然而事後想想，你確定自己真的是因為自以為的理由，才雇用對方嗎？你的邏輯或許是倒過來的——你對某人有某種感覺，這種感覺讓你偏好對方，但在你回溯時，潛意識卻用社會規範來解釋你對這個人的感覺。

我有個醫生朋友曾告訴我，他相信自己當初能進入某個頂尖的醫學院，只有一個原因，那就是他跟當初面試他的其中一位教授一見如故。那位教授就跟他一樣，父母都來自希臘的某個城鎮。入學後他跟那位教授熟了起來，對方堅持當初面試會這麼順利，要歸功於我朋友的成績和特質（也就是社會規範要求的條件）。但我朋友的成績其實低於該

校平均，因此他仍相信影響該教授的，其實是因為他們是同鄉。

研究人員想探討為何有些人能得到工作，有些則否，而雇主是否知道自己抉擇的理由。他們於是找來一百二十八位自願者，都是女性，然後請她們研究和評估一份詳細的履歷。這是一位女性的履歷文件，她申請的職位是危機處理中心的顧問。受試者研究過後，就被問到一些關於應徵者資格的問題，例如你認為她有多聰明？臨機應變的能力如何？她是否能用同理心對待客戶的問題？你有多喜歡她？

這個研究的重點是，不同受試者拿到的資訊不盡相同。舉例來說，有些受試者看到的文件顯示，應徵者高中時以第二名畢業，如今是大學榮譽生，有些看到的則是她還沒決定是否繼續上大學；有些人看到的文件，提到應徵者看起來很迷人，有些文件則沒提任何關於外貌的事；有些人讀到中心主任的報告，說她面試時打翻了主任桌上的一杯咖啡，有些人讀到的報告則完全沒提到這件事；有些人讀到應徵者曾出過嚴重車禍，有些則沒讀到這個；有些受試者被告知自己之後會跟應徵者見面，有些則否。文件中充滿了這些不同因子的各式組合，形成數十種不同的情境。

最後研究人員再研究受試者得到的資訊以及她們的決定，然後用數學模型計算不同資訊如何影響受試者的評價。這個實驗的目的，是要比較每個因子如何實際影響受試者的觀感，以及受試者認為這些因子的影響力；研究人員也想比較那些不認識受試者的「外人」，會如何預測因子對受試者的影響。

為了了解受試者自認受到哪些因子影響，她們評鑑應徵者後，就要填寫一份問卷，問題包括：妳是否以應徵者的學業表現來評估她的才智？她的外貌是否影響妳對她可親度的評價？妳在評估她是否具有同理心時，有沒有受到她打翻面試官桌上咖啡的這件事影響？諸如此類的問題。此外，為了研究外人如何預測每個因子的影響力，研究人員也找來另一組自願者（外人）。他們沒看到應徵者的履歷，而只要評比他們認為這些因子會如何影響人的判斷。

這些關於應徵者的事實，都是研究人員精挑細選出來的。有些因子（例如應徵者的優秀成績）是理論上會為求職者加分的社會規範。研究人員的預期是，受試者和外人都會認為這些因子具有影響力。其他因子（例如咖啡翻倒事件，或受試者預期之後會跟面試者碰面）在一般的社會規範中，應該都不會影響雇主的決定，因此理論上「外人」應該也不會認為這些因子具有影響力。然而研究人員會選擇這些因子，卻是因為過去的研究顯示，這些因子的確會影響人的判斷，儘管此現象有違一般人的預期：那些看似有競爭力的應徵者，若出現打翻咖啡這類令人困窘的意外，往往會增加他們的可親度；而預期自己之後會跟某人見面，往往會增加你對對方個性的評價[28]。最重要的問題是，受試者經過自我反省後，是否能比外人更清楚，自己其實被這些讓人出乎意外的因子左右了？

科學家研究受試者和「外人」的答案，發現兩者十分相似，而且都頗有謬誤。決定哪些因子具有影響力時，他們似乎都得到符合社會規範的結論，而忽略真正的理由。舉例來說，受試者和「外人」都認為咖啡翻倒事件不會影響他們對應徵者的喜好，但這卻是影響最甚的一個因子。兩組人員都覺得學業成績會大幅影響他們對應徵者的評價，但實際上這些成績卻沒有任何影響。兩組人員也都認為預期將跟應徵者見面，應該不會影響他們對應徵者的評價，但結果恰巧相反。兩組人員對於自己會受哪些因素影響、不受哪些因素影響，始終錯得離譜。誠如心理學理論預測的，受試者並不比外人更了解自己。

☆
☆
☆

在演化的設計下，人類大腦雖然無法幫助我們徹底了解自己，但至少可以讓我們生存下去。我們觀察自己和世界，用可以接受的方式理解這一切。有些人會想更了解自己（也許因為他們想為人生做更好的決定、想更富有，或只是單純好奇），也希望能不受直覺的自我印象蒙蔽。我們的確可以做得到。我們可以用意識來研究、辨識，戳破認知的幻象。只要能了解心智運作的方式，增加自己的洞察力，我們就能用更有智慧的眼光探究自己。但即使這麼做可以讓我們更認識自己，我們也必須了解一個事實——倘若天性讓我們用歪斜的方式觀察世界，這種歪斜必有其目的。

有一次我去舊金山玩，走進一家古董店，想要買櫥窗裡的一只美麗的花瓶。那個花瓶原價一百美元，特價五十美元。結果我走出那家店時，手上卻抱著一張兩千五百美元的波斯地毯。說得更確切些，我不確定那張地毯真的價值兩千五百美元，只知道我付了這個數字。我不了解地毯的行情，本來也沒計畫在舊金山買一個兩千五百美元的紀念品，更沒打算帶任何比麵包盒還大的東西回去。我不確定自己為何會那麼做，接下來幾天也不斷自問原因，卻毫無線索。而且也沒有哪個社會規範，會暗示我在旅行的時候，應該突發奇想買一張波斯地毯回家。

但我的確知道，我喜歡那張地毯出現在客廳裡的模樣，因為那讓整個房間看起來很舒服，顏色也跟桌子和牆壁很配。但這張地毯會不會其實讓我的客廳，看起來像是廉價旅館裡的早餐區？也許我喜歡這張地毯的真正原因，是因為我不希望認為自己會花了兩千五百美元，買下一張醜陋的地毯，擺在我那美麗的木質地板上。然而這個發現沒有讓我太困擾，反而讓我更能理解、欣賞自己那隱藏的夥伴——潛意識。當我走在人生道路上，跌跌撞撞，潛意識總是能從旁提供我需要的一切支援。

第十章
尋找真正的自己

統治的祕訣，就是要相信自己不會犯錯，
並從過去的錯誤中學得教訓。
——小說家喬治·歐威爾（George Orwell）

二〇〇五年，超級颶風卡翠納席捲美國路易斯安納州和密西西比州的墨西哥灣岸。超過一千人因此喪命，數十萬人無家可歸。紐奧良大淹水，有些地區的水位高達四．五公尺。從各方面來說，當時美國政府的應變都相當笨拙。好吧，至少大部分人都這樣認為。聯邦緊急管理總署署長伯朗（Michael Brown）被控管理不當、領導無方，國會因此組成了專案小組進行調查。經驗不足的伯朗是否承認錯誤？答案是否定的。他說當時應變不佳「顯然是因為路易斯安納州州長布蘭可（Kathleen Blanco）和紐奧良市長納金（Ray Nagin）缺乏協調和計劃能力」。事實上，伯朗似乎視自己為希臘先知卡珊德拉（Cassandra）般的悲劇角色。「我好幾年來就私下預言過了，」他說：「因為缺乏資源和關注，這種災難遲早要發生的。」[1]

自我形象與外界認知總是有落差

伯朗內心也許覺得自己該負更多責任。這份公開聲明也許只是他的某種奇怪的嘗試，想把大眾對他的控訴從「疏忽」轉為「無能」。然而我們比較難用「不誠懇」來形容涉及殺妻的辛普森，他被控謀殺兩個人，但最後無罪開釋。在那之後，他似乎總在惹麻煩。二〇〇七年，他和幾個同夥闖進拉斯維加斯某個旅館房間，武裝搶劫體育紀念品。辛普森聽判時原本有機會道歉，求法官寬赦。他應該很有理由表現出一丁點誠實，或虛假的自責態度。然而他有沒有為了少坐幾年牢幫自己開脫，而對犯案之事表現悔意？並沒有。他仍拒絕認罪。他的回答發自內心。他對自己的行動感到歉意，但仍相信自己沒做錯事。即使這樣可能讓他多吃幾年牢飯，他仍覺得應該為自己辯護。

當我們自我感覺良好的理由受到威脅，我們似乎就更容易扭曲真相。卡內基（Dale Carnegie）在他的經典著作《人性的弱點》中，描述了一九三〇年代的一位著名匪徒，如何看待自己[2]。舒爾茲（Dutch Schultz）在紐約橫行霸道，從不諱言自己殺人的行徑。就算他承認是靠殺人建立起自己的邪惡帝國，也不會絲毫降低自己在同行間的聲望。然而他卻告訴一位報紙記者，說他認為自己「樂善好施」。同樣的，販賣私酒的黑幫老大卡彭（Al Capone）取了數百條人命，然而他卻說：「我把我的黃金歲月奉獻給人們，提供他們一些樂子，讓他們玩得開心，結果卻不斷被中傷、追緝。」惡名昭彰的殺人犯「雙槍」克勞利（Crowley）因為殺害警察被判以電椅處死，而那個警察只是要求查看他的駕照而已。然而克勞利對於自己殺人的行為毫無悔意，反而抱怨：「我不過是自衛，卻落得這般下場。」

我們往往在觀眾面前自抬身價，但我們是否真心如此相信？我們難道真的相信企業總體策略很成功，即使公司損失慘重？相信自己應得五千萬元的資遣費，即使三年來公司在自己的營運下，損失了比這還高了二十倍的數字？覺得自己在法庭上的表現很棒，儘管客戶最後還是被送上了電椅？相信自己抽菸是為了交朋友，就算當自己一整天一個人影也沒見著，還是會抽掉一整包菸？我們對自己的看法究竟多準確？

就是忍不住自我感覺良好

有一項研究，調查了一百萬個高中高年級生[3]。他們被要求評判自己與他人相處的能力。其中百分之百的人都自認自己在平均以上，百分之六十的人自認在前百分之十，百分之二十五的人自認在前百分之一。他們評判自己的領導能力時，只有百分之二的人認為自己低於平均水準。然而教師也沒有比學生實際：百分之九十四的大學教授，都認為自己的研究在平均水準以上[4]。

人會有自我膨脹的傾向，心理學家稱為「中上效應」，並且用各種情境的實驗證明了這一點，實驗的題材從駕駛能力到管理技巧都有[5]。工程學科的教授幫自己評比時，百分之三十至四十的人都把自己評為前百分之五[6]。軍官對自己的領導特質（包括魅力、智力等等）的評價，總是比下屬或上級的評價更樂觀[7]。在醫療系統中，醫生對自己社交技巧的評價，也遠比病患和上司的評價更高；他們對自己專業知識的評價，也遠高於客觀測驗得到的結果[8]。事實上，有一項研究就顯示，那些把病患診斷為肺炎患者的醫生，對自己的判斷有百分之八十八的信心，最後卻證實他們的正確率只有百分之二十[9]。

商場中也充斥這種現象。大部分的業務經理都認為自己的公司比其他同行容易成功，因為那是他們的公司[10]。而公司總裁對於公司進入新市場，或執行風險計畫的表現，都會過度樂觀[11]。這種心態造成的結果之一，就是公司併購其他公司時，通常會付比現有股價高上百分之四十一的價格，因為他們覺得公司獲利會增加；然而合併後的股價往往下跌，因為客觀的投資觀察者並不這麼認為[12]。

股票投資人也常常對自己的眼光過度樂觀。原本精明、理性的投資者，倘若過分自信，甚至會認為自己可以精準預測股市走勢，儘管理智上他們並不這麼認為。事實上，經濟學家席勒（Robert Shiller）就曾在一九八七年的黑色星期一之後，做過一項調查，發現有三分之一的投資者都聲稱自己「很清楚股價何時會回彈」，然而其中只有少數人能提供明確的理論，證明自己確實能預測市場未來的走向[13]。

諷刺的是，人們通常會承認，自我膨脹和自負的態度會帶來麻煩——但只有別人會犯這種錯誤[14]。沒錯，我們甚至高估我們「不高估自己」的能力。這究竟是怎麼回事？

☆ ☆ ☆

一九五九年，社會心理學家羅克奇（Milton Rokeach）找來三個精神病患，讓他們同時住進密西根州的伊普西蘭蒂州立醫院[15]。這三名病患都相信自己是耶穌。既然他們至少有兩個人搞錯了，羅克奇想知道他們會如何處理這個矛盾。在他們之前也有其他的先例。十七世紀有個著名的案例，一個名叫莫林（Simon Morin）的人，也因同樣的理由被送到瘋人院。他在那兒遇到了另一個耶穌，「同伴的愚蠢行徑讓他十分震驚，以致於他也突然領悟到自己的愚蠢。」不幸的是，他後來仍恢復了原本的信念，然後就跟耶穌一樣遭人殺害了——他最後是因褻瀆上帝的理由被燒死的。

伊普西蘭蒂醫院的病患倒是沒被燒死。其中一個病患就跟莫林一樣，放棄了自己的信念。第二個病患則把其他兩個病患視為神經病，並且覺得自己很正常。第三個病患則完全規避此話題。於是在這個案例裡，三位病患中有兩個仍堅守著自我形象，不願承認事實。就算一般人不會認為自己可以在水上行走，我們仍會犯同樣的錯，雖然不如前述例子那麼極端。仔細想想（其實只要稍微留心），大部分人都會發現，我們在自己眼中的形象，和在其他人眼中的形象，其實沒有那麼一致。而後者往往比較客觀。

在意識與潛意識之間，我們拉拔

一般人到了兩歲後，就開始了解自己是社群份子[16]。我們大約在這個時期開始發現，原來穿尿布不算是很受歡迎的風格，我們也開始參考大人的意見，建立對過去經驗的看法。到了幼稚園，我們可以自我檢視，無須大人的幫忙，但也開始了解人的行為是由欲望和信念驅動的。從此以後的每一天、每一刻，我們就在「自己想成為的那個人」和「既有的那個自己」之間不斷拉鋸。

我在前文曾提到，心理學家推翻了許多佛洛伊德的理論。然而佛洛伊德治療心理學和實驗心理學的概念中，的確有一點符合今人的看法，那就是「我們的自我會為了捍衛名聲而奮戰」。直到最近幾年，心理學家才開始認同這個概念。數十年來，研究型心理學家都以為人是客觀的觀察者，會評估局勢，並用理性的態度追求真理、分析社交世界的特性[17]。他們以為人會自行蒐集資訊，用正確精準的方式推論出對自己的看法。從這個傳統的觀點來看，一般正常人就像研究自我的科學家，而精神病患（或潛在的精神病患）對自己的印象則受到錯覺蒙蔽。然而如今我們已經知道，相反的說法可能還比較貼近事實。健康的一般人，無論是學生、教授、工程師、陸軍中校、醫生、業務經理，都會認為自己很能幹、稱職，就算事實正好相反。

那位業務經理難道沒注意到該部門的業務成績愈來愈差，並質疑自己的能力？或那位陸軍中校，難道沒注意到自己總擺脫不了中校的軍階，也許是因為自己沒能力擔任上校？我們看到同事升遷時，如何說服自己說自己其實很有能力，只是上司沒眼光？

內心的律師與科學家之戰

誠如心理學家海德（Jonathan Haidt）所說，有兩條路可以通往真理：一是科學家的路，一是律師的路。科學家會蒐集證據、尋找其中的規律、提出可以解釋現象的理論，然後加以測試。律師則一開始就下了結論、決定要用該結論說服別人、尋找可以支持結論的證據，並質疑任何不符合結論的證據。人的心智同時擁有科學家的那一面，以及律師的那一面，一個是追求客觀真理的意識，另一個則是潛意識，它熱切擁護我們「想要」相信的一切。我們讓兩者競爭，共同創造出自己的世界觀。

相信自己願意相信的，然後尋找證據來合理化自己的理論，這種程序似乎無助於日常生活的決定。舉例來說，賭馬時比較理性的做法，是把錢押在你認為最快的馬上；你若只因為自己賭了某匹馬，就相信牠跑得最快，邏輯似乎不太通。同樣的，你理論上應該要選擇你覺得吸引人的工作，而不是只因為接受了某份工作，就覺得這工作很棒。然而儘管這兩個例子中第二個情境似乎都不太理性，這些不理性的思維卻比較能讓我們開心。而心智通常會選擇讓自己開心的選項。研究人員指出，在前述二例中，人們比較會選擇第二種態度[18]。人類思緒中的因果箭（causal arrow），總是傾向由信念指向證據，而非相反[19]。

大腦是很不錯的科學家，但更是頂尖的律師。於是當我們努力塑造一致、可信的自我形象和世界觀時，我們心中那位熱情的律師往往戰勝追求真理的科學家。前幾章中我們曾討論，潛意識很擅長利用有限的資訊，建構出讓意識覺得很真實、完整的世界觀。視覺、記憶甚至情緒都是建構出來的產物，混雜了原始、不完整甚至有時互相衝突的資訊。我們也用同樣的方式建構自我形象。繪製自畫像時，律師般的潛意識會合併事實和假象、誇大我們的優點、淡化我們的缺點，創造出如同畢卡索作品般的扭曲形象，有些部分（我們喜歡的部分）放得很大，有些則縮小到幾乎看不見。意識心這位理性的科學家於是天真的欣賞這幅自畫像，還以為這個形象就跟照片一般精準。

心理學家把內在律師的這種做法，稱為動機性推理（motivated reasoning）。這種推理法可以讓我們相信自己的優點和能力、覺得一切操之在己，並得以用極度樂觀的角度看待自己。我們也藉此理解、詮釋外在環境（尤其是社交環境），並合理化自己偏好的信念。然而，不太可能讓百分之四十的人都擠得進前百分之五、不可能有百分之六十的人都在百分之十之上、也不可能有百分之九十四的人都擁有中等以上的表現，因此有時要說服自己很棒，也不是那麼簡單的事。

然而幸運的是，意識有個很棒的幫手——模糊性（ambiguity）。前文中我們就曾提到，模糊性是生命中很重要的部分，可以在原本不容爭辯的真相中，製造出灰色地帶。而潛意識就在這個灰色地帶上，為自己、他人和環境，創造自己的詮釋，讓我們能把命運發揮到極致，在順境中得到能量，在逆境中得到撫慰。

☆ ☆ ☆

我在前文曾提及，模糊性會帶來刻板印象，讓我們對不熟的人產生錯誤評價。當然它也會讓我們誤解自己。倘若我們的天賦和專業、個性和人格，都能以科學方式明確定義，並刻在永恆不變的石板上，我們看待自己的方式也許就不會偏差了。然而事實上，我們的特質卻有各種詮釋方法。

怎麼想，就會看到什麼

我們任意修改真相的傾向，究竟有多強烈呢？鄧寧（David Dunning）花了好幾年研究這個問題。鄧寧是康乃爾大學的社會心理學家，他的研究生涯幾乎都在研究人究竟如何按照自己的喜好，修改對現實的觀感。鄧寧和同事把一張可看成海豹或馬的照片放到電腦裡，然後找來數十位受試者，提供動機讓他們覺得自己看到了馬，或海豹[20]。

實驗是這樣進行的：科學家告訴受試者，說他們會受指派喝兩種飲料中的一種。一杯是好喝的柳丁汁，另一杯則是「健康的精力湯」。精力湯無論看起來或聞起來都很噁心，噁心到有些受試者甚至因此決定退出，不願意嘗試。研究人員要求受試者按照電腦上的指示，選擇一種飲料來喝。電腦螢幕上會閃出那張馬／海豹的圖，維時一秒鐘。一般人通常無法在一秒鐘內看到兩種景象，因此受試者只會看到一匹馬，或一隻海豹[21]。

這就是實驗的重點了。其中一半的受試者被告知，若看到「農場動物」，就要喝柳丁汁，若看到「海洋動物」，就要喝精力湯。另一半受試者得到的指令則正好相反。受試者看到影像後，要指出自己看到了什麼。倘若動機會讓認知產生偏差，那些被告知「農場動物等於柳橙汁」受試者的潛意識，就會讓他們傾向看到一匹馬。同樣的，對那些「農場動物等於噁心精力湯」的受試者而言，他們的潛意識會讓他們傾向看到一隻海豹。實驗結果證實的確如此：那些希望看到農場動物的受試者，有百分之六十七的人看到了馬；而那些希望看到海洋動物的人，則有百分之七十三看到了海豹。

鄧寧的研究的確很有說服力，顯示動機會如何影響感知，但這個實驗中牽涉到的模糊性非常單純、明確。相反的，日常生活中出現的議題，往往比「判斷眼前的動物」複雜許多。無論是管理公司或軍隊的能力，與人和睦相處的能力，依道德標準行動的欲望，以及其他無數定義我們之為我們的特徵，都複雜無比。於是我們的潛意識就能從五花八門的滿漢全席中，挑選出要呈現給意識的詮釋方式。最後我們也許以為自己正在咀嚼事實，但那可能根本就是自己偏好的結論。

我們有時會為了一些議題爭得面紅耳赤，可能就是因為我們用了偏頗的角度，詮釋這些議題中的灰色地帶。一九五〇年代，兩位來自普林斯頓大學和達特茅斯大學的心理學教授，決定測試這兩校學生在一場重要足球賽的一年以後，是否能客觀的看待那場比賽[22]。這場比賽非常激烈，達特茅斯大學的球員打得十分粗魯，但最後還是讓普林斯頓大學的球隊贏得比賽。

科學家讓來自兩校的學生觀看球賽影片，並要他們記下他們看到的所有違規事件，並注明那是「嚴重」或「輕微」的違規。在普林斯頓學生的眼裡，達特茅斯球隊的違規次數是自家球隊的兩倍；在達特茅斯學生的眼裡，兩隊的違規次數則差不多。普林斯頓學生把對手大部分的違規都評為「嚴重」違規，自家球隊的嚴重違規則少很多；達特茅斯學生則只看到自家球隊犯了少數的嚴重違規，但對手的違規事件裡，則有一半情節嚴重。研究人員問受試者，達特茅斯球隊的球員是否蓄意玩得很粗暴、卑鄙，大部分普林斯頓的球迷都說「是」，而大部分達特茅斯的球迷則說「否」。研究人員寫道：「足球場傳來同樣的感官刺激，透過視覺機制傳到大腦後，卻讓不同人得到不同的體驗……根本沒有讓人們純粹欣賞的獨立比賽存在。」

科學家也不一定公正

我喜歡研究人員最後這句話，因為這句話雖然在講足球，卻可以應用在生命中的所有競賽上。即使在我那強調客觀的科學領域中，科學家的既有立場也往往左右他們詮釋證據的方法，這個現象非常明顯。舉例來說，宇宙究竟是有起點，亦或永恆存在？一九五〇和一九六〇年代的科學家為了這個問題爭論不休。一派支持大霹靂理論（big bang theory），他們對宇宙起源的主張，從理論本身的名字看得出來。另一派則相信穩定態理論（steady state theory），認為宇宙永恆存在，總是維持與現今差不多的狀態。

最後所有立場公正的科學家，都一致認為所有證據顯然都支持大霹靂理論，其中最重要的證據來自貝爾實驗室的兩位衛星通訊學家，他們無意間偵測到大霹靂後的餘波。這項發現成了《紐約時報》的頭條，新聞稿宣布大霹靂理論勝出了。那些支持穩定態理論的學者怎麼說？三年後，一位主張穩定態理論的學者終於接受事實，他是這麼說的：「宇宙的運作原來這麼笨拙，但我猜我們也只能將就了。」另一位穩定態理論的主要擁護者在三十年後，仍相信自己修正過的理論才是正確的，當時他已經老態龍鍾、白髮蒼蒼了。[23]

以科學家為對象進行的研究並不多，但這些研究都顯示，科學家的確常常扮演倡議者的角色，而非公正的裁判。社會科學領域尤其如此，因為這些領域有更多的灰色地帶。舉例來說，在一項研究中，研究人員請芝加哥大學的幾位資深研究生改一份報告，內容是關於這些學生已有定見的議題[24]。這份報告是研究人員杜撰出來的，但自願者並不知情。結果一半的自願者覺得報告結果支持某個理論，另一半自願者卻覺得結果支持另一種理論。然而其實不同的只有數據——這些報告裡的研究方法和呈現方式，根本一模一樣。

大部分受試者都否認自己對報告的評價，是取決於數據是否支持他們原先的想法。但他們都錯了。分析結果顯示，當數據符合（而非違背）他們的信念，他們會覺得該研究的方法比較完整，闡述方式也更清楚。先驗信念愈強的人，這種效應就愈強[25]。當然我不是在說科學主張都是騙局，絕非如此。歷史反覆印證了一件事，那就是比較好的理論終究會勝出。這就是為什麼大霹靂理論能脫穎而出，而穩定態理論則逐漸被人遺忘；如今更沒有人再提冷融合（低溫核融合反應）了。然而科學家一旦開始投入某個已有的理論，他們也的確會固執已見。就像經濟學家薩繆爾森（Paul Samuelson）寫的：「每舉行一次科學家的葬禮，科學就又向前進了一步[26]（譯注：這句話的意思是，科學家往往堅持自己的主張，因此他們支持的理論只有等到他們入土為安後，才有可能被人遺忘）。」

一旦關係到自己，就不會客觀

既然動機性推理是潛意識的產物，人們也許是發自內心的覺得自己不偏頗、不自利，就算他們做的決定明明都是為了自己好。舉例來說，許多醫生都認為自己不受金錢誘惑，但最近的研究結果卻顯示，收受廠商的招待或禮物的確會影響醫生的潛意識，左右他們治療病患時的決定[27]。同樣的，研究也顯示醫學研究者若接受製藥商的資助，顯然會比獨立研究員更容易做出偏袒贊助商藥物的結論，而比較不會提出對藥商不利的報告；投資主管對股市走向的預測，會受他們的喜好影響；審計人員的判斷力，會受客戶提供的好處影響；在英國，有一半的人相信天堂存在，但只有四分之一的人相信地獄存在[28]。

多虧近來的大腦影像研究，我們開始了解大腦如何製造出這些潛意識的偏差。研究結果顯示，大腦評估情緒相關資訊時，會自動考慮我們的需要、夢想和欲望[29]。我們總以為大腦計算很客觀，但其實大腦並不像電腦那般超然，反而深受我們的特性和欲望影響。事實上，當某個議題涉及到自身利益，大腦就會開始進行「動機性推理」；議題若與自身無關，大腦才會冷靜、客觀的思考。而這兩種思考方式的生理途徑也大相逕庭。具體的說，「動機性推理」牽涉到某些大腦區塊連結，是冷靜思考時不會發生的反應，包括邊緣系統的額葉眼眶面皮質和前扣帶皮質，以及後扣帶皮質和楔前葉，而後兩者也跟情緒激動下的道德判斷有關[30]。大腦就用這些生理機制來欺騙我們。但是牽涉其中的心理機制又是如何？我們的潛意識究竟用了什麼推理技巧，支持我們偏好的世界觀？

☆ ☆ ☆

我們的意識並不傻。倘若潛意識扭曲真相的技巧很拙劣、明顯，我們自然會發現，也不會買帳。事實若扭曲過頭，動機性推理也會無法作用，因為當意識開始起疑，自我欺騙的遊戲也就結束了。動機性推理也有局限，這點非常重要。畢竟高估自己做義大利寬麵的手藝是一回事，相信自己可以安然從高樓上跳下來，又是另一回事。大腦會誇張自我形象，但這個程序也要拿捏得恰到好處、不過分誇大，才有利人類的生存。

心理學家論及這種平衡時，主張扭曲後的形象仍必須保持一種「客觀的假象」。我們天生就擁有這種天賦，能提出有力的論點來合理化美好的自我形象，而不會直接被明顯的事實打擊。我們的潛意識究竟如何把模糊不清的經驗，按照自己的想望，轉化成清晰的自我形象？

過關與否，存乎一心

其中有個方法，讓我想到一個關於一位天主教徒（白人）、一位猶太人（白人）和一位黑人的故事。這三個人死後來到天堂門口。

天主教徒說：「我一輩子都在當好人，但受到很多歧視。我要如何才能進天堂？」

「很簡單。」上帝說：「你只要能拼出一個字，就能進去了。」

「什麼字？」天主教徒問。

「上帝（God）。」上帝回答。

於是天主教徒就說：「G——O——D。」上帝就讓他進去了。

接著猶太人走上前，也說：「我是好人。」又說：「我一輩子都過得很辛苦，一直受到歧視。我要如何進天堂？」

上帝說：「很簡單，你只要能拼出一個字就好了。」

「什麼字？」猶太人問。

「上帝（God）。」上帝回答。

猶太人說：「G——O——D。」上帝也讓他進去了。

最後黑人走上前，說自己總是善待他人，但卻都因為膚色受到嚴重的歧視。

上帝說：「別擔心，天堂沒有歧視的問題。」

「謝謝你。」黑人說：「我如何能進天堂？」

「很簡單，」上帝說：「你只要能拼出一個字就好了。」

「什麼字？」黑人問。

「捷克斯洛伐克（Czechoslovakia）。」上帝回答。

這個笑話中，上帝的歧視方式很經典，這也是大腦常運用的策略：當我們樂見的情勢想通過心智之門，我們會要求它拼出上帝這個字；但倘若我們不喜歡的訊息上前敲門，我們卻要它拼出「捷克斯洛伐克」。

舉例來說，在一項研究中，受試者拿到一段紙條，用來檢測他們體內是否嚴重欠缺一種稱為TAA的酵素。少了這種酵素，他們就很容易罹患多種嚴重的胰臟疾病[31]。研究人員要他們用口水弄濕紙條，等十至二十秒，看紙條會不會變成綠色。一半受試者被告知，紙條變綠色代表他們體內沒有缺乏這個酵素；另一半受試者則被告知，紙條變綠色代表他們體內嚴重缺乏這個酵素。這個酵素其實根本不存在，而紙條也只是一般的黃色美術紙，因此受試者本來就不會看到紙條變色。

研究人員觀察受試者檢測的過程，那些希望紙條不變色的受試者沾濕紙條，發現顏色沒變，就馬上接受了這個讓人高興的結果，並認為檢測完成了。但那些希望看到紙條變綠色的人，平均會多花三十秒盯著紙條看，然後才勉強接受結果。此外，其中有一半以上的受試者會重新檢驗。有一位受試者甚至反覆做了十二次，就像跟父母糾纏不休的小孩似的：「你可以變成綠色嗎？可以嗎？拜託啦！拜託啦！」

這些受試者的行為看起來可能有點傻氣，但我們每個人都會為了幫我們偏好的觀點背書，而反覆嘗試。當我們喜歡的政治候選人被控犯錯或無知，而且罪證確鑿時，我們還是會找各種理由繼續支持他；相反的，當我們間接聽說對立黨派的候選人開車違規左轉，我們就認為他應該被終身禁止參政。同樣的，人們若想相信某個科學結論，就算只是某篇來路不明且不清不楚的報導，也會被拿來當證據；當人們不想接受某種說法，他們總會找到理由拒絕相信，就算美國國家科學院、美國科學促進協會、美國地球物理聯盟、美國氣象學會、以及數千項科學研究都得到一樣的結論。

對於全球氣候變遷這個帶來不便、代價昂貴的議題，人們就是這麼看待的。我提到的這幾個組織，還有數千篇相關學術論文，都一致結論人類必須為氣候變遷負責。然而仍有一半以上的美國人，還是設法說服自己，溫室效應的議題仍未定案[32]。事實上，要讓這幾個組織同意任何事，就算是同意「愛因斯坦很聰明」這點，幾乎都是不可能的任務。因此他們對溫室效應得到的一致結論，可說是非常篤定了。但這不是好消息，所以人們拒絕相信。對很多人來說，我們是大猿的後代，也不是什麼好消息，於是他們也找盡理由不接受這個理論。

跟我支持的一樣，就是合理的

如果某人出於某種政治偏見或既得利益，而抱持與我們不同的理念，我們往往認為他是蓄意忽視明顯的事實，只為了合理化自己的政治立場，或讓自己得到更多好處。但每個人都會藉由動機性推理，想辦法合理化自己偏好的結論、質疑對方的理論，卻仍相信自己很客觀。因此對於重要議題持相反意見的兩方，其實都真心相信，只有自己的詮釋方式合情合理。

讓我們來談談某個以死刑為主題的研究。有些人贊成或反對死刑，是因為認為死刑可以、或無法遏止犯罪。研究人員讓兩方人馬閱讀兩份虛構的研究報告。這兩份報告各運用了某種統計方法來證明其論點，我們稱為方法A或方法B。一半的受試者拿到的報告中，使用方法A的研究得到「死刑可以遏止犯罪」的結論，使用方法B的研究結論則是「死刑無法遏止犯罪」。而另一半受試者看到的報告，結論是顛倒的。

倘若人可以保持客觀，那麼兩組受試者應該會同意，方法A或方法B中有一個是比較好的研究法（或認為兩種方法不分上下），無論研究本身的結論是否符合他們原本的主張。但結果卻非如此。受試者很快就批評：「牽涉到的變數太多了」、「我不認為這份研究提供了充分的數據」或「這份研究的證據沒有意義」。但兩組受試者都褒揚了那個支持他們主張的方法，對另一種方法不屑一顧。很明顯的，受試者的分析取決於研究報告中的結果，而非研究方法本身[33]。

這兩份研究報告分別為反對或贊成死刑的觀點，提出條理分明的論述。然而即使受試者有機會接觸兩方的說法，他們仍無法理解異於己見的主張。相反的，因為人們總會挑剔自己反對的證據，並信服自己認同的證據，結果這些研究報告反而更加深了兩方的歧異。在類似的研究中，一群受試者觀看一些主要電台關於一九八二年貝魯特大屠殺的報導。結果那些死忠支持以色列或支持阿拉伯的受試者，都認為這些報導和電台本身立場偏頗、與他們對立[34]。這個研究結果有幾個重要的教訓。首先，我們應該要時時提醒自己，那些與我們意見相左的人，不一定是在自欺欺人、睜眼說瞎話，也不一定拒絕承認他們邏輯的明顯錯誤。更重要的是，我們所有人都應該認清這個發人深省的事實：即便是我們自己，也無法隨時保持全然客觀的態度。

☆　☆　☆

潛意識會運用許多方法，以達到機動性推理的目的，包括調整自己的標準，以配合那些符合自身定見的證據。然而潛意識也會以其他方式來支持我們的世界觀（以及自我印象），例如調整不同證據對我們的重要性，或乾脆完全忽視我們不喜歡的證據。舉例來說，你曾否注意過，球迷會在球隊贏球時吹噓球員的精采表現，但球隊若輸球了，他們往往不談論球打得如何，反而專注在運勢或裁判上[35]？同樣的，上市公司的經理會把公司的好表現歸功於自己，但業績不好時，他們卻開始胡亂歸咎於某些環境因子[36]。人們遇到壞結果時，往往會扭曲事實、推卸責任。然而我們很難分辨他們究竟是出於潛意識的「動機性理由」，真心相信自己的論點，或是有意識的幫自己開脫。

我們最會找理由，把想要的合理化

有個情況不牽涉到模糊地帶，那就是進度管理。我們不太有理由答應一個不實際的截止期限，畢竟時間一到，你總是得履行承諾，完成任務。然而就算會被罰錢，承包人或公司行號還是常常拖過截止日期。研究結果顯示，動機性推理是人會錯估情勢的主要原因。原來我們計算完成期限時，都以為自己會先把計畫拆解成好幾個必要階段、估計每個階段所需的時間，然後計算出時間總和。但研究結果卻顯示我們往往順序顛倒。也就是說，我們會不自覺的讓目標期限影響我們的判斷，而誤判每個階段需要的時間。事實上，研究顯示我們希望多早結案，會直接影響所估計的時限[37]。

倘若一個遊戲製作人一定得在兩個月內，完成一款PlayStation的遊戲，他的大腦會說服自己，說編程和品管將比過去更順暢。同樣的，如果我們要在萬聖節前做好三百個爆米花球，我們會設法說服自己，說這次若讓小孩加入廚房的生產線，一定會進行得比過去任何一次更順利。就因為我們做了決定，並真心相信這些計畫很實際，才會邀請十位客人來家裡開派對，或決定打造一架噴射戰機。然而我們往往用過度樂觀的態度，估計自己完成計畫的能力[38]。事實上，美國會計總署就曾估算，軍方採購新科技器材時，貨物只有1%的機率能準時送達，而且不超過預算[39]。

在第九章我曾提到，研究顯示雇主往往不清楚自己為何雇用某人。面試官喜歡或不喜歡某位應徵者的原因，可能根本無關應徵者的客觀條件。他們也許是校友，或都喜歡賞鳥，也可能是因為應徵者讓面試官想起自己最喜歡的叔叔。無論原因為何，面試官一旦憑直覺做了決定，他的潛意識就會進行動機性推理，幫自己的直覺喜好找理由。倘若他喜歡某位應徵者，他可能會在不清楚自己動機的情況下，強調應徵者擅長領域的重要性，對應徵者的弱點也會變得比較不在意。

在一項研究中，要求受試者評比一些履歷表。應徵的職位是警長，應徵者有男有女。在人們的刻板印象中，警長通常由男性擔任，因此研究人員推測受試者會比較喜歡男性應徵者，並不自覺的配合那些性別符合的應徵者，縮小條件範圍。實驗是這麼進行的：有兩種履歷表。一種刻劃的是熟悉街頭生態、教育程度低又缺乏行政技巧的人。另一種履歷刻劃的，則是高知識份子，有很好的政治背景、精通世故，但不熟悉低下階級的生活。有些受試者拿到的履歷，是擁有街頭智慧的男性應徵者，以及世故優雅的女性應徵者；有些人的履歷中，男性和女性應徵者的優點正好對調。受試者必須做決定，然後解釋自己的決定。

結果顯示，男性應徵者的履歷若顯示他很有街頭智慧，受試者會認為警長很需要這個特質，而選擇他。但倘若男性應徵者是精明世故的那一方，受試者會覺得街頭智慧其實沒那麼重要，還是選擇男性。他們會如此選擇，考慮的顯然是應徵者的性別，而不是因為應徵者很有街頭智慧，或很世故老練。但他們顯然也沒發現這點。事實上，沒有任何受試者承認自己的決定其實受到應徵者性別的影響[40]。

立場是一切

人們總用非善即惡的態度，歸類所有情境。敵人總是不誠實、不真誠、貪心而邪惡的。與他們對抗的英雄，則擁有完全相反的特質。但是事實上，無論是罪犯、貪婪的業務主管、街頭惡霸，這些行為舉止讓我們厭惡的人，往往都深信自己才是正確的。

在社會情境中，我們的既有立場會深深影響各種因子在我們心中的重要性。有一系列的實驗可以印證這點。研究人員模擬一場發生在德州的真實審判，並把自願者隨機分成原告和被告的角色[41]。其中一項實驗裡，研究人員發給兩方有關這起案子的文件，內容是一位摩托車騎士控告撞倒他的汽車駕駛。受試者被告知，在真正的判決中，法官判給原告的賠償金介於零至十萬元間。受試者要代表其中一方，模擬與對方的談判。他們有半小時的時間可以達成和解。研究人員告訴受試者，他們會根據協商的成功程度得到獎金。但這個實驗最有趣的地方是：受試者被告知，倘若他們能猜中當初實際案件中，法官判給原告的賠償金，那麼受試者將得到一筆五千元以下的額外獎金。

很明顯的，受試者最好能忽略自己幫原告或被告辯護的角色。他們若能按照法條和證據，訂出最合理的罰金，就更有機會得贏得額外獎賞。問題是，他們可否保持客觀？

代表原告的受試者估計出的賠償金，平均將近四萬元，而代表被告的受試者估計的數目，則平均為兩萬元。想想看，四萬元和兩萬元之別。受試者如果能正確猜出合適的賠償金，就能得到賞金，但即使如此，分別代表被告、原告的受試者，彼此的歧異竟然差了百分之百。倘若連經過人為分組的受試者之間，都會出現這麼大的鴻溝，那更別提實際案件中代表兩方的律師，或協議過程的交涉人了。事實上，我們總是用偏頗的態度評估資訊，卻毫不自覺。就算雙方都真心希望能公平和解，這點也會成為協商過程中極大的阻礙。

另一個版本的實驗中，研究人員製造了一樣的情境和官司，目的是要研究受試者運用什麼推理機制，來處理他們相互矛盾的結論。當協商進入尾聲，研究人員要求受試者仔細評論雙方的論點，然後也回答一些具體的問題，例如「一個人若一邊開車，一邊打電話叫洋蔥比薩，是否影響安全？」或「騎摩托車的一、兩個小時前如果喝了一瓶啤酒，會不會很危險？」就如同警長申請履歷的例子，代表兩方的受試者，往往更強調有利於己方結論的事實，而貶低對對手有利的事實。結果顯示，受試者閱讀案情描述時，若知道自己屬於某一方的陣營，他們潛意識下的判斷力就會產生微妙的變化。此時就算有其他動機，鼓勵他們公平的分析情勢，他們的判斷仍會偏頗。

為了進一步探討這個問題，科學家稍微改變了實驗步驟，在告知受試者要代表哪一方之前，先讓他們看過描述意外的報告。接著受試者會被分派角色，也要評估出適當的罰款，倘若猜得接近，也同樣可以得到賞金。因此這些受試者在立場中立時看過了證據，然後要在立場偏頗時猜測罰款數目。結果雙方結論出罰款數目的差距，從兩萬元降到只有七千元，少了幾乎三分之二。此外，由於受試者在選邊站以前，就分析過證據，因此兩方無法在規定的半小時內達成共識的比例，也從28％降到6％。這也許是陳腔濫調，但雙方要達成共識的最好方法，似乎的確是要從對方的立場著想。

潛意識是高明化妝師

這些研究顯示，大腦的推理機制很微妙，就算我們的世界觀很偏頗，我們還是可以維持客觀的假象。這些決策過程會扭曲、但不會完全打破我們的日常規則。儘管我們以為自己是用「由下至上」的方法下判斷，也就是利用資訊得到結論；但我們其實是以「由上至下」的方式做決定，也就是以自己想要的結論決定分析數據的方式。當我們利用動機性推理來評斷自己，就會製造出自己比常人優越的正面形象。倘若我們的文法比算術好，我們會認為語言知識比較重要；倘若我們擅長加減，但拙於文法，就會認為語言技巧其實沒那麼要緊[42]。如果我們是充滿野心、決心和毅力的人，就會認為好的領導者應該要以目標為取向；但倘若我們認為自己很平易近人、友善、外向，以人為本的管理方式會變得比較理想[43]。

我們甚至會利用記憶來美化自我形象。就拿學業成績來說。研究人員要求九十九位大一、大二學生回想自己幾年前的高中成績，包括數學、科學、歷史、外國語和英語學科[44]。這些學生沒有理由撒謊，因為他們被告知自己的記憶，會拿來跟高中校方紀錄做比較，研究人員也真的要他們簽同意書，好取得他們的官方成績。

研究人員共檢查了三千兩百二十筆成績，發現一個有趣的現象。無論隔了幾年，間隔長短似乎不太會影響受試者記憶的準確度。他們對高一、高二、高三、高四成績的記憶，準確度都在百分之七十上下。然而他們的記憶的確有個漏洞。是什麼讓他們遺忘呢？讓記憶模糊的不是歲月，卻是不好的表現：成績是A時，他們的準確度是89％；成績是B時，準確度64％；成績是C時，準確度51％；成績是D時，準確度29％。因此倘若你因為成績不好感到沮喪，別灰心。只要等待的時間夠久，你的成績就會進步的。

★ ★ ★

我的兒子尼可萊現在是十年級。前幾天他收到一封信，寄信者以前住在我們家，但現在已經不存在了。寄信者就是尼可萊，只不過是四年前的他。這封信雖然在空間上沒有移動太遠，時間上的移動卻甚巨，至少對小孩來說是如此。他六年級的時候寫了一份作業，是十一歲的尼可萊寫給十五歲的自己的一封信。他的英文老師人很好，蒐集了全班的信，保存四年後，寄給如今不再是六年級的這些孩子。

尼可萊信中最讓人吃驚的地方，是他寫道：「親愛的尼可萊……你想成為NBA球員。我很期待你能在七、八年級的時候打校隊，到了高中二年級，也就是現在時，也要好好打球。」但尼可萊七年級的時候沒能成為校隊，八年級的時候也失敗了。接著命運之神又讓當初拒絕他的教練，成了高一（九年級）學生的球隊教練，那教練再度拒他於門外。那年只有少數男孩被拒，這讓尼可萊特別受傷。

想成功，一定要相信自己

然而最值得一提的是，尼可萊沒有聰明的選擇放棄，多年來他仍保有打籃球的夢想，暑假時甚至會每天花五小時在無人的球場上練球。如果你了解孩子，就會知道如果有個男孩堅持自己有一天會成為NBA球員，但每年都被校隊拒絕，這對他的社交生活不會太有好處。小孩也許喜歡嘲笑失敗者，但他們更愛嘲笑那些總是堅持自己會成功的失敗者。因此對尼可萊來說，堅持自己的信念也讓他付出了一些代價。

然而尼可萊的籃球生涯並沒有因此結束。九年級尾聲，他們學校一位新來的低年級教練看到他每天都在練習，就連天黑了、球都看不到了，也不停止。他於是要尼可萊在那年夏天一起參加球隊練習。這個秋天他終於進入校隊。事實上，他還當上了隊長。

我在這本書裡提過好幾次蘋果電腦的成功，而這些成就都要歸功於蘋果公司共同創辦人賈伯斯。賈伯斯擁有一種特殊的能力，可以創造出所謂的「現實扭曲力場」，讓他能說服自己和他人，認為他們只要下定決心，什麼目標都能達成。但這種能力不是他獨有的，尼可萊也做到了，每個人或多或少都有這個潛意識的禮物，而且正是這種能力，讓人類天生就能進行動機性推理。

幾乎人類所有的大小成就，在某種程度上都仰賴當事人對自己的信心。而那些達到最偉大成就的人，往往不只樂觀，而是過分樂觀。相信自己是耶穌也許不算什麼好主意，但相信自己有天會成為NBA球員，或像賈伯斯那樣，相信自己能從遭公司辭退的羞辱失敗中站起來，或自信能成為作者、演員、歌手，這種態度可能對你大有好處。就算結果不完全如你預期，相信自己也是生命中的一種終極正面力量。就像賈伯斯說的：「你無法事先把點點滴滴串連起來；只有在未來回顧時，你才能明白這一切是如何串在一起的。因此你得相信，眼前的種種經歷，將來一定會連結在一起[45]。」

只要相信這些點滴有一天會串連在一起，你就能得到信心，追隨心中的夢想，就算這意謂著你得踏上乏人問津的道路。

感謝潛意識，讓我們自覺是可愛且有力量的

本書中我舉了各種例子，說明潛意識的各種作用。對我而言，內在這個未知的自我，竟然如此主導著意識，實在讓人吃驚。更叫我吃驚的發現是，少了潛意識，我們會完全迷失自己。然而在所有潛意識提供的優勢當中，這是讓我最珍視的一點。潛意識最大的作用，就是能幫助我們創造出正面、討人喜歡的自我形象。這個世界充滿人類無法企及的力量，但潛意識卻讓我們自覺強大、能掌控一切。畫家達利曾說：「我每天早上起來，都會興奮無比的問自己，今天這個達利，又會做出什麼偉大的傑作來[46]？」達利

可能是個性很可愛的傢伙，或是討厭的自大狂，但他用一種不羈、坦然的態度面對自己的未來，實在很棒。

心理學文獻充滿了各種研究，都顯示對自己抱持正面的「幻象」，可以為個人和社會帶來許多益處[47]。研究人員發現，若以各種方式誘導出受試者的正面情緒，受試者會更願意與他人互動，也更願意幫助別人。那些自我感覺良好的人，與人協議時會更願意合作，也更願意積極解決衝突。他們更擅長解決問題、更容易成功、在困境中也更能堅持下去。動機性推理讓我們的心智得以抵抗不幸，賜予我們力量，得以克服生命中的種種障礙。少了這個過程，我們可能早被困境壓倒了。動機性推理讓我們成為更好的人，激勵我們努力成為心目中的那個自己。事實上，研究顯示那些能精確評價自己的人，往往受輕度憂鬱所苦、看輕自己，或兩者皆是[48]。相反的，對自己評價過度樂觀的人，卻很正常、很健康[49]。

在我的想像中，五千年前住在北歐的祖先若頭腦清楚，恐怕就會在嚴寒來臨前，爬進洞穴裡灰心喪志。當時的女人只能眼睜睜看著孩子死於瘟疫，男人看著他們的女人死於難產、部落受旱災、洪水和饑荒之苦。那種情形下，要精神抖擻的勇往直前，絕對非常困難。然而儘管生命充滿了看似無法克服的障礙，造物主仍讓我們能用不切實際的樂觀態度，相信自己能克服挑戰——多虧了這種態度，我們也真的做到了。

當你面對世上的挑戰，不切實際的樂觀會成為你的救生衣，幫助你漂浮。現代社會就像遠古時代一樣，充滿了各種讓人氣餒的障礙。物理學家普金斯基（Joe Polchinski）開始書寫關於弦論的教科書時，他預期要花一年才能完成，結果他花了整整十年。回頭想想，當初倘若我的腦袋清醒，能理性評估自己完成這本書，或成為理論物理學家需要投入的時間和精力，我可能早就因畏怯而放棄這兩個目標了。

動機性推理、動機性記憶，以及其他所有塑造自我形象和世界觀的花招，可能都有一些缺點，但當我們面對艱難的挑戰，人類天生擁有的樂觀心性，就成了我們最大的禮物，無論那些挑戰是失業、化療、寫書，或忍受長達十年的醫學院、實習醫生、住院醫生時期，或花數千小時的時間練習，只為了成為小提琴家或舞者，或為了成立新公司，數年來每星期工作八十小時，或到異國白手起家。

在我和兄弟出生以前，我的父母住在芝加哥北邊的一個小平房裡。我的父親每天花好幾個小時在血汗工廠縫衣服，他的薪水很低，根本付不出房租。有天晚上我父親很興奮的回家，告訴母親，他們工廠在徵女裁縫師，而他幫她爭取到了那份工作。「妳明天開始上班。」他說。這個主意似乎很理想，因為這樣他們就能得到雙倍的收入，不會淪落行乞，也可以花更多時間相處。然而只有一個問題：我母親不會縫紉。在希特勒入侵波蘭以前，在她失去所有、流落異地成為難民以前，我母親是富裕人家的孩子。她家裡沒有任何年輕女孩需要學習這種技能。

於是當時還沒為人父母的他們，就針對這些討論了起來。父親告訴母親，他可以教她，他們可以熬夜練習，隔天早上一起搭火車去工廠裡，而她一定可以勝任這份工作。而且父親動作很快，可以在母親上手前從旁協助。我母親覺得自己笨手笨腳，更糟的是，她實在太膽小了，不可能做得到。但父親堅信她很能幹，也很勇敢。他告訴她，說她跟他一樣強韌。於是他們來回討論，不斷訴說母親的堅強特質，最後母親也真的成了那樣的人。

我們會選擇自己相信的事實。我們憑著對別人的觀點，以及別人對我們的觀點，來選擇朋友、愛人和伴侶。人生事件不同於物理現象，我們可以用各種理論解釋每一件事，而真相完全取決於我們選擇相信的理論。人類可以輕易接受各種詮釋自己的理論，這是造物主的禮物。我們藉此生存下去，甚至得到幸福。於是我的父母那天挑燈夜戰，父親整晚都在教母親如何縫紉。

誌謝

加州理工學院的神經科學研究是世界之冠，我很幸運能與傑出的柯霍（Christof Koch）結為摯友。二〇〇六年，也就是社會神經科學剛萌芽的頭幾年，我開始跟柯霍討論，說我想著手寫一本有關潛意識的書。他邀請我到他的實驗室參觀。接下來五年，我觀察柯霍、他的學生和博士後研究員，以及他的其他同事，尤其是阿道夫（Ralph Adolphs）、藍格爾（Antonio Rangel）和提茲卡（Mike Tyszka），看著他們研究人類的大腦。

在那些年裡，我閱讀八百篇以上的學術論文，也參加了各式專題研討，主題含括了記憶神經科學、人類視覺系統的概念細胞、以及幫助臉部辨識的皮質結構。我自願參與實驗，盯著垃圾食物的照片、聆聽傳進耳裡的各式奇怪聲音，讓研究人員拍下我大腦的fMRI影像。我也修了一些課程，例如很棒的「大腦、心智和社會」、「情緒的神經生物學」和「行為的分子基礎」。我參加了各種主題的研討會，例如「人類群體行為的生物來源」。我也幾無例外的參加了柯霍實驗室每週一次的午餐會議，一邊大啖美食，一邊聆聽神經科學領域最先進的進展和八卦。加州理工學院神經科學計畫中的柯霍和其他教授，很慷慨的花了許多時間，耐心的向我解釋他們的研究，我也深受他們的熱情感動。

我想當初我開始接觸柯霍時，我倆應該都沒預料到他會花這麼多時間精力，對一個物理學家教授神經科學。這本書的完成，都要歸功於他的指導，以及他寬大的心胸。

如同往常，我也要感謝我優秀的經紀人、朋友、批評者、擁護者兼啦啦隊 Susan Ginsburg；編輯 Edward Kastenmeier，謝謝他長期以來的指導、耐心，以及他對這本書精闢的見解；他們的同事 Dan Frank、Stacy Testa、Emily Giglierano 和 Tim O'Connell，謝謝他們的意見、支持，以及解決問題的技巧。我也要謝謝我的文字編輯 Bonnie Thompson，謝謝她時時盯著我。最後，我也要謝謝那些讀過我的手稿、給予意見的人。我的太太多娜（Donna Scott），她也是我常駐家中的編輯，她讀了我的每一個版本，總是能提供誠實、敏銳的意見，無論我要她幫我看幾次手稿，她從不曾把手稿朝我身上扔；Beth Rashbaum 提供了許多有關編輯的睿智意見，我十分感謝；阿道夫總是一邊喝啤酒，一邊提供很有深度的科學見解；所有曾閱讀部分或全部手稿、並提供寶貴意見的朋友和同事，包括 Christof、Ralph、Antonio、Mike、Michael Hill、Mili Milosavljevic、Dan Simons、Tom Lyon、Seth Roberts、Kara Witt、Heather Berlin、Mark Hillery、Cynthia Harrington、Rosemary Macedo、Fred Rose、Todd Doersch、Natalie Roberge、Alexei Mlodinow、Jerry Webman、Tracey Alderson、Martin Smith、Richard Cheverton、Catherine Keefe 和 Patricia McFall。最後感謝我的家人，感謝他們的愛和支持，也感謝他們每次都等一、兩個鐘頭，為了等我回家吃晚餐。

參考資料

序言　解開潛意識的驚人力量

1. Joseph W. Dauben, "Peirce and the History of Science," in *Peirce and Contemporary Thought*, ed. Kenneth Laine Ketner (New York: Fordham University Press, 1995), 146–49.
2. Charles Sanders Peirce, "Guessing," *Hound and Horn* 2 (1929): 271.
3. Ran R. Hassin et al., eds., *The New Unconscious* (Oxford: Oxford University Press, 2005), 77–78.
4. T. Sebeok with J. U. Sebeok, "You Know My Method," in Thomas A. Sebeok, *The Play of Musement* (Bloomington: Indiana University Press, 1981), 17–52.
5. Carl Jung, ed., *Man and His Symbols* (London: Aldus Books, 1964), 5.
6. Thomas Naselaris et al., "Bayesian Reconstruction of Natural Images from Human Brain Activity," *Neuron* 63 (September 24, 2009): 902–15.
7. Kevin N. Ochsner and Matthew D. Lieberman, "The Emergence of Social Cognitive Neuroscience," *American Psychologist* 56, no. 9 (September 2001): 717–28.

第一章　潛意識，悄悄操控了意識

1. Yael Grosjean et al., "A Glial Amino- Acid Transporter Controls Synapse Strength and Homosexual Courtship in Drosophila," *Nature Neuroscience* 1 (January 11, 2008): 54–61.
2. 同前一條。
3. Boris Borisovich Shtonda and Leon Avery, "Dietary Choice in Caenorhabditis elegans," *Journal of Experimental Biology* 209 (2006): 89–102.
4. S. Spinelli et al., "Early Life Stress Induces Long- Term Morphologic Changes in Primate Brain," *Archives of General Psychiatry* 66, no. 6 (2009): 658–65; Stephen J. Suomi, "Early Determinants of Behavior: Evidence from Primate Studies," *British Medical Bulletin* 53, no. 1 (1997): 170–84.
5. David Galbis- Reig, "Sigmund Freud, MD: Forgotten Contributions to Neurology, Neuropathology, and Anesthesia," *Internet Journal of Neurology* 3, no. 1 (2004).
6. Timothy D. Wilson, *Strangers to Ourselves: Discovering the Adaptive Unconscious* (Cambridge, MA: Belknap Press, 2002), 5.
7. "The Simplifi er: A Conversation with John Bargh," *Edge*, http://www.edge.org /3rd_culture/ bargh09/bargh09_index.html.
8. John A. Bargh, ed., *Social Psychology and the Unconscious: The Automaticity of Higher Mental Processes* (New York: Psychology Press, 2007), 1.
9. Scientists have found little evidence of the Oedipus complex or penis envy.
10. Heather A. Berlin, "The Neural Basis of the Dynamic Unconscious," *Neuropsychoanalysis* 13, no. 1 (2011): 5–31.
11. Daniel T. Gilbert, "Thinking Lightly About Others: Automatic Components of the Social Inference Process," in *Unintended Thought*, ed. James S. Uleman and John A. Bargh (New York: Guilford, 1989),

192; Ran R. Hassin et al., eds., *The New Unconscious* (New York: Oxford University Press, 2005), 5–6.
12. John F. Kihlstrom et al., "The Psychological Unconscious: Found, Lost, and Regained," *American Psychologist* 47, no. 6 (June 1992): 789.
13. John T. Jones et al., "How Do I Love Thee? Let Me Count the Js: Implicit Egotism and Interpersonal Attraction," *Journal of Personality and Social Psychology* 87, no. 5 (2004): 665–83. The particular states studied— Georgia, Tennessee, and Alabama— were chosen because of the unusual search capabilities provided by their statewide marriage databases.
14. N. J. Blackwood, "Self- Responsibility and the Self- Serving Bias: An fMRI Investigation of Causal Attributions," *Neuroimage* 20 (2003): 1076–85.
15. Brian Wansink and Junyong Kim, "Bad Popcorn in Big Buckets: Portion Size Can Infl uence Intake as Much as Taste," *Journal of Nutrition Education and Behavior* 37, no. 5 (September–October 2005): 242–45.
16. Brian Wansink, "Environmental Factors That Increase Food Intake and Consumption Volume of Unknowing Consumers," *Annual Review of Nutrition* 24 (2004): 455–79.
17. Brian Wansink et al., "How Descriptive Food Names Bias Sensory Perceptions in Restaurants," *Food and Quality Preference* 16, no. 5 (July 2005): 393–400; Brian Wansink et al., "Descriptive Menu Labels' Effect on Sales," *Cornell Hotel and Restaurant Administrative Quarterly* 42, no. 6 (December 2001): 68–72.
18. Norbert Schwarz et al., "When Thinking Is Diffi cult: Metacognitive Experiences as Information," in *Social Psychology of Consumer Behavior*, ed. Michaela Wänke (New York: Psychology Press, 2009), 201–23.
19. Benjamin Bushong et al., "Pavlovian Processes in Consumer Choice: The Physical Presence of a Good Increases Willingness- to- Pay," *American Economic Review* 100, no. 4 (2010): 1556–71.
20. Vance Packard, *The Hidden Persuaders* (New York: David McKay, 1957), 16.
21. Adrian C. North et al., "In- Store Music Affects Product Choice," *Nature* 390 (November 13, 1997): 132.
22. Donald A. Laird, "How the Consumer Estimates Quality by Subconscious Sensory Impressions," *Journal of Applied Psychology* 16 (1932): 241–46.
23. Robin Goldstein et al., "Do More Expensive Wines Taste Better? Evidence from a Large Sample of Blind Tastings," *Journal of Wine Economics* 3, no. 1 (Spring 2008): 1–9.
24. Hilke Plassmann et al., "Marketing Actions Can Modulate Neural Representations of Experienced Pleasantness," *Proceedings of the National Academy of Sciences of the United States of America* 105, no. 3 (January 22, 2008): 1050–54.
25. See, for instance, Morten L. Kringelbach, "The Human Orbitofrontal Cortex: Linking Reward to Hedonic Experience," *Nature Reviews: Neuroscience* 6 (September 2005): 691–702.
26. M. P. Paulus and L. R. Frank, "Ventromedial Prefrontal Cortex Activation Is Critical for Preference Judgments," *Neuroreport* 14 (2003): 1311–15; M. Deppe et al., "Nonlinear Responses Within the Medial Prefrontal Cortex Reveal When Specifi c Implicit Information Infl uences Economic Decision- Making," *Journal of Neuroimaging* 15 (2005): 171–82; M. Schaeffer et al., "Neural Correlates of Culturally Familiar Brands of Car Manufacturers," *Neuroimage* 31 (2006): 861–65.
27. Michael R. Cunningham, "Weather, Mood, and Helping Behavior: Quasi Experiments with Sunshine Samaritan," *Journal of Personality and Social Psychology* 37, no. 11 (1979): 1947–56.

28. Bruce Rind, "Effect of Beliefs About Weather Conditions on Tipping," *Journal of Applied Social Psychology* 26, no. 2 (1996): 137–47.
29. Edward M. Saunders Jr., "Stock Prices and Wall Street Weather," *American Economic Review* 83 (1993): 1337–45. 並參考 Mitra Akhtari, "Reassessment of the Weather Effect: Stock Prices and Wall Street Weather," *Undergraduate Economic Review* 7, no. 1 (2011), http://digitalcommons.iwu.edu/uer/v017/iss1/19.
30. David Hirshleiter and Tyler Shumway, "Good Day Sunshine: Stock Returns and the Weather," *Journal of Finance* 58, no. 3 (June 2003): 1009–32.

第二章　你看到的跟你聽到的，都已經失真了

1. Ran R. Hassin et al., eds., The New Unconscious (Oxford: Oxford University Press, 2005), 3.
2. Louis Menand, *The Metaphysical Club* (New York: Farrar, Straus and Giroux, 2001), 258.
3. Donald Freedheim, *Handbook of Psychology*, vol. 1 (Hoboken, NJ: Wiley, 2003), 2.
4. Alan Kim, "Wilhelm Maximilian Wundt," *Stanford Encyclopedia of Phi* 32–43 losophy, http://plato.stanford.edu/entries /wilhelm- wundt/ (2006); Robert S. Harper, "The First Psychology Laboratory," *Isis* 41 (July 1950): 158–61.
5. Quoted in E. R. Hilgard, *Psychology in America: A Historical Survey* (Orlando: Harcourt Brace Jovanovich, 1987), 37.
6. Menand, *The Metaphysical Club*, 259–60.
7. William Carpenter, *Principles of Mental Physiology* (New York: D. Appleton and Company, 1874), 526 and 539.
8. Menand, *The Metaphysical Club*, 159.
9. M. Zimmerman, "The Nervous System in the Context of Information Theory," in *Human Physiology*, ed. R. F. Schmidt and G. Thews (Berlin: Springer, 1989), 166–73. Quoted in Ran R. Hassin et al., eds., *The New Unconscious*, 82.
10. Christof Koch, "Minds, Brains, and Society" (lecture at Caltech, Pasadena, CA, January 21, 2009).
11. R. Toro et al., "Brain Size and Folding of the Human Cerebral Cortex," *Cerebral Cortex* 18, no. 10 (2008): 2352–57.
12. Alan J. Pegna et al., "Discriminating Emotional Faces Without Primary Visual Cortices Involves the Right Amygdala," *Nature Neuroscience* 8, no. 1 (January 2005): 24–25.
13. P. Ekman and W. P. Friesen, *Pictures of Facial Affect* (Palo Alto: Consulting Psychologists Press, 1975).
14. See http://www.moillusions.com/2008/12 /who- says- we- dont- have- barack- obama.html; accessed March 30, 2009. Contact: vurdlak@gmail.com.
15. See, e.g., W. T. Thach, "On the Specifi c Role of the Cerebellum in Motor Learning and Cognition: Clues from PET Activation and Lesion Studies in Man," *Behavioral and Brain Sciences* 19 (1996): 411–31.
16. Beatrice de Gelder et al., "Intact Navigation Skills After Bilateral Loss of Striate Cortex," *Current Biology* 18, no. 24 (2008): R1128–29.
17. Benedict Carey, "Blind, Yet Seeing: The Brain's Subconscious Visual Sense," *New York Times*, December 23, 2008.
18. Christof Koch, *The Quest for Consciousness* (Englewood, CO: Roberts, 2004), 220.
19. Ian Glynn, *An Anatomy of Thought* (Oxford: Oxford University Press, 1999), 214.

20. Ronald S. Fishman, "Gordon Holmes, the Cortical Retina, and the Wounds of War," *Documenta Ophthalmologica* 93 (1997): 9–28.
21. L. Weiskrantz et al., "Visual Capacity in the Hemianopic Field Following a Restricted Occipital Ablation," Brain 97 (1974): 709–28; L. Weiskrantz, *Blindsight: A Case Study and Its Implications* (Oxford: Clarendon, 1986).
22. N. Tsuchiya and C. Koch, "Continuous Flash Suppression Reduces Negative Afterimages," *Nature Neuroscience* 8 (2005): 1096–101.
23. Yi Jiang et al., "A Gender- and Sexual Orientation– Dependent Spatial Attentional Effect of Invisible Images," *Proceedings of the National Academy of Sciences of the United States of America* 103, no. 45 (November 7, 2006): 17048–52.
24. I. Kohler, "Experiments with Goggles," *Scientifi c American* 206 (1961): 62–72.
25. Richard M. Warren, "Perceptual Restoration of Missing Speech Sounds," *Science* 167, no. 3917 (January 23 1970): 392–93.
26. Richard M. Warren and Roselyn P. Warren, "Auditory Illusions and Confusions," *Scientifi c American* 223 (1970): 30–36.
27. 這個研究曾在 Warren and Warren, "Auditory Illusions and Confusions" 報導，也曾由其他研究引述，但顯然未曾正式發表。

第三章　我們為什麼「記得」那些從未發生的事

1. Jennifer Thompson- Cannino and Ronald Cotton with Erin Torneo, *Picking Cotton* (New York: St. Martin's, 2009); see also the transcript of "What Jennifer Saw," *Frontline*, show 1508, February 25, 1997.
2. Gary L. Wells and Elizabeth A. Olsen, "Eyewitness Testimony," *Annual Review of Psychology* 54 (2003): 277–91.
3. G. L. Wells, "What Do We Know About Eyewitness Identifi cation?" *American Psychologist* 48 (May 1993): 553–71.
4. See the project website, http://www.innocenceproject.org/understand / Eyewitness- Misidentifi cation.php.
5. Erica Goode and John Schwartz, "Police Lineups Start to Face Fact: Eyes Can Lie," New York Times, August 28, 2011. See also Brandon Garrett, *Convicting the Innocent: Where Criminal Prosecutors Go Wrong* (Cambridge, MA: Harvard University Press, 2011).
6. Thomas Lundy, "Jury Instruction Corner," *Champion Magazine* (May–June 2008): 62.
7. Daniel Schacter, *Searching for Memory: The Brain, the Mind, and the Past* (New York: Basic Books, 1996), 111–12; Ulric Neisser, "John Dean's Memory: A Case Study," in *Memory Observed: Remembering in Natural Contexts*, ed. Ulric Neisser (San Francisco: Freeman, 1982), 139–59.
8. Loftus and Ketcham, *Witness for the Defense.*
9. B. R. Hergenhahn, *An Introduction to the History of Psychology*, 6th ed. (Belmont, CA: Wadsworth, 2008), 348–50; "H. Münsterberg," in Allen Johnson and Dumas Malone, eds., *Dictionary of American Biography*, base set (New York: Charles Scribner's Sons, 1928–36).
10. H. Münsterberg, *On the Witness Stand: Essays on Psychology and Crime* (New York: Doubleday, 1908).
11. 同前一條，要明白謬氏研究的意義，請參閱 Siegfried Ludwig Sporer, "Lessons from the Origins

of Eyewitness Testimony Research in Europe," *Applied Cognitive Psychology* 22 (2008): 737–57.

12. For a capsule summary of Münsterberg's life and work, see D. P. Schultz and S. E. Schultz, *A History of Modern Psychology* (Belmont, CA: Wadsworth, 2004), 246–52.
13. Michael T. Gilmore, *The Quest for Legibility in American Culture* (Oxford: Oxford University Press, 2003), 11.
14. H. Münsterberg, *Psychotherapy* (New York: Moffat, Yard, 1905), 125.
15. A. R. Luria, *The Mind of a Mnemonist: A Little Book About a Vast Memory*, trans. L. Solotaroff (New York: Basic Books, 1968); see also Schachter, *Searching for Memory*, 81, and Gerd Gigerenzer, *Gut Feelings* (New York: Viking, 2007), 21–23.
16. John D. Bransford and Jeffery J. Franks, "The Abstraction of Linguistic Ideas: A Review," *Cognition* 1, no. 2–3 (1972): 211–49.
17. Arthur Graesser and George Mandler, "Recognition Memory for the Meaning and Surface Structure of Sentences," *Journal of Experimental Psychology: Human Learning and Memory* 104, no. 3 (1975): 238–48.
18. Schacter, Searching for Memory, 103; H. L. Roediger III and K. B. McDermott, "Creating False Memories: Remembering Words Not Presented in Lists," *Journal of Experimental Psychology: Learning, Memory, and Cognition* 21 (1995): 803–14.
19. Private conversation, September 24, 2011. See also Christopher Chabris and Daniel Simons, *The Invisible Gorilla* (New York: Crown, 2009), 66–70.
20. For detailed summaries of Bartlett's life and his work on memory, see H. L. Roediger, "Sir Frederic Charles Bartlett: Experimental and Applied Psychologist," in *Portraits of Pioneers in Psychology*, vol. 4, ed. G. A. Kimble and M. Wertheimer (Mahwah, NJ: Erlbaum, 2000), 149–61, and H. L. Roediger, E. T. Bergman, and M. L. Meade, "Repeated Reproduction from Memory," in *Bartlett, Culture and Cognition*, ed. A. Saito (London, UK: Psychology Press, 2000), 115–34.
21. Sir Frederick Charles Bartlett, *Remembering: A Study in Experimental and Social Psychology* (Cambridge, UK: Cambridge University Press, 1932), 68.
22. Friedrich Wulf, "Beiträge zur Psychologie der Gestalt: VI. Über die Veränderung von Vorstellungen (Gedächtniss und Gestalt)," *Psychologische Forschung* 1 (1922): 333–75; G. W. Allport, "Change and Decay in the Visual Memory Image," *British Journal of Psychology* 21 (1930): 133–48.
23. Bartlett, *Remembering*, 85.
24. Ulric Neisser, *The Remembering Self: Construction and Accuracy in the Self- Narrative* (Cambridge, UK: Cambridge University Press, 1994), 6; see also Elizabeth Loftus, *The Myth of Repressed Memory: False Memories and Allegations of Sexual Abuse* (New York: St. Martin's Griffi n, 1996), 91–92.
25. R. S. Nickerson and M. J. Adams, " Long- Term Memory for a Common Object," *Cognitive Psychology* 11 (1979): 287–307.
26. For example, Lionel Standing et al., "Perception and Memory for Pictures: Single- Trial Learning of 2500 Visual Stimuli," *Psychonomic Science* 19, no. 2 (1970): 73–74, and K. Pezdek et al., "Picture Memory: Recognizing Added and Deleted Details," *Journal of Experimental Psychology: Learning, Memory, and Cognition* 14, no. 3 (1988): 468; quoted in Daniel J. Simons and Daniel T. Levin, "Change Blindness," *Trends in the Cognitive Sciences* 1, no. 7 (October 1997): 261–67.
27. J. Grimes, "On the Failure to Detect Changes in Scenes Across Saccades," in *Perception*, ed. K. Atkins,

vol. 2 of Vancouver Studies in Cognitive Science (Oxford: Oxford University Press, 1996), 89–110.
28. Daniel T. Levin and Daniel J. Simons, "Failure to Detect Changes to Attended Objects in Motion Pictures," *Psychonomic Bulletin & Review* 4, no. 4 (1997): 501–6.
29. Daniel J. Simons and Daniel T. Levin, "Failure to Detect Changes to People During a Real- World Interaction," *Psychonomic Bulletin & Review* 5, no. 4 (1998): 644–48.
30. David G. Payne et al., "Memory Illusions: Recalling, Recognizing, and Recollecting Events That Never Occurred," *Journal of Memory and Language* 35 (1996): 261–85.
31. Kimberly A. Wade et al., "A Picture Is Worth a Thousand Lies: Using False Photographs to Create False Childhood Memories," *Psychonomic Bulletin & Review* 9, no. 3 (2002): 597–602.
32. Elizabeth F. Loftus, "Planting Misinformation in the Human Mind: A 30- Year Investigation of the Malleability of Memory," *Learning & Memory* 12 (2005): 361–66.
33. Kathryn A. Braun et al., "Make My Memory: How Advertising Can Change Our Memories of the Past," *Psychology and Marketing* 19, no. 1 (January 2002): 1–23, and Elizabeth Loftus, "Our Changeable Memories: Legal and Practical Implications," *Nature Reviews Neuroscience* 4 (March 2003): 231–34.
34. Loftus, "Our Changeable Memories," and Shari R. Berkowitz et al., "Pluto Behaving Badly: False Beliefs and Their Consequences," *American Journal of Psychology* 121, no. 4 (Winter 2008): 643–60.
35. S. J. Ceci et al., "Repeatedly Thinking About Non- events," *Consciousness and Cognition* 3 (1994) 388–407; S. J. Ceci et al, "The Possible Role of Source Misattributions in the Creation of False Beliefs Among Preschoolers," *International Journal of Clinical and Experimental Hypnosis*, 42 (1994), 304–20.
36. I. E. Hyman and F. J. Billings, "Individual Differences and the Creation of False Childhood Memories," *Memory* 6, no. 1 (1998): 1–20.
37. Ira E. Hyman et al, "False Memories of Childhood Experiences," *Applied Cognitive Psychology* 9 (1995): 181–97.

第四章　沒有人能是孤島

1. J. Kiley Hamlin et al., "Social Evaluation by Preverbal Infants," *Nature* 450 (November 22, 2007): 557–59.
2. James K. Rilling, "A Neural Basis for Social Cooperation," *Neuron* 35, no. 2 (July 2002): 395–405.
3. Stanley Schachter, *The Psychology of Affi liation* (Palo Alto, CA: Stanford University Press, 1959).
4. Naomi I. Eisenberger et al., "Does Rejection Hurt? An fMRI Study of Social Exclusion," *Science* 10, no. 5643 (October 2003): 290–92.
5. C. Nathan DeWall et al., "Tylenol Reduces Social Pain: Behavioral and Neural Evidence," *Psychological Science* 21 (2010): 931–37.
6. James S. House et al., "Social Relationships and Health," *Science* 241 (July 29, 1988): 540–45.
7. Richard G. Klein, "Archeology and the Evolution of Human Behavior," *Evolutionary Anthropology* 9 (2000): 17–37; Christopher S. Henshilwood and Curtis W. Marean, "The Origin of Modern Human Behavior: Critique of the Models and Their Test Implication," *Current Anthropology* 44, no. 5 (December 2003): 627–51; and L. Brothers, "The Social Brain: A Project for Integrating Primate Behavior and Neurophysiology in a New Domain," *Concepts in Neuroscience* 1 (1990): 27–51.
8. Klein, "Archeology and the Evolution of Human Behavior," and Henshilwood and Marean, "The Origin of Modern Human Behavior."

9. F. Heider and M. Simmel, "An Experimental Study of Apparent Behavior," *American Journal of Psychology* 57 (1944): 243–59.
10. Josep Call and Michael Tomasello, "Does the Chimpanzee Have a Theory of Mind? 30 Years Later," *Cell* 12, no. 5 (2008): 187–92.
11. J. Perner and H. Wimmer, " 'John Thinks That Mary Thinks That . . . ': Attribution of Second-Order Beliefs by 5- to 10- Year- Old Children," *Journal of Experimental Child Psychology* 39 (1985): 437–71, and Angeline S. Lillard and Lori Skibbe, "Theory of Mind: Conscious Attribution and Spontaneous Trait Inference," in *The New Unconscious*, ed. Ran R. Hassin et al. (Oxford: Oxford University Press, 2005), 277–78; see also Matthew D. Lieberman, "Social Neuroscience: A Review of Core Processes," *Annual Review of Psychology* 58 (2007): 259–89.
12. Oliver Sacks, *An Anthropologist on Mars* (New York: Knopf, 1995), 272.
13. Robin I. M. Dunbar, "The Social Brain Hypothesis," *Evolutionary Anthropology: Issues, News, and Reviews* 6, no. 5 (1998): 178–90.
14. 同前一條。
15. R. A. Hill and R. I. M. Dunbar, "Social Network Size in Humans," *Human Nature* 14, no. 1 (2003): 53–72, and Dunbar, "The Social Brain Hypothesis."
16. Robin I. M. Dunbar, *Grooming, Gossip and the Evolution of Language* (Cambridge, MA: Harvard University Press, 1996).
17. Stanley Milgram, "The Small World Problem," *Psychology Today* 1, no. 1 (May 1967): 61–67, and Jeffrey Travers and Stanley Milgram, "An Experimental Study of the Small World Problem," *Sociometry* 32, no. 4 (December 1969): 425–43.
18 Peter Sheridan Dodds et al., "An Experimental Study of Search in Global Networks," *Science* 301 (August 8, 2003): 827–29.
19. James P. Curley and Eric B. Keveme, "Genes, Brains and Mammalian Social Bonds," *Trends in Ecology and Evolution* 20, no. 10 (October 2005).
20. Patricia Smith Churchland, "The Impact of Neuroscience on Philosophy," *Neuron* 60 (November 6, 2008): 409–11, and Ralph Adolphs, "Cognitive Neuroscience of Human Social Behavior," *Nature Reviews* 4 (March 2003): 165–78.
21. K. D. Broad et al., "Mother- Infant Bonding and the Evolution of Mammalian Social Relationships," *Philosophical Transactions of the Royal Society B* 361 (2006): 2199–214.
22. Thomas R. Insel and Larry J. Young, "The Neurobiology of Attachment," *Nature Reviews Neuroscience* 2 (February 2001): 129–33.
23. Larry J. Young et al., "Anatomy and Neurochemistry of the Pair Bond," *Journal of Comparative Neurology* 493 (2005): 51–57.
24. Churchland, "The Impact of Neuroscience on Philosophy."
25. Zoe R. Donaldson and Larry J. Young, "Oxytocin, Vasopressin, and the Neurogenetics of Sociality," *Science* 322 (November 7, 2008): 900–904.
26. 同前一條。
27. Larry J. Young, "Love: Neuroscience Reveals All," *Nature* 457 (January 8, 2009): 148; Paul J. Zak, "The Neurobiology of Trust," *Scientifi c American* (June 2008): 88–95; Kathleen C. Light et al., "More Frequent Partner Hugs and Higher Oxytocin Levels are Linked to Lower Blood Pressure and

Heart Rate in Premenopausal Women," *Biological Psychiatry* 69, no. 1 (April 2005): 5–21; and Karten M. Grewen et al., "Effect of Partner Support on Resting Oxytocin, Cortisol, Norepinephrine and Blood Pressure Before and After Warm Personal Contact," *Psychosomatic Medicine* 67 (2005): 531–38.

28. Michael Kosfeld et al., "Oxytocin Increases Trust in Humans," *Nature* 435 (June 2, 2005): 673–76; Paul J. Zak et al., "Oxytocin Is Associated with Human Trustworthiness," *Hormones and Behavior* 48 (2005): 522–27; Angeliki Theodoridou, "Oxytocin and Social Perception: Oxytocin Increases Perceived Facial Trustworthiness and Attractiveness," *Hormones and Behavior* 56, no. 1 (June 2009): 128–32; and Gregor Domes et al., "Oxytocin Improves 'Mind- Reading' in Humans," *Biological Psychiatry* 61 (2007): 731–33.
29. Donaldson and Young, "Oxytocin, Vasopressin, and the Neurogenetics of Sociality."
30. Hassin et al., eds., *The New Unconscious*, 3–4.
31. 同前一條，以及 Timothy D. Wilson, *Strangers to Ourselves: Discovering the Adaptive Unconscious* (Cambridge, MA: Belknap, 2002), 4.
32. Ellen Langer et al., "The Mindlessness of Ostensibly Thoughtful Action: The Role of 'Placebic' Information in Interpersonal Interaction," *Journal of Personality and Social Psychology* 36, no. 6 (1978): 635–42, and Robert P. Abelson, "Psycho ogical Status of the Script Concept," *American Psychologist* 36, no. 7 (July 1981): 715–29.
33. William James, *The Principles of Psychology* (New York: Henry Holt, 1890), 97–99.
34. C. S. Roy and C. S. Sherrington, "On the Regulation of the Blood- Supply of the Brain," *Journal of Physiology* (London) 11 (1890): 85–108.
35. Tim Dalgleish, "The Emotional Brain," *Nature Reviews Neuroscience* 5, no. 7 (2004): 582–89; see also Colin Camerer et al., "Neuroeconomics: How Neuroscience Can Inform Economics," *Journal of Economic Literature* 43, no. 1 (March 2005): 9–64.
36. Lieberman, "Social Neuroscience."
37. Ralph Adolphs, "Cognitive Neuroscience of Human Social Behavior," *Nature Reviews* 4 (March 2003): 165–78.
38. Lieberman, "Social Neuroscience."
39. Bryan Kolb and Ian Q. Whishaw, *An Introduction to Brain and Behavior* (New York: Worth, 2004), 410–11.
40. R. Glenn Northcutt and Jon H. Kaas, "The Emergence and Evolution of Mammalian Neocortex," *Trends in Neuroscience* 18, no. 9 (1995): 373–79, and Jon H. Kaas, "Evolution of the Neocortex," *Current Biology* 21, no. 16 (2006): R910– 14.
41. Nikos K. Logothetis, "What We Can Do and What We Cannot Do with fMRI," *Nature* 453 (June 12, 2008): 869–78. By the first research article employing fMRI, Logothetis meant the fi rst employing fMRI that could be done without injections of contrast agents, which are impractical because they complicate the experimental procedure and inhibit the ability of researchers to recruit volunteers.
42. Lieberman, "Social Neuroscience."

第五章　你不用說，我看你的樣子就明白了

1. See Edward T. Heyn, "Berlin's Wonderful Horse," *New York Times*, September 4, 1904; " 'Clever Hans' Again," New York Times, October 2, 1904; "A Horse— and the Wise Men," *New York Times*, July 23, 1911; and "Can Horses Think? Learned Commission Says 'Perhaps,' " *New York Times*,

August 31, 1913.

2. B. Hare et al., "The Domestication of Social Cognition in Dogs," *Science* 298 (November 22, 2002): 1634–36; Brian Hare and Michael Tomasello, "Human- like Social Skills in Dogs?" *Trends in Cognitive Sciences*, 9, no. 9 (2005): 440–44; and Á. Miklósi et al., "Comparative Social Cognition: What Can Dogs Teach Us?" *Animal Behavior* 67 (2004): 995–1004.
3. Monique A. R. Udell et al., "Wolves Outperform Dogs in Following Human Social Cues," *Animal Behavior* 76 (2008): 1767–73.
4. Jonathan J. Cooper et al., "Clever Hounds: Social Cognition in the Domestic Dog (Canis familiaris)," *Applied Animal Behavioral Science* 81 (2003): 229–44, and A. Whiten and R. W. Byrne, "Tactical Deception in Primates," *Behavioral and Brain Sciences* 11 (2004): 233–73.
5. Hare, "The Domestication of Social Cognition in Dogs," 1634, and E. B. Ginsburg and L. Hiestand, "Humanity's Best Friend: The Origins of Our Inevitable Bond with Dogs," in *The Inevitable Bond: Examining Scientist- Animal Interactions*, ed. H. Davis and D. Balfour (Cambridge: Cambridge University Press, 1991), 93–108.
6. Robert Rosenthal and Kermit L. Fode, "The Effect of Experimenter Bias on the Performance of the Albino Rat," *Behavioral Science* 8, no. 3 (1963): 183–89; see also Robert Rosenthal and Lenore Jacobson, *Pygmalion in the Classroom: Teacher Expectation and Pupils' Intellectual Development* (New York: Holt, Rinehart, and Winston, 1968), 37–38.
7. L. H. Ingraham and G. M. Harrington, "Psychology of the Scientist: XVI. Experience of E as a Variable in Reducing Experimenter Bias," *Psychological Reports* 19 (1966): 455–461.
8. Robert Rosenthal and Kermit L. Fode, "Psychology of the Scientist: V. Three Experiments in Experimenter Bias," *Psychological Reports* 12 (April 1963): 491–511.
9. Rosenthal and Jacobson, *Pygmalion in the Classroom*, 29.
10. 同前一條。
11. Robert Rosenthal and Lenore Jacobson, "Teacher's Expectancies: Determinants of Pupil's IQ Gains," *Psychological Reports* 19 (August 1966): 115–18.
12. Simon E. Fischer and Gary F. Marcus, "The Eloquent Ape: Genes, Brains and the Evolution of Language," *Nature Reviews Genetics* 7 (January 2006): 9–20.
13. L. A. Petitto and P. F. Marentette, "Babbling in the Manual Mode: Evidence for the Ontology of Language," *Science* 251 (1991): 1493–96, and S. Goldin- Meadow and C. Mylander, "Spontaneous Sign Systems Created by Deaf Children in Two Cultures," *Nature* 391 (1998): 279–81.
14. Charles Darwin, *The Autobiography of Charles Darwin* (1887, repr. New York: Norton, 1969), 141; see also Paul Ekman, "Introduction," in *Emotions Inside Out: 130 Years After Darwin's "The Expression of the Emotions in Man and Animals"* (New York: Annals of the N.Y. Academy of Science, 2003), 1–6.
15. For example, J. Bulwer, Chirologia; or, *The Natural Language of the Hand* (London: Harper, 1644); C. Bell, *The Anatomy and Philosophy of Expression as Connected with the Fine Arts* (London: George Bell, 1806); and G. B. Duchenne de Boulogne, *Mécanismes de la Physionomie Humaine, ou Analyse Électrophysiologique de l'Expression des Passions* (Paris: Baillière, 1862).
16. Peter O. Gray, *Psychology* (New York: Worth, 2007), 74–75.
17. Antonio Damasio, *Descartes' Error: Emotion, Reason, and the Human Brain* (New York: Putnam, 1994), 141–42.

18. Quoted in Mark G. Frank et al., "Behavioral Markers and Recognizability of the Smile of Enjoyment," *Journal of Personality and Social Psychology* 64, no. 1 (1993): 87.
19. 同前一條，83–93.
20. Charles Darwin, *The Expression of the Emotions in Man and Animals* (1872; repr. New York: D. Appleton, 1886), 15–17.
21. James A. Russell, "Is There Universal Recognition of Emotion from Facial Expression? A Review of the Cross- Cultural Studies," *Psychological Bulletin* 115, no. 1 (1994): 102–41.
22. See Ekman's Afterword in Charles Darwin, *The Expression of the Emotions in Man and Animals* (1872; repr. Oxford: Oxford University Press, 1998), 363–93.
23. Paul Ekman and Wallace V. Friesen, "Constants Across Cultures in the Face and Emotion," *Journal of Personality and Social Psychology* 17, no. 2 (1971): 124–29.
24. Paul Ekman, "Facial Expressions of Emotion: An Old Controversy and New Findings," *Philosophical Transactions of the Royal Society of London B* 335 (1992): 63–69. See also Rachel E. Jack et al., "Cultural Confusions Show That Facial Expressions Are Not Universal," *Current Biology* 19 (September 29, 2009): 1543–48. That study found results that, despite the paper's title, were "consistent with previous observations," although East Asians confused fear and disgust with surprise and anger in Western faces more often than Westerners themselves did.
25. Edward Z. Tronick, "Emotions and Emotional Communication in Infants," *American Psychologist* 44, no. 2 (February 1989): 112–19.
26. Dario Galati et al., "Voluntary Facial Expression of Emotion: Comparing Congenitally Blind with Normally Sighted Encoders," *Journal of Personality and Social Psychology* 73, no. 6 (1997): 1363–79.
27. Gary Alan Fine et al., "Couple Tie- Signs and Interpersonal Threat: A Field Experiment," *Social Psychology Quarterly* 47, no. 3 (1984): 282–86.
28. Hans Kummer, *Primate Societies* (Chicago: Aldine- Atherton, 1971).
29. David Andrew Puts et al., "Dominance and the Evolution of Sexual Dimorphism in Human Voice Pitch," *Evolution and Human Behavior* 27 (2006): 283–96; Joseph Henrich and Francisco J. Gil- White, "The Evolution of Prestige: Freely Conferred Deference as a Mechanism for Enhancing the Benefi ts of Cultural Transmission," *Evolution and Human Behavior* 22 (2001): 165–96.
30. Allan Mazur et al., "Physiological Aspects of Communication via Mutual Gaze," *American Journal of Sociology* 86, no. 1 (1980): 50–74.
31. John F. Dovidio and Steve L. Ellyson, "Decoding Visual Dominance: Attributions of Power Based on Relative Percentages of Looking While Speaking and Looking While Listening," *Social Psychology Quarterly* 45, no. 2 (1982): 106–13.
32. R. V. Exline et al., "Visual Behavior as an Aspect of Power Role Relationships," in *Advances in the Study of Communication and Affect*, vol. 2, ed. P. Pliner et al. (New York: Plenum, 1975), 21–52.
33. R. V. Exline et al., "Visual Dominance Behavior in Female Dyads: Situational and Personality Factors," *Social Psychology Quarterly* 43, no. 3 (1980): 328–36.
34. John F. Dovidio et al., "The Relationship of Social Power to Visual Displays of Dominance Between Men and Women," *Journal of Personality and Social Psychology* 54, no. 2 (1988): 233–42.
35. S. Duncan and D. W. Fiske, *Face- to- Face Interaction: Research, Methods, and Theory* (Hillsdale, NJ: Erlbaum, 1977), and N. Capella, ""Controlling the Floor in Conversation," in *Multichannel Integrations of Nonverbal*

Behavior, ed. A. W. Siegman and S. Feldstein (Hillsdale, NJ: Erlbaum, 1985), 69–103.

36. A. Atkinson et al., "Emotion Perception from Dynamic and Static Body Expressions in Point-Light and Full- Light Displays," *Perception* 33 (2004): 717–46; "Perception of Emotion from Dynamic Point- Light Displays Represented in Dance," *Perception* 25 (1996): 727—38; James E. Cutting and Lynn T. Kozlowski, "Recognizing Friends by Their Walk: Gait Perception Without Familiarity Cues," *Bulletin of the Psychonomic Society* 9, no. 5 (1977): 353–56; and James E. Cutting and Lynn T. Kozlowski, "Recognizing the Sex of a Walker from a Dynamic Point- Light Display," *Perception and Psychophysics* 21, no. 6 (1977): 575–80.
37. S. H. Spence, "The Relationship Between Social- Cognitive Skills and Peer Sociometric Status," *British Journal of Developmental Psychology* 5 (1987): 347–56.
38. M. A. Bayes, "Behavioral Cues of Interpersonal Warmth," *Journal of Consulting and Clinical Psychology* 39, no. 2 (1972): 333–39.
39. J. K. Burgoon et al., "Nonverbal Behaviors, Persuasion, and Credibility," *Human Communication Research* 17 (Fall 1990): 140–69.
40. A. Mehrabian and M. Williams, "Nonverbal Concomitants of Perceived and Intended Persuasiveness," *Journal of Personality and Social Psychology* 13, no. 1 (1969): 37–58.
41. Starkey Duncan Jr., "Nonverbal Communication," *Psychological Bulletin*
42. Harald G. Wallbott, "Bodily Expression of Emotion," *European Journal of Social Psychology* 28 (1998): 879–96; Lynn A. Streeter et al., "Pitch Changes During Attempted Deception," *Journal of Personality and Social Psychology* 35, no. 5 (1977): 345–50; Allan Pease and Barbara Pease, *The Defi nitive Book of Body Language* (New York: Bantam, 2004); Bella M. DePaulo, "Nonverbal Behavior and Self Presentation," *Psychological Bulletin* 11, no. 2 (1992): 203–43; Judith A. Hall et al., "Nonverbal Behavior and the Vertical Dimension of Social Relations: A Meta- analysis," *Psychological Bulletin* 131, no. 6 (2005): 898–924; and Kate Fox, *SIRC Guide to Flirting: What Social Science Can Tell You About Flirting and How to Do It*, published online by the Social Issues Research Centre, http://www.sirc.org/index.html.

第六章　怎麼說，比說什麼更重要

1. Grace Freed- Brown and David J. White, "Acoustic Mate Copying: Female Cowbirds Attend to Other Females' Vocalizations to Modify Their Song Prefer-ences," *Proceedings of the Royal Society B* 276 (2009): 3319–25.
2. 同前一條。
3. C. Nass et al., "Computers Are Social Actors," *Proceedings of the ACM CHI 94 Human Factors in Computing Systems Conference* (Reading, MA: Association for Computing Machinery Press, 1994), 72–77; C. Nass et al., "Are Computers Gender Neutral?" *Journal of Applied Social Psychology* 27, no. 10 (1997): 864–76; and C. Nass and K. M. Lee, "Does Computer- Generated Speech Manifest Personality? An Experimental Test of Similarity- Attraction," *CHI Letters* 2, no. 1 (April 2000): 329–36.
4. 與人說話時，我們當然會以言談內容回應，但我們在意識與潛意識兩個層面，也會回應談話者的非語言特質。納斯與同仁把互動關係中的人去除，專注在研究對象對人聲的反應。但可能情況並非研究人員所想，可能研究對象真的是在回應與他們對話的機器，而不是聲音。這是沒有辦法確認的，因為不管是回應聲音或機器，邏輯上都是不適切的。於是研究者進行了另一項實驗，把聲音與機器混搭。實驗中有些學生進行評估時，不是使用先前上課的電腦，但電腦發出的聲音，與原先上課時一樣。其他學生在同一部電腦上進行評估，但電腦發出的聲音變了。結果顯示，學生真正回應的是聲音而非機器。
5. Byron Reeves and Clifford Nass, *The Media Equation: How People Treat Computers, Television, and New Media Like Real People and Places* (Cambridge: Cambridge University Press, 1996), 24.
6. Sarah A. Collins, "Men's Voices and Women's Choices," *Animal Behavior* 60 (2000): 773–80.
7. David Andrew Puts et al., "Dominance and the Evolution of Sexual Dimorphism in Human Voice Pitch," *Evolution and Human Behavior* 27 (2006): 283–96.
8. David Andrew Puts, "Mating Context and Menstrual Phase Affect Women's Preferences for Male Voice Pitch," *Evolution and Human Behavior* 26 (2005): 388–97.
9. R. Nathan Pepitone et al., "Women's Voice Attractiveness Varies Across the Menstrual Cycle," *Evolution and Human Behavior* 29, no. 4 (2008): 268–74.
10. Collins, "Men's Voices and Women's Choices." 大型物種的聲音比小型物種的低沈，但在哺乳動物裡，這個通則並不成立。近來很多研究顯示，比起身高，音色與高頻共鳴，可能是更適切的指標。See Drew Rendall et al., "Lifting the Curtain on the Wizard of Oz: Biased Voice- Based Impressions of Speaker Size," *Journal of Experimental Psychology: Human Perception and Performance* 33, no. 5 (2007): 1208–19.
11. L. Bruckert et al., "Women Use Voice Parameters to Assess Men's Characteristics," *Proceedings of the Royal Society B* 273 (2006): 83–89.
12. C. L. Apicella et al., "Voice Pitch Predicts Reproductive Success in Male Hunter- Gatherers," *Biology Letters* 3 (2007): 682–84.
13. Klaus R. Scherer et al., "Minimal Cues in the Vocal Communication of Affect: Judging Emotions from Content- Masked Speech," *Journal of Paralinguistic Research* 1, no. 3 (1972): 269–85.
14. William Apple et al., "Effects of Speech Rate on Personal Attributions," *Journal of Personality and Social Psychology* 37, no. 5 (1979): 715–27.
15. Carl E. Williams and Kenneth N. Stevens, "Emotions and Speech: Some Acoustical Correlates," *Journal of the Acoustical Society of America* 52, no. 4, part 2 (1972): 1238–50, and Scherer et al., "Minimal Cues in the Vocal Communication of Affect."
16. Sally Feldman, "Speak Up," *New Humanist* 123, no. 5 (September–October, 2008).
17. N. Guéguen, "Courtship Compliance: The Effect of Touch on Women's Behavior," *Social Infl uence* 2, no. 2 (2007): 81–97.
18. M. Lynn et al., "Reach Out and Touch Your Customers," *Cornell Hotel & Restaurant Quarterly* 39, no. 3 (June 1998): 60–65; J. Hornik, "Tactile Stimulation and Consumer Response," *Journal of Consumer Research* 19 (December 1992): 449–58; N. Guéguen and C. Jacob, "The Effect of Touch on Tipping: An Evaluation in a French Bar," *Hospitality Management* 24 (2005): 295–99; N. Guéguen, "The Effect of Touch on Compliance with a Restaurant's Employee Suggestion," *Hospitality Management* 26 (2007): 1019–23; N. Guéguen, "Nonverbal Encouragement of Participation in a Course: The Effect of Touching," *Social Psychology of Education* 7, no. 1 (2003): 89–98; J. Hornik and S. Ellis, "Strategies to Secure Compliance for a Mall Intercept Interview," *Public Opinion Quarterly* 52 (1988): 539–51; N. Guéguen and J. Fischer- Lokou, "Tactile Contact and Spontaneous Help: An Evaluation in a Natural Setting," *The Journal of Social Psychology* 143, no. 6 (2003): 785–87.
19. C. Silverthorne et al., "The Effects of Tactile Stimulation on Visual Experi-ence," *Journal of Social*

Psychology 122 (1972): 153–54; M. Patterson et al., "Touch, Compliance, and Interpersonal Affect," *Journal of Nonverbal Behavior* 10 (1986): 41–50; and N. Guéguen, "Touch, Awareness of Touch, and Compliance with a Request," *Perceptual and Motor Skills* 95 (2002): 355–60.

20. Michael W. Krauss et al., "Tactile Communication, Cooperation, and Performance: An Ethological Study of the NBA," *Emotion* 10, no. 5 (October 2010): 745–49.
21. India Morrison et al., "The Skin as a Social Organ," *Experimental Brain Research*, published online September 22, 2009; Ralph Adolphs, "Conceptual Challenges and Directions for Social Neuroscience," *Neuron 65*, no. 6 (March 25, 2010): 752–67.
22. Ralph Adolphs, interview by author, November 10, 2011.
23. Morrison et al., "The Skin as a Social Organ."
24. R. I. M. Dunbar, "The Social Role of Touch in Humans and Primates: Behavioral Functions and Neurobiological Mechanisms," *Neuroscience and Bio-behavioral Reviews* 34 (2008): 260–68.
25. Matthew J. Hertenstein et al., "The Communicative Functions of Touch in Humans, Nonhuman Primates, and Rats: A Review and Synthesis of the Empirical Research," *Genetic, Social, and General Psychology Monographs* 132, no. 1 (2006): 5–94.
26. The debate scenario is from Alan Schroeder, *Presidential Debates: Fifty Years of High- Risk TV*, 2nd ed. (New York: Columbia University Press, 2008).
27. Sidney Kraus, *Televised Presidential Debates and Public Policy* (Mahwah, NJ: Erlbaum, 2000), 208–12. Note that Kraus incorrectly states that the Southern Governors' Conference was in Arizona.
28. James N. Druckman, "The Power of Televised Images: The First Kennedy- Nixon Debate Revisited," *Journal of Politics* 65, no. 2 (May 2003): 559–71.
29. Shawn W. Rosenberg et al., "The Image and the Vote: The Effect of Candidate Presentation on Voter Preference," *American Journal of Political Science* 30, no. 1 (February 1986): 108–27, and Shawn W. Rosenberg et al., "Creating a Political Image: Shaping Appearance and Manipulating the Vote," *Political Behavior* 13, no. 4 (1991): 345–66.
30. Alexander Todorov et al., "Inferences of Competence from Faces Predict Election Outcomes," *Science* 308 (June 10, 2005): 1623–26.
31. 有一點很有意思，雖然達爾文的鼻子在照片裡清晰可見，但在畫作裡，他的鼻子似乎變小了。
32. Darwin Correspondence Database, http://www.darwinproject.ac.uk/entry 3235.
33. Charles Darwin, *The Autobiography of Charles Darwin* (1887; repr. Rockville, MD.: Serenity, 2008), 40.

第七章　就是忍不住要分門別類貼標籤

1. David J. Freedman et al., "Categorical Representation of Visual Stimuli in the Primate Prefrontal Cortex," *Science* 291 (January 2001): 312–16.
2. Henri Tajfel and A. L. Wilkes, "Classifi cation and Quantitative Judgment," *British Journal of Psychology* 54 (1963): 101–14; Oliver Corneille et al., "On the Role of Familiarity with Units of Measurement in Categorical Accentuation: Tajfel and Wilkes (1963) Revisited and Replicated," *Psychological Science* 13, no. 4 (July 2002): 380–83.
3. Robert L. Goldstone, "Effects of Categorization on Color Perception," *Psychological Science* 6, no. 5 (September 1995): 298–303.
4. Joachim Krueger and Russell W. Clement, "Memory- Based Judgments About Multiple Categories:

A Revision and Extension of Tajfel's Accentuation The-ory," *Journal of Personality and Social Psychology* 67, no. 1 (July 1994): 35–47.
5. Linda Hamilton Krieger, "The Content of Our Categories: A Cognitive Bias Approach to Discrimination and Equal Employment Opportunity," *Stanford Law Review* 47, no. 6 (July 1995): 1161–248.
6. Elizabeth Ewen and Stuart Ewen, *Typecasting: On the Arts and Sciences of Human Inequality* (New York: Seven Stories, 2008).
7. 同前一條。
8. 同前一條。
9. The image is from Giambattista della Porta, De Humana Physiognomonia Libri IIII. From the website of the National Library of Medicine: http://www.nlm.nih .gov/exhibition/historicalanatomies/porta_home.html. According to http://steven poke.com /giambattista- della- porta- de- humana- physiognomonia- 1586: "I found these images at the Historical Anatomies on the Web exhibition which is part of the US National Library of Medicine which has over 70,000 images available online."
10. Darrell J. Steffensmeier, "Deviance and Respectability: An Observational Study of Shoplifting," *Social Forces* 51, no. 4 (June 1973): 417–26; see also Kenneth C. Mace, "The 'Overt- Bluff' Shoplifter: Who Gets Caught?" *Journal of Forensic Psychology* 4, no. 1 (December 1972): 26–30.
11. H. T. Himmelweit, "Obituary: Henri Tajfel, FBPsS," *Bulletin of the British Psychological Society* 35 (1982): 288–89.
12. William Peter Robinson, ed., *Social Groups and Identities: Developing the Legacy of Henri Tajfel* (Oxford: Butterworth- Heinemann, 1996), 3.
13. 同前一條。
14. Henri Tajfel, *Human Groups and Social Categories* (Cambridge: Cambridge University Press, 1981).
15. Robinson, ed., *Social Groups and Identities*, 5.
16. Krieger, "The Content of Our Categories."
17. Anthony G. Greenwald et al., "Measuring Individual Differences in Implicit Cognition: The Implicit Association Test," *Journal of Personality and Social Psychology* 74, no. 6 (1998): 1464–80; see also Brian A. Nosek et al., "The Implicit Association Test at Age 7: A Methodological and Conceptual Review," in *Automatic Processes in Social Thinking and Behavior*, ed. J. A. En glish (New York: Psychology Press, 2007), 265–92.
18. Elizabeth Milne and Jordan Grafman, "Ventromedial Prefrontal Cortex Lesions in Humans Eliminate Implicit Gender Stereotyping," *Journal of Neuroscience* 21 (2001): 1–6.
19. Gordon W. Allport, *The Nature of Prejudice* (Cambridge: Addison- Wesley, 1954), 20–23.
20. 同前一條，4–5.
21. Joseph Lelyveld, *Great Soul: Mahatma Gandhi and His Struggle with India* (New York: Knopf, 2011).
22. Ariel Dorfman, "Che Guevara: The Guerrilla," *Time*, June 14, 1999.
23. Marian L. Tupy, "Che Guevara and the West," Cato Institute: Commentary (November 10, 2009).
24. Krieger, "The Content of Our Categories," 1184. 奇怪的是，這位女性輸了訴訟。她的律師申請上訴，但上訴法庭維持原判決，並駁回這段證詞，稱其為「偏離的言論」。
25. Millicent H. Abel and Heather Watters, "Attributions of Guilt and Punishment as Functions of

Physical Attractiveness and Smiling," *Journal of Social Psychology* 145, no. 6 (2005): 687–702; Michael G. Efran, "The Effect of Physical Appearance on the Judgment of Guilt, Interpersonal Attraction, and Severity of Recommended Punishment in a Simulated Jury Task," *Journal of Research in Personality* 8, no. 1 (June 1974): 45–54; Harold Sigall and Nancy Ostrove, "Beautiful but Dangerous: Effects of Offender Attractiveness and Nature of the Crime on Juridic Judgment," *Journal of Personality and Social Psychology* 31, no. 3 (1975): 410–14; Jochen Piehl, "Integration of Information in the Courts: Infl uence of Physical Attractiveness on Amount of Punishment for a Traffi c Offender," *Psychological Reports* 41, no. 2 (October 1977): 551–56; and John E. Stewart II, "Defendant's Attractiveness as a Factor in the Outcome of Criminal Trials: An Observational Study," *Journal of Applied Psychology* 10, no. 4 (August 1980): 348–61.

26. Rosaleen A. McCarthy and Elizabeth K. Warrington, "Visual Associative Agnosia: A Clinico-Anatomical Study of a Single Case," *Journal of Neurology, Neurosurgery, and Psychiatry* 49 (1986): 1233–40.

第八章　我們是一國，他們是另一國

1. Muzafer Sherif et al., *Intergroup Confl ict and Cooperation: The Robbers Cave Experiment* (Norman: University of Oklahoma Press, 1961).
2. L. Keeley, *War Before Civilization* (Oxford: Oxford University Press, 1996).
3. N. Chagnon, *Yanomamo* (Fort Worth: Harcourt, 1992).
4. Blake E. Ashforth and Fred Mael, "Social Identity Theory and the Organization," *Academy of Management Review* 14, no. 1 (1989): 20–39.
5. Markus Brauer, "Intergroup Perception in the Social Context: The Effects of Social Status and Group Membership on Perceived Out- Group Homogeneity," *Journal of Experimental Social Psychology* 37 (2001): 15–31.
6. K. L. Dion, "Cohesiveness as a Determinant of Ingroup- Outgroup Bias," Journal of Personality and Social Psychology 28 (1973): 163–71, and Ashforth and Mael, "Social Identity Theory."
7. Charles K. Ferguson and Harold H. Kelley, "Signifi cant Factors in Overevaluation of Own-Group's Product," *Journal of Personaliity and Social Psychology* 69, no. 2 (1064): 223–28.
8. Patricia Linville et al., "Perceived Distributions of the Characteristics of In- Group and Out- Group Members: Empirical Evidence and a Computer Simulation," *Journal of Personality and Social Psychology* 57, no. 2 (1989): 165–88, and Bernadette Park and Myron Rothbart, "Perception of Out- Group Homogeneity and Levels of Social Categorization: Memory for the Subordinate Attributes of In-Group and Out- Group Members," *Journal of Personality and Social Psychology* 42, no. 6 (1982): 1051–68.
9. Park and Rothbart, "Perception of Out- Group Homogeneity."
10. Margaret Shih et al., "Stereotype Susceptibility: Identity Salience and Shifts in Quantitative Performance," *Psychological Science* 10, no. 1 (January 1999): 80–83.
11. Noah J. Goldstein and Robert B. Cialdini, "Normative Infl uences on Consumption and Conservation Behaviors," in *Social Psychology and Consumer Behavior*, ed. Michaela Wänke (New York: Psychology Press, 2009), 273–96.
12. Robert B. Cialdini et al., "Managing Social Norms for Persuasive Impact," *Social Infl uence* 1, no. 1 (2006): 3–15.
13. Marilyn B. Brewer and Madelyn Silver, "Ingroup Bias as a Function of Task Characteristics,"

European Journal of Social Psychology 8 (1978): 393–400.
14. Ashforth and Mael, "Social Identity Theory."
15. Henri Tajfel, "Experiments in Intergroup Discrimination," *Scientifi c American* 223 (November 1970): 96–102, and H. Tajfel et al., "Social Categorization and Intergroup Behavior," *European Journal of Social Psychology* 1, no. 2 (1971): 149–78.
16. Sherif et al., *Intergroup Confl ict and Cooperation*, 209.
17. Robert Kurzban et al., "Can Race be Erased? Coalitional Computation and Social Categorization," *Proceedings of the National Academy of Sciences* 98, no. 26 (December 18, 2001): 15387–92.

第九章　你永遠沒辦法知道，你怎麼會有這種感覺

1. Corbett H. Thigpen and Hervey Cleckley, "A Case of Multiple Personalities," *Journal of Abnormal and Social Psychology* 49, no. 1 (1954): 135–51.
2. Charles E. Osgood and Zella Luria, "A Blind Analysis of a Case of Multiple Personality Using the Semantic Differential," *Journal of Abnormal and Social Psychology* 49, no. 1 (1954): 579–91.
3. Nadine Brozan, "The Real Eve Sues to Film the Rest of Her Story," *New York Times*, February 7, 1989.
4. Piercarlo Valdesolo and David DeSteno, "Manipulations of Emotional Context Shape Moral Judgment," *Psychological Science* 17, no. 6 (2006): 476–77.
5. Steven W. Gangestad et al., "Women's Preferences for Male Behavioral Displays Change Across the Menstrual Cycle," *Psychological Science* 15, no. 3 (2004): 203–7, and Kristina M. Durante et al., "Changes in Women's Choice of Dress Across the Ovulatory Cycle: Naturalistic and Laboratory Task- Based Evidence," *Personality and Social Psychology Bulletin* 34 (2008): 1451–60.
6. John F. Kihlstrom and Stanley B. Klein, "Self- Knowledge and Self- Awareness," *Annals of the New York Academy of Sciences* 818 (December 17, 2006): 5–17, and Shelley E. Taylor and Jonathan D. Brown, "Illusion and Well- Being: A Social Psychological Perspective on Mental Health," *Psychological Bulletin* 103, no. 2 (1988): 193–210.
7. H. C. Kelman, "Deception in Social Research," *Transaction* 3 (1966): 20–24; see also Steven J. Sherman, "On the Self- Erasing Nature of Errors of Prediction," *Journal of Personality and Social Psychology* 39, no. 2 (1980): 211–21.
8. E. Grey Dimond et al., "Comparison of Internal Mammary Artery Ligation and Sham Operation for Angina Pectoris," *American Journal of Cardiology* 5, no. 4 (April 1960): 483–86; see also Walter A. Brown, "The Placebo Effect," *Scientifi c American* (January 1998): 90–95.
9. William James, "What Is an Emotion?" *Mind* 9, no. 34 (April 1884): 188–205.
10. Tor D. Wager, "The Neural Bases of Placebo Effects in Pain," *Current Directions in Psychological Science* 14, no. 4 (2005): 175–79, and Tor D. Wager et al., "Placebo- Induced Changes in fMRI in the Anticipation and Experience of Pain," *Science* 303 (February 2004): 1162–67.
11. James H. Korn, "Historians' and Chairpersons' Judgments of Eminence Among Psychologists," *American Psychologist* 46, no. 7 (July 1991): 789–92.
12. William James to Carl Strumpf, February 6, 1887, in *The Correspondence of William James*, vol. 6, ed. Ignas K. Skrupskelis and Elizabeth M. Berkeley (Charlottes ville: University Press of Virginia, 1992), 202.
13. D. W. Bjork, The Compromised Scientist: William James in the *Development of American Psychology* (New

York: Columbia University Press, 1983), 12.
14. Henry James, ed., *The Letters of William James* (Boston: Little, Brown, 1926), 393–94.
15. Stanley Schachter and Jerome E. Singer, "Cognitive, Social, and Physiological Determinants of Emotional State," *Psychological Review* 69, no. 5 (September 1962): 379–99.
16. Joanne R. Cantor et al., "Enhancement of Experienced Sexual Arousal in Response to Erotic Stimuli Through Misattribution of Unrelated Residual Excitation," *Journal of Personality and Social Psychology* 32, no. 1 (1975): 69–75.
17. See http://www.imdb.com/title/tt0063013/.
18. Donald G. Dutton and Arthur P. Aron, "Some Evidence for Heightened Sexual Attraction Under Conditions of High Anxiety," *Journal of Personality and Social Psychology* 30, no. 4 (1974): 510–17.
19. Fritz Strack et al., "Inhibiting and Facilitating Conditions of the Human Smile: A Nonobtrusive Test of the Facial Feedback Hypothesis," *Journal of Personality and Social Psychology* 54, no. 5 (1988): 768–77, and Lawrence W. Barsalou et al., "Social Embodiment," *Psychology of Learning and Motivation* 43 (2003): 43–92.
20. Peter Johansson et al., "Failure to Detect Mismatches Between Intention and Outcome in a Simple Decision Task," *Science* 310 (October 7, 2005): 116–19.
21. Lars Hall et al., "Magic at the Marketplace: Choice Blindness for the Taste of Jam and the Smell of Tea," *Cognition* 117, no. 1 (October 2010): 54–61.
22. Wendy M. Rahm et al., "Rationalization and Derivation Processes in Survey Studies of Political Candidate Evaluation," *American Journal of Political Science* 38, no. 3 (August 1994): 582–600.
23. Joseph LeDoux, *The Emotional Brain: The Mysterious Underpinnings of Emotional Life* (New York: Simon and Schuster, 1996), 32–33, and Michael Gazzaniga, "The Split Brain Revisited," *Scientifi c American* 279, no. 1 (July 1998): 51–55.
24. Oliver Sacks, *The Man Who Mistook His Wife for a Hat* (New York: Simon and Schuster, 1998), 108–11.
25. J. Haidt, "The Emotional Dog and Its Rational Tail: A Social Intuitionist Approach to Moral Judgment," *Psychological Review* 108, no. 4 (2001): 814–34.
26. Richard E. Nisbett and Timothy DeCamp Wilson, "Telling More Than We Can Know: Verbal Reports on Mental Processes," *Psychological Review* 84, no. 3 (May 1977): 231–59.
27. Richard E. Nisbett and Timothy DeCamp Wilson, "Verbal Reports About Causal Infl uences on Social Judgments: Private Access Versus Public Theories," *Journal of Personality and Social Psychology* 35, no. 9 (September 1977): 613–24; see also Nisbett and Wilson, "Telling More Than We Can Know."
28. E. Aronson et al., "The Effect of a Pratfall on Increasing Personal Attractiveness," *Psychonomic Science* 4 (1966): 227–28, and M. J. Lerner, "Justice, Guilt, and Veridicial Perception," *Journal of Personality and Social Psychology* 20 (1971): 127–35.

第十章　尋找真正的自己

1. Robert Block, "Brown Portrays FEMA to Panel as Broken and Resource- Starved," *Wall Street Journal*, September 28, 2005.
2. Dale Carnegie, *How to Win Friends and Infl uence People* (New York: Simon and Schuster, 1936), 3–5.
3. College Board, *Student Descriptive Questionnaire* (Princeton, NJ: Educational Testing Service, 1976–77).
4. P. Cross, "Not Can but Will College Teaching Be Improved?" *New Directions for Higher Education* 17

(1977): 1–15.
5. O. Svenson, "Are We All Less Risky and More Skillful Than Our Fellow Driver?" *Acta Psychologica* 47 (1981): 143–48, and L. Larwood and W. Whittaker, "Managerial Myopia: Self- Serving Biases in Organizational Planning," *Journal of Applied Psychology* 62 (1977): 194–98.
6. David Dunning et al., "Flawed Self- Assessment: Implications for Health, Education, and the Workplace," *Psychological Science in the Public Interest* 5, no. 3 (2004): 69–106.
7. B. M Bass and F. J Yamarino, "Congruence of Self and Others' Leadership Ratings of Naval Offi cers for Understanding Successful Performance," *Applied Psychology* 40 (1991): 437–54.
8. Scott R. Millis et al., "Assessing Physicians' Interpersonal Skills: Do Patients and Physicians See Eye- to- Eye?" *American Journal of Physical Medicine & Rehabilitation* 81, no. 12 (December 2002): 946–51, and Jocelyn Tracey et al., "The Validity of General Practitioners' Self Assessment of Knowledge: Cross Sectional Study," *BMJ* 315 (November 29, 1997): 1426–28.
9. Dunning et al., "Flawed Self- Assessment."
10. A. C. Cooper et al., "Entrepreneurs' Perceived Chances for Success," *Journal of Business Venturing* 3 (1988): 97–108, and L. Larwood and W. Whittaker, "Managerial Myopia: Self- Serving Biases in Organizational Planning," *Journal of Applied Psychology* 62 (1977): 194–98.
11. Dunning et al., "Flawed Self- Assessment," and David Dunning, *Self- Insight: Roadblocks and Detours on the Path to Knowing Thyself* (New York: Psychology Press, 2005), 6–9.
12. M. L. A. Hayward and D. C. Hambrick, "Explaining the Premiums Paid for Large Acquisitions: Evidence of CEO Hubris," *Administrative Science Quarterly* 42 (1997): 103–27, and U. Malmendier and G. Tate, "Who Makes Acquisitions? A Test of the Overconfi dence Hypothesis," *Stanford Research Paper* 1798 (Palo Alto, CA: Stanford University, 2003).
13. T. Odean, "Volume, Volatility, Price, and Profi t When All Traders Are Above Average," *Journal of Finance* 8 (1998): 1887–934. For Schiller's survey, see Robert J. Schiller, *Irrational Exuberance* (New York: Broadway Books, 2005), 154–55.
14. E. Pronin et al., "The Bias Blind Spot: Perception of Bias in Self Versus Others," *Personality and Social Psychology Bulletin* 28 (2002): 369–81; Emily Pronin, "Perception and Misperception of Bias in Human Judgment," *Trends in Cognitive Sciences* 11, no. 1 (2006): 37–43, and J. Friedrich, "On Seeing Oneself as Less Self- Serving Than Others: The Ultimate Self- Serving Bias?" *Teaching of Psychology* 23 (1996): 107–9.
15. Vaughan Bell et al., "Beliefs About Delusions," *Psychologist* 16, no. 8 (August 2003): 418–23, and Vaughan Bell, "Jesus, Jesus, Jesus," *Slate* (May 26, 2010).
16. Dan P. McAdams, "Personal Narratives and the Life Story," in *Handbook of Personality: Theory and Research*, ed. Oliver John et al. (New York: Guilford, 2008), 242–62.
17. F. Heider, *The Psychology of Interpersonal Relations* (New York: Wiley, 1958).
18. Robert E. Knox and James A. Inkster, "Postdecision Dissonance at Post Time," *Journal of Personality and Social Psychology* 8, no. 4 (1968): 319–23, and Edward E. Lawler III et al., "Job Choice and Post Decision Dissonance," *Organizational Behavior and Human Performance* 13 (1975): 133–45.
19. Ziva Kunda, "The Case for Motivated Reasoning," *Psychological Bulletin* 108, no. 3 (1990): 480–98; see also David Dunning, "Self- Image Motives and Consumer Behavior: How Sacrosanct Self- Beliefs Sway Preferences in the Marketplace," *Journal of Consumer Psychology* 17, no. 4 (2007): 237–49.

20. Emily Balcetis and David Dunning, "See What You Want To See: Motivational Infl uences on Visual Perception," *Journal of Personality and Social Psychology* 91, no. 4 (2006): 612–25.
21. 確切的講，他們真的無法同時看見兩隻動物，研究者也使用了眼球追蹤系統，確認從潛意識眼球運動中，受試者如何詮釋看到的圖像。
22. Albert H. Hastorf and Hadley Cantril, "They Saw a Game: A Case Study," *Journal of Abnormal and Social Psychology* 49 (1954): 129–34.
23. George Smoot and Keay Davidson, *Wrinkles in Time: Witness to the Birth of the Universe* (New York: Harper Perennial, 2007), 79–86.
24. Jonathan J. Koehler, "The Infl uence of Prior Beliefs on Scientifi c Judgments of Evidence Quality," *Organizational Behavior and Human Decision Processes* 56 (1993): 28–55.
25. See Koehler's article for a discussion of this behavior from the Bayesian point of view.
26. Paul Samuelson, *The Collected Papers of Paul Samuelson* (Boston: MIT Press, 1986), 53. 他是改述普朗克的話，普朗克說：「並不是舊的理論被證明是錯誤的，而是它們的支持者死了。」See Michael Szenberg and Lall Ramrattan, eds., *New Frontiers in Economics* (Cambridge, UK: Cambridge University Press, 2004), 3–4.
27. Susan L. Coyle, "Physician- Industry Relations. Part 1: Individual Physicians," *Annals of Internal Medicine* 135, no. 5 (2002): 396–402.
28. 同前一條，Karl Hackenbrack and Mark W. Wilson, "Auditors' Incentives and Their Application of Financial Accounting Standards," *Accounting Review* 71, no. 1 (January 1996): 43–59; Robert A. Olsen, "Desirability Bias Among Professional Investment Managers: Some Evidence from Experts," *Journal of Behavioral Decision Making* 10 (1997): 65–72; and Vaughan Bell et al., "Beliefs About Delusions," *Psychologist* 16, no. 8 (August 2003): 418–23.
29. Drew Westen et al., "Neural Bases of Motivated Reasoning: An fMRI Study of Emotional Constraints on Partisan Political Judgment in the 2004 U.S. Presidential Election," *Journal of Cognitive Neuroscience* 18, no. 11 (2006): 1947–58.
30. 同前一條。
31. Peter H. Ditto and David F. Lopez, "Motivated Skepticism: Use of Differential Decision Criteria for Preferred and Nonpreferred Conclusions," *Journal of Personality and Social Psychology* 63, no. 4: 568–84.
32. Naomi Oreskes, "The Scientifi c Consensus on Climate Change," *Science* 306 (December 3, 2004): 1686, and Naomi Oreskes and Erik M. Conway, *Merchants of Doubt* (New York: Bloomsbury, 2010), 169–70.
33. Charles G. Lord et al., "Biased Assimilation and Attitude Polarization: The Effects of Prior Theories on Subsequently Considered Evidence," *Journal of Personality and Social Psychology* 37, no. 11 (1979): 2098–109.
34. Robert P. Vallone et al., "The Hostile Media Phenomenon: Biased Perception and Perceptions of Media Bias in Coverage of the Beirut Massacre," *Journal of Personality and Social Psychology* 49, no. 3 (1985): 577–85.
35. Daniel L. Wann and Thomas J. Dolan, "Attributions of Highly Identifi ed Sports Spectators," *Journal of Social Psychology* 134, no. 6 (1994): 783–93, and Daniel L. Wann and Thomas J. Dolan, "Controllability and Stability in the Self-Serving Attributions of Sport Spectators," *Journal of Social Psychology* 140, no. 2 (1998): 160–68.

36. Stephen E. Clapham and Charles R. Schwenk, "Self- Serving Attributions, Managerial Cognition, and Company Performance," *Strategic Management Journal* 12 (1991): 219–29.
37. Ian R. Newby- Clark et al., "People Focus on Optimistic Scenarios and Disregard Pessimistic Scenarios While Predicting Task Completion Times," *Journal of Experimental Psychology: Applied* 6, no. 3 (2000): 171–82.
38. David Dunning, "Strangers to Ourselves?" *Psychologist* 19, no. 10 (October 2006): 600–604; see also Dunning et al., "Flawed Self- Assessment."
39. R. Buehler et al., "Inside the Planning Fallacy: The Causes and Consequences of Optimistic Time Predictions," in *Heuristics and Biases: The Psychology of Intuitive Judgment*, ed. T. Gilovitch et al. (Cambridge, UK: Cambridge University Press, 2002), 251–70.
40. Eric Luis Uhlmann and Geoffrey L. Cohen, "Constructed Criteria," *Psychological Science* 16, no. 6 (2005): 474–80.
41. Regarding all the experiments in this series, see Linda Babcock and George Loewenstein, "Explaining Bargaining Impasse: The Role of Self- Serving Biases," *Journal of Economic Perspectives* 11, no. 1 (Winter 1997): 109–26. See also Linda Babcock et al., "Biased Judgments of Fairness in Bargaining," *American Economic Review* 85, no. 5 (1995): 1337–43, and the authors' other related work cited in Babcock and Loewenstein.
42. Shelley E. Taylor and Jonathan D. Brown, "Illusion and Well- Being: A Social Psychological Perspective on Mental Health," *Psychological Bulletin* 103, no. 2 (1988): 193–210.
43. David Dunning et al., "Self- Serving Prototypes of Social Categories," *Journal of Personality and Social Psychology* 61, no. 6 (1991): 957–68.
44. Harry P. Bahrick et al., "Accuracy and Distortion in Memory for High School Grades," *Psychological Science* 7, no. 5 (September 1996): 265–71.
45. Steve Jobs, Stanford University commencement address, 2005.
46. Stanley Meisler, "The Surreal World of Salvador Dalí," *Smithsonian Magazine* (April 2005).
47. Taylor and Brown, "Illusion and Well- Being"; Alice M. Isen et al., "Positive Affect Facilitates Creative Problem Solving," *Journal of Personality and Social Psychology* 52, no. 6 (1987): 1122–31; and Peter J. D. Carnevale and Alice M. Isen, "The Infl uence of Positive Affect and Visual Access on the Discovery of Integrative Solutions in Bilateral Negotiations," Organizational Behavior and Human Decision Processes 37 (1986): 1–13.
48. Taylor and Brown, "Illusion and Well- Being," and Dunning, "Strangers to Ourselves?"
49. Taylor and Brown, "Illusion and Well- Being."

科學文化 157B

潛意識正在控制你的行為

SUBLIMINAL:
How Your Unconscious Mind Rules Your Behavior

國家圖書館出版品預行編目(CIP)資料

潛意識正在控制你的行為
曼羅迪諾（Leonard Mlodinow）著；鄭方逸譯.－第三版.－臺北市：遠見天下文化, 2021.03
面；　公分. --(科學文化；157B)
譯自：Subliminal : how your unconscious mind rules your behavior

ISBN 978-986-525-052-2(平裝)

1. 潛意識

176.9　　110002485

作者 — 曼羅迪諾（Leonard Mlodinow）
譯者 — 鄭方逸
科學叢書顧問 — 林 和（總策劃）、牟中原、李國偉、周成功
總編輯 — 吳佩穎
編輯顧問 — 林榮崧
責任編輯 — 林文珠；吳育燐、林韋萱（特約）
美術編輯暨封面設計 — 江孟達

出版者 — 遠見天下文化出版股份有限公司
創辦人 — 高希均、王力行
遠見・天下文化 事業群榮譽董事長 — 高希均
遠見・天下文化 事業群董事長 — 王力行
天下文化社長 — 林天來
國際事務開發部兼版權中心總監 — 潘欣
法律顧問 — 理律法律事務所陳長文律師
著作權顧問 — 魏啟翔律師
地址 — 台北市 104 松江路 93 巷 1 號 2 樓

讀者服務專線 — 02-2662-0012 ｜ 傳真 — 02-2662-0007, 02-2662-0009
電子郵件信箱 — cwpc@cwgv.com.tw
直接郵撥帳號 — 1326703-6 號　遠見天下文化出版股份有限公司

電腦排版 — 極翔企業有限公司
製版廠 — 東豪印刷事業有限公司
印刷廠 — 祥峰印刷事業有限公司
裝訂廠 — 聿成裝訂股份有限公司
登記證 — 局版台業字第 2517 號
總經銷 — 大和書報圖書股份有限公司　電話／(02)8990-2588
出版日期 — 2013 年 6 月 27 日第一版第 1 次印行
2023 年 5 月 30 日第三版第 2 次印行

定價 — NT420
ISBN — 978-986-525-052-2
書號 — BCS157B
天下文化官網 — bookzone.cwgv.com.tw

天下文化

BELIEVE IN READING